수다 골프, 수다 인생

수다 골프, 수다 인생

남경우 지음

이서원

수다 떨기 전에……

〈수다 골프, 수다 인생〉이라는 제목으로 나 홀로 글 수다를 떨기 시작한지 어느덧 7개월 째, 이제 갓난 아기 첫 걸음 떼듯 조심스럽게 세상에 나갈 준비를 하나씩 챙길 때가 왔습니다.

어떤 말로 시작해야 좀 더 멋지게 보일까 싶어 하염없이 컴퓨터 앞을 지키고 있어 보았지만 아무리 뜯어 보아도 멋지기는커녕 어설프기 짝이 없는 평범한 인사말을 드립니다. 무슨 일을 하든 시작할 때는 새로움에 대한 설렘도 크지만 불안함 역시 그 못지 않게 큽니다. 사실 글 쓰는 내내 별의 별 생각을 다 했었습니다. 주로 이 따위들의 아주 흔한 걱정이었지요.

'내가 어쩌자고 책을 쓰겠다는 마음을 먹었을까?'

'제대로 끝낼 수는 있을까? 지금이라도 안되겠다고 말할까?'

'글도 못 쓰고 내용도 재미가 없으면 어떻게 하지?'

어느 날 겁 없이 내지른 글 쓰기 약속……처음엔 까짓 글 못쓸 것 없지 하며 덤벼 들었습니다. 그러나 생각보다 너무 빨리 말라버린 글 줄기, 며칠 만에 바닥이 보였습니다. 그 끝에는 당혹스러움과 한계 그리고 좌절감이 물풀처럼 서로 얽힌 채 따라 왔습니다. 머리 속이 백지인 상태에서 억지로 책상 앞에 앉아 있자니 온 몸이 비비 꼬일 때도 있었고, 컴퓨터 화면을 똑바로 못보고 흘깃흘깃 곁눈질로만 보던 적도 있었습니다.

때로는 도저히 못 쓰겠다고 취소 전화를 걸까말까 정말 심각하게 망설였던 적도 몇 번 인가 있었습니다. 하지만 흔들리는 나를 지켜준 것은 '무모한 시작'과 같은 DNA를 가진 '무대포적 오기'였습니다. 이왕 소매자락 걷어 붙이고 얘기를 시작했으니 하고 싶은 말이나 거리낌없이 실컷 하자 싶었습니다.

어차피 누군가에게 할 말들이었습니다.

어차피 누군가 내게 잡혀서 싫든 좋든 들을 말들이었습니다.

그런데 대놓고 떠들라고 멍석을 깔아준다는데 주저하고 눈치를 보는 것이 참 못났다 싶었습니다.

안 쓰고 후회하느니 일단 써놓고 욕을 먹더라도 먹자는 내 안의 숨은 배짱부터 찾아냈습니다. 그리곤 날마다 꼼지락거리며 굼벵이처럼 기어서 여기까지 왔습니다. 평생을 디자인으로만 살던 제가 글로 예까지 오니 신기하기만 했습니다.

이제 한결 편안해진 마음으로 웃을 수 있습니다. 이게 무슨 눈물과 감동의 인간 승리도 아닌데 왜 그리 엄살을 떨었는지 스스로 흉도 보았습니다.

'결자해시'라는 시지성어가 있습니다. 시작한 놈이 끝을 내야 세상이 돌아가는 겁니다. 비록 시작은 어영부영 했을지라도 마무리는 깔끔해야 마음에 두드러기가 안 생기는 겁니다. 좁은 소견과 짧은 인내를 갖고 여기까지 오는데 얼마나 많은 잡생각이 있었겠습니까?

할 만한 사람들은 다 하는 것이 골프이니 할 말 없는 골퍼 없을 테이고 살아있는 사람들이라면 누구나 살아가고 있는 것이 삶이니 사연 없는 사람 없을 텐데 제 얘기가 새삼 무슨 재미가 있을까 걱정할 때 용기를 준 이들이 있습니다.

이서원의 고봉석 대표와 생각벌레 제작이사 김현주, 이경윤, 천재교육의 김중훈 부장 등이 바로 그들입니다. 그리고 G-MAX 골프연습장의 이경철 원장, 김성수 프로, 문하경 프로, 최태영 프로, 김보중 프로, 정영화 프로, 고진아 프로가 힘을 실어 주었고 경기 광주 다나의원 한원희 원장은 아픈 손과 몸을 고쳐 주었습니다. 아울러 우종천, 김승욱, 정용기, 임상묵 등 관악회 동문들, 이진형 교수, 김병진 교수, 페이스 북 친구들 역시 격려를 아끼지 않았습니다. 또한 컴퓨터가 말썽을 일으킬 때마다 달려와 준 방정환, 최원곤을 비롯하여 전진아 여사, 고규섭 선배, 원정수 감독, 김순화 이사, 이맹유 감독, 김종근 영화공간 대표, 권성남 대표 등도 파이팅을 외쳐주었습니다. 또한 제 글에 깊은 관심을 가져준 김성배, 한이박, 신영식, 김준수, 문다리, 이충환, 윤준근 등 G-MAX 연습장 친구들, 스크린 골프 G-Tour 서지원 프로와 골프 존 마스터님들, 골프 존 관계자 여러분 그리고 두남회 회원 여러분들에게도 감사를 드립니다. 그리고 바로 옆에서 지켜 봐준 임인재, 윤여훈, 주민 9Lap 대표, 박찬욱 등과 작가적 시각을 눈뜨게 해준 이진아 대표, 안홍주 대표, 김창곤 대표 또한 같이 기뻐하고 싶습니다.

말도 안 되는 수다를 떨면서 참 많은 이들을 피곤하게 했구나 싶어 죄송하지만 그래도 이렇게나마 인사말을 할 수 있어 참으로 다행이다 싶습니다. 혹여 이름이 빠져 서운하신 분이 있다면 아둔한 제 머리를 욕해 주시고 그래도 대견하다 손이라도 잡아주세요.

하나를 끝내야 다음이 찾아옴을 비로소 깨달았습니다.

다음에는 좀 더 다듬어진 수다로 여러분 곁을 찾아가겠노라 약속 드리며 아무리 뜯어봐도 어딘가 어설프고 장황한 인사말, 더 늘어지기 전에 예서 맺습니다. 고맙습니다.

2013년 12월 10일, 남 경 우

차 례

첫 번째 수다

드라이버 • 15

라운드 10분전	17
마음만은 멋진 출발, 드라이버	20
폼생폼사 드라이버 인생	22
드라이버는 수동태	26
뿌리는 것과 뿌려지는 것	31
색즉시공 공즉시색, 드라이버 임팩트	33
드라이버와 여자 그리고 놓아주기	38
드라이버 4男 4色	44
드라이버 4女 4色	47
드라이버-단단한 놈, 그저 그런 놈, 부드러운 놈	50
그래, 못 먹어도 드라이버라구~!	55
단순한 스윙, 단순한 인생	61
드라이버만 괜찮아!	65
긴 드라이버, 짧은 드라이버	70
드라이버 비거리 그리고 말, 말, 말	76
드라이버, 첫 끗발이 개 끗발?	82
드라이버가 그리고 삶이 어려운 이유	88
거꾸로 드라이버, 바람불어 나쁜 날	94
드라이버, 있는 힘을 다 해서 갈기라니까?	100
가난한 드라이버, 부자 드라이버	105

힘내세요~드라이버 아빠   112
드라이버가 당신의 못된 점을 닮은 몇 가지 이유   117
드라이버 4행시   123
골프, 사람을 닮다   126

두 번째 수다

퍼터 • 131

108밀리미터의 블랙 홀 그리고 퍼팅   133
하수들의 공통점 하나……
      '퍼팅 그렇게 어렵지 않던데요?'   139
퍼팅, 때리거나 밀거나 혹은 굴리거나……   144
한 방에 훅 보내는 퍼팅   149
하수들의 공통점 둘……
      '파3 그렇게 어렵지 않던데요?'   155
퍼팅, OK 또는 NOK   160
그린 위의 승부사, 퍼터   164

세 번째 수다

우드 시스터스 • 177

섹시한 그녀들: 3번 스푼, 4번 배피, 5번 크리크
                   그리고 늦둥이 메탈 아가씨 7번 우드   179
가까이 하기엔 먼 그녀, 3번 스푼   186
미스 스푼 꼬시기   191
맛을 봐야 맛을 아는 그녀, 스푼   198
달라면 줄 것 같은 그녀, 4번 배피   204
저절로 벌어지는 석류 아가씨, 5번 크리크   210
고구마 아가씨 7번 우드   215
나는 볼이로소이다   221

네 번째 수다

아이언 브라더스 • 229

필드 위의 무사들, 아이언 브라더스 9   231
나는 고수다, 4번 아이언   233
나도 나름 고수다: 5번 아이언   238
좀 놀 줄 아는 초보 고수, 6번 아이언   243

동네 짱, 7번 아이언	249
똘마니, 8번 아이언	255
골통, 9번 아이언	262
특공대 웨지 브라더스: 피칭, 샌드, 갭 웨지	269
모래 폭파 특공대, 샌드 웨지	275
벙커를 사랑한 볼	283

다섯 번째 수다

이런 골프, 저런 인생 · 289

연습장에서 만난 사람들	291
흉내만 내도 5타는 줄인다	298
수다 골퍼 따라 하기	306
수다 골퍼 따라 하기 2탄	313
네 이웃의 스윙을 탐하지 마라	318
스크린 골프에 대하여	325
수다 떨고 난 후에	334

첫 번째 수다 드라이버

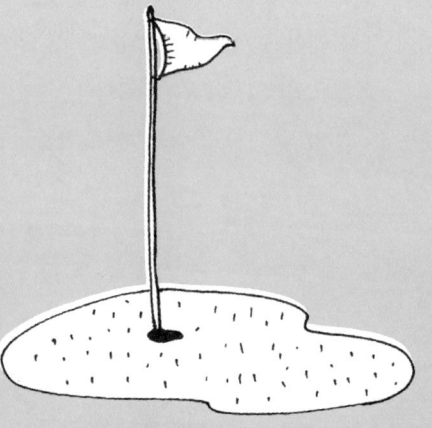

첫 번째 수다

드라이버 Driver

세상의 모든 꿈과 희망을 닮은 골프 클럽이 있습니다.
드라이버라고 불리는 유난히 머리가 큰 남성적인 클럽입니다.
이 놈은 큰 머리만큼이나 고집도 세고 말썽도 많습니다.
그래도 골퍼들은 애지중지 이 놈을 꼭 끌어안고 필드를 누빕니다.
언젠가는 한 몸이 되어 골퍼로서의 꿈을 이뤄줄 것으로 믿으면서 말입니다.
그런데 그런 날이 오긴 올까요?
어쩌면 그 날은 영원히 오지 않을지도 모릅니다.
행복한 날이 올 것이라는 착각으로 삶을 지탱하듯이 골프 역시 그러합니다.
당신의 인생과 내 인생이 다르듯 내 드라이버와 당신의 드라이버는 다릅니다.
그래도 필드에서의 꿈은 같습니다.
그 꿈이 서로 다른 우리를 하나로 만듭니다.

당신의 삶을 위한 그리고 당신의 골프를 위한 '수다 드라이버' 시작합니다.

라운드 10분전

　드디어 이윽고 마침내 어렵게 잡은 결전의 날, '오늘만큼은 반드시~!' 비장한 각오로 먼 길을 달려왔습니다. 골프를 친지 꽤 됐건만 아직도 아침 골프가 잡히면 어김없이 잠을 설칩니다. 어제 나름 일찍 자려고 했지만 엎치락뒤치락 보채다 깜빡 잠이 들어 하마터면 늦을 뻔 했습니다. 고속도로를 얼마나 빨리 달렸던지 사고 안 난 것이 다행입니다. 아차 했던 순간이 있었지만 순발력을 발휘, 위기를 넘기고 제 시간에 무사히 도착했습니다.

　새벽부터 한바탕 쇼를 벌였더니 약간 정신은 없지만 심싯 여유를 부리며 이미 도착해 커피를 홀짝거리고 있는 동반자들의 컨디션을 탐색해봅니다. 그 동안 연습을 통 못했다며 엄살을 떠는 친구, 마침내 비기를 터득했다며 큰소리부터 빵빵 치고 보는 허풍선이 친구, 제발 OB만 나지 않았으면 좋겠다며 미리 앓는 소리를 하는 친구……겉으로는 킥킥대며 웃지만 다들 속으로는 오늘을 벼르고 별렀을 것입니다.

담당 캐디와 건성 인사를 주고 받고는 슬슬 몸 풀 준비들을 합니다. 아이언 클럽 두세 개 그리고 드라이버를 들고는 붕붕 휘두르며 머리 속을 정리합니다. 나도 모르게 가슴 한 켠으로 전기가 흐르듯 살짝 긴장감이 느껴집니다.

'이제 시작이구나……'

아주 낯익은 풍경인가요? 그렇습니다. 바로 당신의 모습 그리고 나의 모습입니다. 우리들의 골프 얘기, 인생 얘기가 바야흐로 시작됩니다. 바로 지금부터 말입니다.

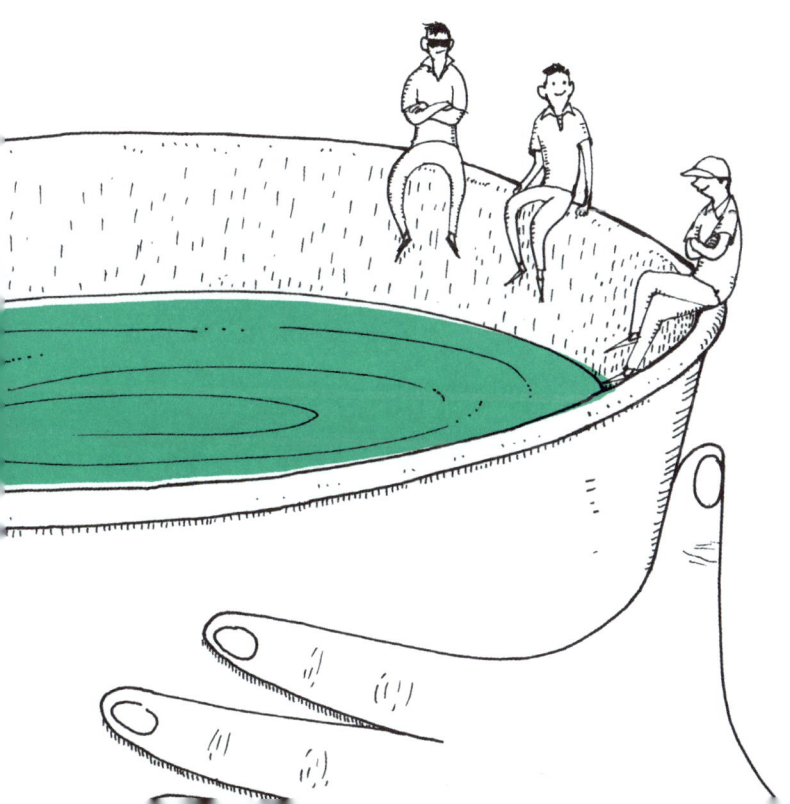

마음만은 멋진 출발, 드라이버

　첫 홀 티 박스에 올라서면 기대 반, 불안 반으로 꺼내 드는 클럽이 있습니다. 14개 클럽 중에서 가장 몸 값이 비싼 놈. 키도 크고 머리도 큼직해서 이 놈이 제대로 힘만 쓰면 오늘 라운드는 겁날 것이 없습니다. 클럽 패밀리의 가장이기에 기대도 크고 투자도 많이 했습니다. 이 놈에게 그동안 들인 시간과 돈과 노력을 생각하면 오랜 시간 묵혀두었던 회한의 감정들이 꿈틀거립니다.
　말도 많고 탈도 많고, 어제는 다 알 것 같았는데 오늘은 도무지 알 수 없는 변덕스러운 존재. 방금 기가 막힌 손 맛을 보여 주더니 바로 다음 스윙에선 엉망이 되어 버리는 믿을 수 없는 놈. 제발 똑바로만 날아가라고 아무리 빌어도 제 멋대로 심술을 부리는 못된 놈. 한마디로 웃기지도 않는 놈입니다. 이 놈의 풍채만큼은 어디에 내놔도 손색이 없습니다. 하지만 이 녀석만큼 예민하게 잘 삐지는 놈은 세상 천지에 또 없을 것입니다. 온 손바닥이 갈라지고 터지도록 연습해도 도무지 말을 듣지 않습니다. 큰 마음 먹고 레슨도 받아 보았지만 어찌된 일인지 그때뿐입니다. 이렇게 치면 저렇게 날아가고, 저렇게 치면 이렇게 날아가는 것이 마치 청개구리 같은 녀석. 투자한 시간과 노력과 돈을 번번히 물거품으로 만드는 괘씸무쌍한 녀석.

그 녀석의 이름은 드라이버입니다.

이미 알고 계셨다고요? 자랑이 아닙니다. 모르는 게 이상한 겁니다. 생각 같아서는 구석에 처박아 넣고 다시는 쳐다 보고 싶지 않을 때도 수없이 많았습니다. 그러나 놈이 내 말을 안 듣는다고 마냥 무시할 수만은 없습니다. 놈의 필요성은 절대적이고 가끔은 기대 이상의 기쁨을 주기도 하기 때문입니다. 그래서 말인데요~지금부터 본격적으로 놈을 파헤쳐 보려고 합니다. 글 읽기 가장 편한 자세로 그리고 느긋한 마음으로 실은 쥐뿔도 모르면서 뭔가 아는 척하는 제 수다를 즐기시기 바랍니다. 누가 압니까? 헛소리처럼 떠드는 수다 속에 숨겨진 깨알 보다 작은 삶의 지혜들이 순간이나마 당신을 즐겁게 할지……

폼생폼사 드라이버 인생

첫 홀 티 샷을 할 때 대부분 골퍼들의 마음은 평소보다 급해집니다.
심장박동수도 빨라집니다.
초보 골퍼들일수록 그런 현상은 더 심하게 나타나는데 실수에 대한 불안감 때문입니다. 마음이 급하면 스윙 템포도 따라서 급해지면서 왼쪽으로 급격하게 감기는 볼을 치게 됩니다. 그때는 볼이 '휙' 하고 순식간에 사라집니다. 번갯불보다 더 빨리 사라집니다.

휙 하고 사라져서 '훅(Hook)'입니다.
성격이 소심한 사람이 갑자기 팩 하고 토라지는 모습과 똑같습니다.

반대로 스윙을 천천히 해도 어깨며 팔에 힘이 잔뜩 들어가면 오른쪽으로 밀리는 볼을 치는 경우가 많습니다. 잘 쳐보려는 신중한 욕심(?)이 너무 강한 나머지 힘을 못 **빼서** 그렇습니다. 온 몸이 경직되어 있으니 스윙이 제대로 될 리가 없습니다. 피니쉬도 끝까지 못합니다. 그때는 볼이 훅보다는 비교적 천천히 오른쪽으로 '슬금슬금' 날아가 슬그머니 사라집니다.

슬금슬금 사라져서 '슬라이스(Slice)'입니다.
덩치가 산 만한 사람이 화를 내는 것 같지 않게 사이를 두고 화내는 모습과 비슷합니다.

평소 스윙은 까맣게 잊고 사흘 굶은 사람처럼 볼을 향해 덤벼들면 악성 탑핑이 납니다. 그러면 볼은 뜨지를 못하고 땅 위를 파드닥거리다 어디로 사라지거나 코 앞에 멈추고 맙니다. 악성 탑핑은 볼이 헤드 안쪽 밑부분에 맞는 걸 말하는데, 그런 스윙을 하고 나면 순간적으로 고추가 '쪼그라드는' 느낌이 듭니다. 정말 그런가 정 못 믿겠으면 나중에 일부러라도 확인해 보시길. 큰 내기가 걸린 판이라면 더 확실하게 느껴질 겁니다. 단, 뒷감당은 본인 몫입니다.

맞습니다. 쪼그라들어서 '쪼루'입니다. 혹 조X하고 헷갈리면 안됩니다.
엄청 겁먹은 강아지가 꼬리를 감추고 깨갱거리며 정신 없이 도망치는 모습과 흡사합니다.

네, 순전히 근거 없는 농담입니다. 볼도 안 맞는데 웃자고 한 소리입니다.(웃으세요~! :-) 그런데 제목은 폼생폼사 어쩌고 해놓고 왜 찌그러진 폼 얘기만 하느냐고요? 그러게요? 원래 폼이란 건 처음부터 잡으면 재미없습니다. 폼은 마지막에 잡아야 더 폼 납니다.

드라이버를 똑바로 멀리 굿 샷을 한 골퍼들의 다음 행동엔 여유가 넘칩니다. 티(Tee)를 찾는 것도 폼 나게 찾고, 캐디 언니에게 클럽을 전해줄 때도 폼 잡으며 줍니다. 동반자들을 쓱 돌아보며 '봤지?' 하는 의미를 담아 미소를 짓는 것은 물론입니다. 잘난 척 하고 싶지만 직접 하긴 멋쩍어 남이 알아주길 기대하는 바로 그 표정입니다.

드라이버를 잘 못 친 골퍼들은 미련이 많은 표정과 짜증이 묻어있는 행동을 하게 됩니다. 부러진 티를 굳이 주워 팽개친다거나, 티가 어디로 튀었냐며 볼 멘 소리로 중얼거립니다. 캐디 언니에게도 클럽을 툭 던져주거나 또는 직접 들고가 신경질적으로 던져 버립니다. 성질은 나지만 차마 화는 낼 수 없어 소심하게 화풀이 하는 걸 상상하시면 됩니다.

참, 티는 튀어서 티입니다. 억지 같지만 교묘하게 갖다 붙이는 거……티 납니까? 누가 됐든 드라이버를 잘 못 치면 영 품위가 나질 않습니다. 스타일 완전 구기는 겁니다. '그래도 OB는 아닌데요', '잘 하면 살아있을 수도 있어요' 등등은 위로가 되지 않습니다. 물론 실질적으론 볼이 죽는 것 보다야 어떻게든 살아있는 게 훨씬 좋긴 좋지요. 그래도 남들 한 번에

간 거리를 두 번, 세 번에 끊어서 가야 할 상황에 처하면 살아도 산 것 같지 않아 짜증이 납니다. 차라리 OB나 해저드가 낫다는 생각이 들 정도입니다.

반면에 남들은 엄두도 못 내는 계곡을 가로지르다가 또는 너무 거리가 많이 나서 맞창 OB가 나면 왠지 덜 분합니다. 이유는 딱 하나입니다. 폼 나거든요. OB라고 다 같은 OB가 아니라는 것이지요. 죽을 때 죽더라도 드라이버는 폼 나게 죽어야 합니다.

폼생폼사 드라이버가 어디 그 뿐입니까?

첫 홀에서 라운드 기념 인증 샷을 찍을 때도 모두들 알아서 드라이버를 들고 찍습니다. 광고용 사진으로도 제일 많이 쓰이는 사진은 프로의 멋진 드라이버 스윙 모습입니다. 아마추어들이 제일 잘 치고 싶어하는 클럽 1위도 드라이버입니다. 쇼트 게임은 별로지만 드라이버 하나만큼은 일품이라는 말이 제일 듣기 좋습니다. 무식하게 거리만 많이 나간다고 동반자들이 흉을 봐도 허허 웃어 넘기고 맙니다. 그러니까 하수라고 고수들이 비아냥거려도 '아, 네~' 그러면서도 기분은 좋습니다. 스코어야 어쨌든 드라이버라도 잘 쳐야 골프 좀 칩네 폼 잡을 수 있기 때문입니다.

폼 나는 멋진 드라이버 스윙, 폼 나는 골프의 시작입니다. 한 마디 안 할 수 없습니다.

"폼 나는 드라이버 스윙 한 번, 열 OB 쪽 팔리지 않는다!"

드라이버는 수동태

　드라이버의 또 다른 이름은 1번 우드입니다. 두 번째 이름이 드라이버입니다. 세 번째 이름도 있다는데 혹시 아십니까? 저도 얼마 전에야 알게 되었습니다. '이런 젠장'이라고 합니다. 캐디 언니가 킥킥 웃음을 참아가며 가르쳐 주었습니다. 꼭 '이런 젠장' 이 아니고 다른 이름을 붙여도 무방할 듯합니다. '미치겠네' '이런 지랄' '또 나가냐' 등등은 기본일 것이고 살짝 육두문자를 섞어도 재미있을 듯 합니다. '이런 네미' '아~닝기리'……더 심한 건 못 쓰겠으니까 각자 알아서들 붙여 보십시오. 여성분들은 좀 다르게 붙일 듯 한데요. '야 이눈아' '엠병할 눈'……더 수준 떨어지기 전에 이쯤에서 멈추겠습니다. (근데 이거 재미있는데요?)

　드라이버의 필요성은 볼을 페어웨이로 똑바로 멀리 보내는 거 딱 한 가지이지만 그 가치는 거의 절대적입니다. 영화 속에서 형님들이 종종 다른 용도로 사용하는데 행여라도 따라 하지 마세요. 아차 하다간 클럽

망가집니다. 어? 제가 방금 뭐라고 했나요? 사람 다치는 건 신경도 안 쓰고 클럽 걱정만 했던가요? 에이~ 설마 그럴 리가요. 하긴 무심코 그랬을 수도 있습니다. 그건 그만큼 드라이버는 소중히 다뤄야 하는 클럽이기 때문입니다. 골프를 치건 못 치건 드라이버는 사람들의 스윙 본능을 자극하는 속성이 있습니다. 그래도 볼에 대고 클럽을 휘둘러야지 사람에게 휘두르면 안됩니다. 그건 군대에서 빈 총이라고 사람을 겨누는 만큼이나 위험한 일이니까요. 어쨌거나 내 클럽 아니고 내 사람 아니니까 마음대로 하든가 말든가 더 신경 쓰지 않겠습니다.

드라이버를 쳐서 볼이 이왕이면 똑바로 날아가는 게 제일 좋지만 훅이든 슬라이스이든 페어웨이에만 떨어지면 일단은 만족입니다. 아쉬운 대로 A러프도 괜찮습니다. 페어웨이를 지키기 위해 우리 아마추어 골퍼들은 죽어라 연습을 합니다. 믿을만한 교본에 의하면 드라이버는 한 번에 10개 이상을 계속 치면 부작용이 더 많다고 합니다. 연속되는 동작으로 과도하게 힘이 들어가기 때문이지요. 초보 골퍼들에게 이 말을 하면 수긍을 하고 고개를 끄덕입니다. 그리고 몇 분 정도는 눈에 띄게 신중한 모습을 보입니다. 하지만 뭔가 마음에 안 들기 시작하면 냅다 휘두르기 시작해 지칠 때까지 치고 또 칩니다. 그러다 보면 손바닥 여기저기에 칼로 도려내야 할 정도로 굳은 살도 박이고, 엘보도 걸리고 어깨 근육이나 인대에 무리가 생겨 팔을 잘 못쓰기도 합니다. 저만해도 오른팔 곳곳에 부상을 많이 입어 용하다는 한의원을 수소문하여 여기저기 찾아 다니며 쓴 치료비도 만만치 않습니다. 어휴, 그 돈 모았으면 라운드 수십 번은 더 다닐 수 있었을 텐데 아깝습니다.

쓸 데 없는 수다는 그만 떨고 드라이버는 수동태라는 것이 도대체 뭔 말인지, 그래서 뭘 어쩌라는 것인지 제가 아는 대로 느끼는 대로 말씀 드리겠습니다. 먼저 드라이버는 두 팔을 잘 뿌려야 하는데 그냥 뿌리는 게 아니라 지나가듯 뿌려야 합니다. 연습장에서 프로가 그렇게 말하면 초보자들은 알 듯 말 듯한 표정으로 눈만 껌벅거리고 있으면 답답한 프로가 시범을 보여 줍니다.

이건 때리는 거고, 이건 지나가는 겁니다. 아시겠지요? 응? 뭐가 다른데? 그럼 볼을 때려야 나가지 슬쩍 지나가면 가봐야 얼마나 가겠어? 열심히 설명하는데 모르겠다고 하면 쪽 팔리니까 알아 들은 척 고개를 끄덕입니다. 그리고는 프로가 돌아서기 무섭게 또 다시 꼴리는 대로 스윙질을 해댑니다. 누군가 눈을 감고 쳐보라고 조언을 합니다. 눈 뜨고도 못 치는데 눈 감고 해보라고?

반신반의하면서 눈을 감은 채 스윙을 해봅니다. 몇 번 해보니 맞기는 맞습니다. 근데 그게 뭐? 볼을 무시하는 요령이랍니다. 뭐야? 볼 끝까지 보라며 이젠 무시하라고? 난 무시하면 아예 안 보는 성격인데……도대체 뭘 어쩌란 얘기야?

이게 좋네 저게 좋네 할 때마다 해볼 수 있는 가능한 짓은 다 해봤지만 결론은 하나. 스스로 뭔가 알 때까지 연습 또 연습을 해야 한다는 것이었습니다. 연습이고 뭐고 다 좋은데 뭘 좀 알고 연습을 해야지 그냥 무조건

할 수는 없습니다. 어느 날, 가끔 언더 파도 치는 진짜 고수를 만나 골프 스윙에 대한 고견을 부탁합니다. 그러다 마침내 깨달음의 한 마디를 얻었습니다.

"상체의 모든 힘을 뺀 채 클럽이 뿌려지도록 해보세요. 지나간다는 말도 같은 맥락입니다. 클럽을 내가 지나가게 하는 것이 아니라 스윙에 의해 클럽이 지나가도록 해야 합니다. 즉, 스윙이 목적이어야지 볼을 때리는 것이 목적이면 지나가는 스윙을 할 수 없습니다."

오옷~! 마침내 저의 골프 잠언 1호와 만나는 순간이었습니다. 아무래도 저는 지능형 또는 두뇌형 골퍼인가 봅니다. 네? 그냥 단순형 수다쟁이라고요? 흥, 알겠습니다. 두고 봅시다. '뿌리는 것이 아니라 뿌려져야 한다'는 말에 정신이 번쩍 들었습니다. 그토록 오랫동안 괴롭혀 온 진리의 말씀은 겨우 능동과 수동의 차이였습니다. 중학교 영어 시간에 깨달았어야 할 그 차이를 골프를 통해서 이제야 깨닫다니요. 아무래도 저는 둔재형 수다쟁이가 맞는가 봅니다. 생각해보면 다 같은 말들을 했던 것인데 그 말에야 비로소 개안을 했으니 말입니다. 이제 뭔가 조금 알 것 같으니 골프 스윙에서 능동과 수동에 대한 수다거리를 찾아 보겠습니다.

수다 골프,
수다 인생

뿌리는 것과 뿌려지는 것

드라이버는 뿌려야 한다고 합니다. 어떻게요? 1시 방향으로 잘 뿌리면 됩니다. 뿌린다는 것은 골퍼가 스스로 그런 행동을 한다는 것인데 바로 거기에 함정이 있습니다. 드라이버를 뿌리는 것만 집중을 하게 되면 볼을 때리게 됩니다. 스윙의 본질은 볼을 때리는 것이 아닙니다. 스윙의 본질은 그냥 스윙입니다. 볼이 클럽에 맞는 것은 스윙 과정 중에 일어나는 것입니다. 상체의 힘을 뺀 상태에서 자연스럽게 스윙을 하면 두 팔이 뿌려짐을 느낄 수 있습니다. 즉, 뿌린다는 것은 골퍼가 팔을 뿌리기 위한 의도적인 행위를 한 것이고, 뿌려진다는 것은 스윙 자체가 저절로 그렇게 된다는 의미입니다.

뿌리는 것에 집착하다 보면 자꾸 손을 쓰게 됩니다. 손을 잘못 쓰면 필요 없는 힘이 들어가 스윙 궤도가 틀어집니다. 슬라이스의 경우에는 왼손이 스윙 궤도의 바깥으로 이탈하는 경우가 대부분입니다. 당겨지는 볼은 오른손에 힘이 들어가가 스윙 궤도가 미리부터 틀어지기 때문입니다.

힘있게 뿌리려다 보니 임팩트 순간에 클럽을 놓아주지를 못해서 그런 일이 생기는 것입니다.

그래서 저는 뿌리려고 하기 보다는 그냥 팔이 펴지는 느낌을 가지려고 합니다. 그런데 팔이 펴지도록 신경을 쓰면 이번엔 손에 힘이 들어갑니다. '이런 젠장~!' 악력은 어드레스 때나, 백 스윙 때나, 다운 스윙 때나, 임팩트 때나 똑같아야 합니다. 백 스윙 탑에서 몸통을 회전 시키면 두 팔과 클럽이 따라내려옵니다. 이때 볼을 세게 때리기 위해 손에 힘을 주면 어떤 일이 생길지는 아무도 모릅니다. 볼이 없다고 생각하고 헤드가 그냥 지나가도록 해야 합니다.

그것이 바로 뿌려지는 겁니다. 그러려고 하는데 자꾸 볼만 보면 때리게 된다고요? 좌절하지 마십시오. 저도 그렇습니다. 그래서 우리는 아마추어이고 하수입니다. 1년 내내 연습을 하다 보면 '맞아, 이 느낌이야!' 이러는 건 단 며칠뿐입니다. 클럽 헤드에 저절로 볼이 맞을 때까지 기다리면서 상체를 일으키지 않으면 피니쉬는 저절로 이루어 집니다. 이렇게 해서 볼이 스윗 스팟에 정확히 맞으면 마치 탁구공을 맞춘 정도의 느낌만 전해집니다. 하지만 볼은 쾅 소리를 내며 총알보다 빨리 빨랫줄 탄도를 내며 날아갑니다.

자연산 광어는 자연의 원리에 의해 뿌려진 놈이고 양식 광어는 사람이 인공적으로 뿌린 놈입니다. 앞에서 말씀 드렸던 '놓아 버리기는 뿌려진 놓아 주기'입니다. 뭐 광어가 어쩌고 어째 이러지 마십시오. 저도 그냥 생각나는 대로 하는 말입니다. 개떡같이 말해도 찰떡같이 알아 들으셔야 합니다. 그래도 무슨 말인지 알쏭달쏭 하시다고요? 그렇다면 더 헷갈리게 해드리겠습니다.

색즉시공 공즉시색, 드라이버 임팩트

　어떤 일이든 최고의 경지에 이른 상태를 도통했다고 합니다. 도통한 사람들을 일컬어 도사 또는 고수라고 부릅니다. 요즘에는 달인이라고 부르기도 하더군요. 문득 달인으로 유명한 개그맨이 떠오릅니다. 볼 때마다 참 대단한 사람이라는 생각이 듭니다. 고수든 달인이든 최고의 경지에 오른 사람들은 분명한 자기 철학이 있습니다. '불가능은 없다', '안되면 되게 하라', '될 때까지 하라' 등 하나같이 집념을 강조합니다. 물론 집념이 무엇보다 중요하겠지요. 하지만 집념만 갖고는 어림 턱도 없는 것이 있습니다. 바로 골프입니다. 골프는 몸이 우선하는 운동이지만 정신과 몸의 동시 깨달음이 없으면 고수의 경지에 다다를 수 없습니다.

　골프는 골퍼 개인의 깨달음과 느낌이 가장 중요한 운동입니다. 즉, 육체적인 문제보다 멘탈이 더 중요하다는 말입니다. 그래서 '골프는 90%가 멘탈이고 그 나머지 10%도 멘탈이다'라는 극단적인 표현도 있는 겁니다.

10%는 기술이 아니냐고요? 네, 그리 말하는 이도 있습니다. 하지만 멘탈의 중요성을 강조하려면 10%든 5%든 빠져나갈 여지를 주면 안됩니다. 불안한 멘탈로는 기술 역시 제 자리를 잡을 수 없습니다. 골프에서 '멘탈 컨트롤'은 절대적입니다. 그럼 멘탈 멘탈 하는데 도대체 멘탈의 경계는 어디서부터 어디까지일까요?

멘탈(Mental)의 사전적 해석은 '정신, 정신의'인데 뜻은 물론 스펠링도 영어, 프랑스어, 독일어, 스페인이 똑같이 표기합니다. 사람 머리 속은 국적에 상관없이 다 거기서 거기란 의미일까요? 어쨌든 옛말에 '정신일도 하사불성'이라는 말도 있듯이 멘탈은 집중력을 가장 강조합니다. 집중력이라고 하니까 어떤 분들은 돌부처 어드레스를 고집하다 실수만 연발하더군요. 제가 비록 자칭 수다 골퍼이긴 하나 집중력에 대한 개인적인 견해는 이렇습니다. 골프에서 집중력이란 어드레스에 들어간 후, 스윙 하나하나를 머리 속에 그리며 집중하는 것이 아니라 오히려 '공(空)의 상태에서 스윙을 하는 것'을 의미한다고 생각합니다. 생각은 연습장에서 하고 필드에 나오면 더도 덜도 필요 없이 말 그대로 그냥 치면 되는 겁니다. 가끔 이런 말을 들을 때가 있습니다. '아무 생각 없이 툭 쳤더니 똑바로 250미터가 나가더라고요? 판 다 끝나가는데……' 이미 스코어는 꼴도 보기 싫을 정도로 엉망인데다 발버둥쳐봤자 아무 의미도 없다 싶어 그냥 쳤는데 그랬다는 얘기입니다. 그런 경험 없으셨나요? 없었다면 당신은 진짜 욕심쟁이~!! (때론 포기를 해야 얻어지는 것도 있습니다)

각설하고 이전 글에서 뿌려지는 스윙에 대해서 수다를 떨어보았습니다. 뿌려지는 스윙이 어떤 것인지 단박에 알 수 있는 한 가지 예를 들어 보겠습니다. 혹 유리문을 못보고 지나가려다 충돌했던 경험이 있으십니까? 저는 몇 번 있었습니다만……그 충격, 겪어 보지 않은 분은 결코 알 수 없습니다. 웬만하면 창피해서라도 안 아픈 척 하고 싶지만 엄청난 충격에 그 자리에 주저 앉게 됩니다. 유리문이 있다는 것을 전혀 몰랐으니 그 충격이 어마어마하겠지요. 실제로 중상을 입어 병원에 실려간 사람도 있었습니다. 유리문이요? 그건 강화유리라 까딱없었답니다.

바로 그겁니다. 좋은 스윙은 볼이 없다고 완전히 믿어야 아니 의식조차 없어야 합니다. 그래야 볼을 의식하지 않고 완벽하게 지나가는 스윙을 할 수 있습니다. 볼을 때리지 않고 지나가려면 몸통의 회전에 의해 클럽이 뿌려져야 합니다. 그럼 몸통 회전 스윙을 할 줄 알면 더 배울 것이 없을까요? 천만에요. 그 다음 단계가 있는데 그것도 모자라 또 그 다음 단계가 있다고 합니다. 골반을 쓸 줄 알면 무릎 쓰는 법을 배우고, 그 고비를 넘기면 발바닥 쓰는 법도 있다고 합니다. 젠장~평생 스윙만 배우다 인생 끝나겠습니다. 그건 그거고 중요한 것은 임팩트를 의도적으로 만들다 실패하면 안 하느니만 못 하니 이것이 '있어도 있는 것이 아니라는 것'이고, 임팩트를 만들려 하지 않고 스윙만 하면 저절로 임팩트가 이루어지니 이것이 '없어도 없는 것이 아니라는 것'입니다.

일찍이 세상만사 모든 일을 깨우친 석가의 가르침은 골프에도 통용이 됩니다. 그런 경지를 석가께서 말하시길 '색즉시공 공즉시색'이라고 설파하셨습니다. 무념무상 타법, 스윙의 최고 경지입니다. 팔을 뻗는 것 역시 같은 맥락입니다. 뻗으려고 의식을 하면 자꾸 힘이 들어가 오히려 끊기는 스윙을 하는 경우가 많습니다. 볼이 맞거나 말거나 두 팔이 한번에 펴지도록 해야 합니다. 두 팔이 펴지도록 하려면 상체와 팔과 손의 힘을 가능한 몽땅 빼야 합니다. 이때 중요한 것은 상체의 회전을 늦추면서 팔이 펴져야지 몸이 같이 돌면 팔이 펴지긴커녕 오히려 구부러진다는 것을 명심해야 합니다. 어떤 생각도 하면 안 된다면서 지켜야 할 것이 왜 그리 많느냐고요? 글쎄요. 그리고 보니 그렇군요. 뭔가 잘못돼도 왕창 잘못된 것 같지만 골프가 그런 걸 어떡합니까? 사람들 사는 것도 그렇잖아요. 조목조목 따지면 모순투성이이지만 모순들이 모여서 하나의 진리가 되는 것이 골프고 인생이고 다 그런 겁니다.

이 수다의 결론은 한 가지입니다. 순전히 자동으로 이루어지는 스윙에 의해 저절로 볼이 맞아 나가야 한다는 것입니다. 그렇다면 장황하게 수다를 떤 저는 어떨까요? 저야 당연히 입만 살았지요. 빈 깡통이 요란하다고 하잖아요? 제가 딱 그 짝 입니다. 자기도 못하는 걸 하라고 하면 그게 말장난일 뿐이지 아무 것도 아니라고요? 아니 이런~! 무슨 말씀을 그리 서운하게 하십니까? 골프는 몸으로 하는 학문입니다. 학문은 머리 속이 정리가 안되면 앞으로 나아갈 수가 없습니다. 골프는 머리 속에 정리된 이미지를 몸으로 구현할 수 있어야만 좋은 스윙을 할 수 있습니다. 별 도움이 안 되는 잡념이 많으면 절대로 '내츄럴 본 스윙'을 할 수 없습니다.

어떤 일이든 알고 하는 것과 모르고 하는 것의 차이는 하늘과 땅 차이입니다. 비록 그 차이가 당장 눈으로 확인되지 않는다고 해서 의미가 없는 것은 아닙니다. 그런 의미에서 오늘의 한마디는 연습과 관계된 것으로 찾아봤습니다. 과연 나는 어느 쪽인지 솔직하게 자수하기입니다. ^^

본업은 변호사인데 골프 평론가로 유명세를 떨친 버나드 다윈의 골프 어록 한 마디 듣겠습니다.

> "골프 연습에는 지혜롭게 연습하는 것, 어리석게 연습하는 것, 무대포로 연습하는 것 그리고 전혀 연습하지 않는 것 등 4가지 종류가 있다."

드라이버와 여자 그리고 놓아주기

　드라이버, 이 놈은 키도 크고 머리도 큰 것이 생긴 건 분명 남성인데 성격은 어쩌나 예민하고 삐치길 잘하는지 여자의 심리 상태처럼 알 듯 말 듯 헷갈리기만 합니다. 이토록 늠름하게 생긴 놈이 어쩌다 남자 친구에게 차여서 약이 바짝 오른 어떤 언니처럼 종잡을 수 없는 성깔을 갖게 되었을까요? 이 놈이 설마 겉만 남자고 속은 여자인 거시기? 아니면 A형 같은 O형? 어쨌거나 말 안 듣는다고 패면 팰수록 엇나가니 분통이 터져도 꾹 참고 살살 달래가며 놈을 해부해 보겠습니다. 원래 이런 친구들은 힘으로 하면 안됩니다.

　무심한 남자들은 결코 모르는, 알려고 하면 할수록 알 수 없는 여성만의 세계가 있습니다. 여성들은 남자들이 아무리 골머리를 싸매고 끙끙 앓아도 알 수 없는 이유로 남자들의 속을 앙칼지게 긁어대며 애를 태웁니다. 그래도 남자들은 아내를 연인을 결코 포기하지 않습니다. 할 수만 있다면 하늘의 별이라도 따오겠다며 그녀들을 아끼고 사랑하고 보호합니다. 그게 남자로서의 로망이고 도리라 굳게 믿으면서 말입니다. 그러나 우리의 사랑스런 여성들은 남자들의 속셈에 대해서는 훤히 꿰뚫고 있습니다. 알면서, 다 알면서 여우 짓을 떠는 겁니다. 남자들만 모르는 겁니다.

드라이버 역시 사방팔방 어디로 날아갈지 몰라 늘 불안하기만 합니다. 알았다 싶었는데 어느새 삼천포로 빠지기 일쑤입니다. 손바닥에 굳은 살이 박이고 손가락 마디마디가 퉁퉁 부어올라 아침마다 얼음 팩까지 동원해 냉 찜질을 하면서도 골퍼들은 결코 드라이버를 포기하지 않습니다. 마치 산 정상에 오르다 얼어 죽을지언정 뒤로는 못 가는 히말라야의 산사나이들처럼 투지를 불태웁니다. 도대체 드라이버가 뭐라고 그 난리들일까요?

드라이버는 골퍼로서의 자존심이며 존재감의 표상이기에 그렇고, 그래서 많은 투자를 합니다. 좋다는 클럽은 어떻게든 다 바꿔보고 비상금 톡톡 털어 레슨도 받아보지만 여전히 불안합니다. 아무 것도 모르고 무식하게 힘으로 휘두를 때가 차라리 더 잘 맞았습니다. 그런데 배울 만큼 배워서 알만큼 알아야 할 지금, 오히려 더 모르는 것 같은 이 찝찝한 기분은 대체 뭡니까? 마치 같이 살만큼 살아서 알고 자시고 할 것도 없다고 믿었던 아내가 갑자기 전혀 다른 사람처럼 굴며 사람 헷갈리게 하면 그런 기분이 들까요? 여자의 변신이 아무리 무죄라고 대한민국의 전 매스컴이 떠들어도 당하는 사람 입장에서는 황당 그 자체입니다. 드라이버가 원래 그런 거라고 타이거 우즈가 법정에서 증언했어도 OB 몇 방 날리

고 나면 빠개버리고 싶은 심정은 누구나 마찬가지입니다.

드라이버만 해결되면 모든 고민들이 확 풀릴 것 같은데 뜻대로 되질 않습니다. 그렇다고 성질 꽉꽉 내면서 힘으로 어떻게 해보려고 하면 할수록 수렁으로 더 깊이 빠져들 뿐, 건지는 건 개뿔도 없습니다. 주변에서는 구력으로 볼 때 정상이라고들 하지만 그래도 왕년엔 운동 꽤나 했었는데 남들과 비슷하다면 열 받습니다. 천재 소리는 못 들을망정 발전이 빠르다는 칭찬 정도는 들어야 직성이 풀린다 이겁니다. 하지만 그거 다 희망사항일 뿐, 현실은 꿈을 깨기 위해 존재함을 비로소 알게 됩니다. 그리하여 오만 고생과 시행착오를 겪은 후에야 비로소 드라이버는 패면 팰수록 더 망가지고, 여자는 매달리면 매달릴수록 도망간다는 진리를 깨닫습니다. 돈오(頓悟/크게 깨달음)의 순간입니다. 진정 드라이버도 여자도 내 것으로 만들기 위해서라면 먼저 놓아주는 법을 배워야 합니다. 놓아주는 법을 배웠다 함은 곧 진리를 깨달았다는 의미입니다. 참 거창하지요?

놓아 주는 법······드라이버는 몸으로 알아야 하고, 여자는 마음으로 알아야 합니다. 물론 머리로는 둘 다 이해하고 있습니다. 그런데 몸도 마음도 아는 만큼 따라주질 않습니다. 몸도 내 몸이고 마음도 내 마음인데 도무지 되는 게 없으니 알다가도 모를 일입니다. 놓아 주기 위해서는 드라이버든 여자든 손과 마음에 필요 이상의 힘이 들어가면 안됩니다. 손의 힘을 빼는 방법은 어깨에서부터 손에 잔뜩 걸려 있는 힘부터 빼면 저절로 빠집니다. 마음의 힘을 빼는 방법은 말 그대로 모든 욕심을 내려 놓는 수 밖에 없습니다. 손의 힘을 빼면 볼이 도저히 나갈 것 같지 않고, 마음의 힘을 빼면 그녀가 나를 떠날 것만 같아 불안하기 짝이 없을 겁니다. 그래도 믿고 힘을 빼야 합니다. 절대적으로 믿어야 합니다. 믿는 자에게 복이 뭉텅이로 내린다고 했습니다.

최소한의 힘만 남겨두고 모든 힘을 다 빼도 어차피 임팩트에서는 클럽이 저절로 잡힐 것입니다. 진실한 사랑은 설령 지금은 그녀가 내 곁을 떠나있다 해도 언젠가는 그 자리로 다시 돌아올 것입니다. 그러나 머리가 안다고 몸이 알고 마음이 아는 것은 아닙니다. 몸과 마음의 힘을 빼는 요령을 몸에 익히려면 부단한 노력과 연습 그리고 꾸준한 멘탈 훈련이 필요합니다. 그래서 얻는 것이 바로 스윙의 일관성이고, 변함없는 사랑의 힘입니다. 그러나 우리는 성인들의 무수한 가르침에도 불구하고 여전히 갈팡질팡 헤매고 있습니다. 그것은 우리들의 성품이 성인들처럼 성(聖)스럽지 못하고 성(性)스러워서 그런 겁니다. 자고로 범인들의 번뇌라는 것이 좀 잡스럽습니다. 그래서 달랑 하나를 깨우치는데도 시간이 많이 걸립니다. 물론 저 역시 버려야 할 번뇌가 한도 끝도 없습니다.

알면서도 그대로 실천하지 못하는 것이 인간입니다. 아무리 만물의 영장 어쩌고 저쩌고 해 봤자 인간은 아직 하자투성이입니다. 어느 잘난 이가 드라이버에 대해 전 우주가 감탄할만한 명언을 우박처럼 퍼부어도 내가 모르면 모르는 겁니다. 다만 한가지만 명심하면 됩니다. 드라이버는 일관성 있는 스윙으로, 연인은 변함없는 사랑으로만 잡을 수 있습니다.

드라이버든 여자든 놓아 주는 법을 깨닫는 순간, 새로운 세상이 열릴 것이고 그로 인해 아래와 같은 명언이 탄생하게 되는 겁니다. 명심하세요. 꼭 명심하셔야 합니다. 그래서 오늘은 수다 골퍼가 제안하는 수다 어록 한 마디! 외워라 그러면 써먹을 것이다. ^^

"놓아주라 그러면 잡을 것이다!"

드라이버 4男 4色

사람 됨됨이를 알고 싶으면 고스톱을 같이 쳐보거나 돈을 빌려줘 보면 안다고 합니다. 골퍼로서의 됨됨이를 알고 싶으면? 당연히 18홀 한 라운드만 돌아보면 저절로 알게 됩니다. 18홀 한 라운드에서 드라이버는 통상적으로 평균 14번을 치게 됩니다. 그리 많지는 않지요? 하지만 세컨드 샷과 밀접한 관계가 있기 때문에 드라이버의 중요성은 거의 절대적입니다. 그래서 드라이버 스윙 형태를 4가지로 분류해 골퍼들의 성격 및 심리 상태를 분류해봤습니다.

당연히 잘 나갈 것으로 믿고 OB따위 날 테면 나라며 거침없이 스윙을 하는 1남
평소 모든 것이 시원시원한 사람입니다. 실패를 해도 절대로 기가 죽지 않습니다. 어지간한 계곡이나 해저드를 만나면 무리인 걸 알면서도 일부러 뻐기는 척 하며 가끔 우정의 샷(OB)도 기꺼이 선사할 줄 아는 바람의 아들 스타일. 물론 라운드 동반자로서는 최고 중의 최고입니다.

누가 어떤 샷을 날리든 흔들림 없이 소신 있게 자신의 스윙을 다 하는 2남

겉으론 온순하고 얌전해 보이지만 속으로는 은근 강한 사람입니다. 확실한 자신감 없이는 절대로 모험을 하지 않는, 일명 '또바기' 스타일입니다. 평소 연습도 연구도 많이 하므로 같이 라운드 다니면 배울 것이 많습니다. 게다가 정직해서 돈 따먹고 침 바르는 치사한 짓은 절대 하지 않지요.

비거리는 모르겠고 오직 페어웨이를 지키기 위해 안전 빵 스윙을 하는 3남

말로는 있는 호기는 다 부리면서도 속으론 실수할까 봐 가슴을 졸이는 밴댕이 소갈머리의 소유자.

자기 볼은 OK 안 준다고 투덜거리면서도 남의 볼은 센티미터까지 따져 가며 OK 안 주려고 발버둥을 칩니다. 상황이 안 좋으면 은근슬쩍 야금야금 얌체 짓도 저지르는 얄미운 구석이 있습니다. 소심해서 그렇지 사람이 나쁜 건 아니니까 같이 어울려도 괜찮습니다. 당신도 봐주실 거지요?

OB 걱정하느라 연습 스윙과는 전혀 다르게 어정쩡한 스윙을 하는 4남

생김새가 어떻게 생겼든 엄청나게 예민한 스타일. 아마 외모는 완전 UFC 격투기 선수 못지 않을 걸요? 덩치 좋고 힘 좋지만 완벽주의자라서 OB 강박증세를 숨기지 못합니다. 아마 연습장에서는 무시무시한 샷을 쳐대서 주위 사람들을 감탄시킬지도 모릅니다. 하지만 필드만 나가면 좀팽이 샷을 한다는 거. 다소 신경질적인 면도 있어서 주로 멤버가 부족할 때만 콜을 합니다. 그렇지요?

어떻습니까? 당신과 당신의 동반자들은 어떤 스타일입니까? 솔직하고 냉철하게 판단해 보세요. 저요? 음……저는 두 번째입니다. 저기 피식 비웃으신 분, 진짜라니까요~! 다음엔 꼴도 보기 싫은 골퍼들을 분류해보겠습니다. 언제요? 조르지 마세요. 한다고 했으니 언젠가는 하겠지요. ^^

드라이버 4女 4色

　　남자 골퍼들도 각양각색이지만 여성 골퍼들 역시 그녀들만의 스타일이 따로 있습니다. 남성 골퍼와 동반 라운드를 할 때는 여리디 여린 그녀들이 그녀들만의 리그에선 살벌합니다. 아무리 친한 사이라도 드라이버 비거리 자기 보다 많이 나가면 엄청 속상해 하는가 하면, 캐디 언니들 페어웨이도 아닌데 함부로 굿 샷 외쳤다간 여지없이 '넌 이게 굿 샷이니?' 라는 핀잔과 매서운 눈초리 비난을 받을 수도 있습니다. OK 거리 정확히 재려고 줄자 갖고 다니는 사모님도 있답니다.

　　드라이버 스윙으로 4남 4색을 구분했듯이 이번엔 4녀 4색으로 한번 파헤쳐 보겠습니다. 맞아도 그만 안 맞아도 그만, 재미로 하는 거니 심각하기 없기입니다.

여왕벌 타입: 레이디 티 박스를 거부하고 남자 티 박스에서 같이 치겠다는 1녀
　　한 마디로 화끈한 여장부입니다. 줄 건 꽉꽉 주고 받을 건 칼같이 받습

니다. 뭘 주고 받는지는 알아서 짐작하세요. 워낙 배짱이 좋아 큰 내기도 마다하지 않으며 주로 남자들과 라운드를 합니다. 대부분 핸디캡은 높은 편이지만 가끔 실력까지 겸비한 여왕 골퍼들도 있습니다. 그녀들에게 걸리면 뼈도 못 추릴 수 있으니 요령껏 빠져 나와야 합니다. 지갑이 얄팍하거나 심장이 약한 좀생이 골퍼들은 만나기 힘든 별 7개, 칠성급 여성 동반자입니다.

외유내강 타입: 드라이버 망가졌다며 엄살 떨지만 롱기스트는 어김없이 챙기는 2녀

연약해 보인다고요? 어림없는 소리. 일단 붙으면 비거리 장난 아닙니다. 롱기스트 맡아 놓고 챙겨갑니다. 친절하고 우아한 겉모습은 단지 컨셉일 뿐, 만만히 보고 덤볐다간 '아!' 소리도 못하고 터집니다. 실력과 미모를 겸비해 라운드 파트너로서는 누구나 OK할만한 1등급입니다.

왕 내숭 타입: 힘이 부족해 드라이버에 끌려 다닌다면서도 보낼 거 다 보내는 3녀

겉으로는 어찌나 나긋나긋하고 상냥한지 말만 잘하면 알아서 금세 줄 것(?) 같지만 확실한 개런티가 없으면 절대로 넘어가지 않습니다. 골프 실력은 90대 중반이라도 남자들 애태우는 솜씨는 완전 프로. 혼잣말처럼 툭툭 던지는 색깔 있는 단어에 넘어가면 안됩니다. 내기에 돈을 잃어도 온갖 여우 짓으로 본전 이상을 찾아 가는 그녀…… 봐줍시다. 예쁘잖아요? 히히……^^

무 개념 타입: 드라이버 OB나면 거리가 늘었다며 하이 파이브 하자는 4녀

골프를 무슨 사교모임으로 생각하는지 실력보다는 패션과 화장에만 엄청 신경 씁니다. 서비스는 안하고 서비스만 받으려고 하는 못된 여왕 버릇이 있습니다. 별로 봐줄 것도 없는데 시도 때도 없이 애교 남발에 조금이라도 마음에 안 들면 바로 뾰로통……다음부터는 떼놓고 가실 거죠?

여성 골퍼를 함부로 폄하했다고 화내시는 분, 언짢아 하지 마세요. 그냥 재미라니까요, 재미! 어떤 스타일이 마음에 드시는지 한번 골라 보기나 하세요. 첫 번째? 두 번째? 아니면 세 번째? 저는 당연히 네 번째입니다. 말도 안 되는 소리라고요? 아녜요, 진짜입니다. 정말이라니까요! 네 번째가 바로 제 마누라인 걸요. 그거 선택하지 않으면 저 죽습니다. 아니, 사람 우습게 봤다고 오히려 더 터질 수도 있겠는데요? 첫 번째를 선택해야 그나마 살아남겠는데요? ^^

깜냥도 안 되는 주제에 여성 골프를 분류했으니 LPGA의 대모인 낸시 로페즈의 어록 한 마디 전해 드리겠습니다. 말씀이 상당히 위압적인 것이 딱 여왕벌 스타일입니다.

> "여성이라 하여 여성스럽게 샷을 해서는 안 된다."

드라이버-단단한 놈, 그저 그런 놈, 부드러운 놈

내 몸에 맞는 드라이버를 선택하려면 필수적으로 몇 가지 사양을 봐야 하지만 그 중 가장 중요시 되는 것은 샤프트 강도입니다. 샤프트를 세분하면 훨씬 더 많겠지만 생략하고 아래 세 놈에 대해서만 집중적으로 수다를 풀겠습니다. 네? 소개할 놈 있으면 하나도 빼먹지 말고 다 하라고요? 헐……좋아요. 좋습니다. 정 그러시다면 글 끝머리에 따로 분류해 놓겠습니다. 실컷 보세요~!

S(Stiff): 단단한 것이 아주 빡 센 놈입니다.

잡는 순간 통뼈와 팔씨름하는 느낌이 팍 오는데, 힘이 달리는 골퍼가 사용하면 마치 각목으로 볼을 친 느낌입니다. 기본적으로 힘과 스피드가 없으면 제대로 다룰 수 없습니다. 무리해서 사용하면 골프 엘보 제대로 걸릴 수 있습니다. 힘센 놈은 힘으로 다루어야 합니다. 인간도 마찬가지입니다. 자기 힘만 믿고 껄떡대는 인간들은 더 센 힘으로 눌러버리면 꼼

짝도 못합니다. 낮에 36홀 가볍게 돌고도 힘이 넘쳐 밤에 36홀 또 돌아도 까딱없는 타고난 변강쇠에게 강력 추천합니다.

SR(Stiff regular): 보기보다 은근히 센 놈입니다.

그저 그렇게 보인다고 덥석 덤볐다간 큰 코 다칩니다. 적당한 힘과 적당한 기술이 필요합니다. 샤프하면서도 앙칼진 구석이 있습니다. 사람도 그렇습니다. 순한 사람이 화나면 더 무서운 법입니다. 이런 사람들 싸움을 안 하는 거지 못 하는 것이 아닙니다. 일단 붙으면 결코 호락호락하지 않습니다. 깡도 꽤 센 편이고 고집도 있어 삐치면 달래기 힘이 듭니다. 나름 몸 관리 잘 해서 웃통 까야 할 때 꿀리지 않는 몸짱 골퍼들이 좋아합니다. 체력은 낮에 36홀 기본으로 돌고 밤에도 18홀 정도는 진하게 너끈히 돌 수 있는 호사가들에게 권합니다. 딱 접니다. 증명할 수 있냐고요? 확인할 수 없는 건 그냥 믿어주는 게 예의입니다. 따져서 얻을 것이 없으면 괜히 긁어 부스럼 만들기 없기입니다.

R(Regular): 부드럽고 친절한 놈이지요.

흔들어 보면 나긋나긋 낭창거립니다. 상당히 여성적입니다. 힘으로 다루면 절대로 안됩니다. 힘이나 스피드 보다는 리듬과 템포가 중요합니다. 볼 때리는 손맛이 짝짝 들러 붙는데 그 느낌이 애인의 살결 같아서 손으로도 오르가슴을 느낄 수 있을 것 같습니다. 힘보다는 스윙 리듬이 뛰어난 사람들이 주로 사용합니다. 절대로 무리하지 않는 것이 가장 큰 장점입니다. 힘은 좀 부족해도 테크닉이 좋아서 밤이 전혀 두렵지 않은 장년층들에게 좋습니다. 간혹 새파랗게 젊은 골퍼들이 R을 쓰는데 젊은 사람들이 방망이를 써야지 왜 회초리를 쓰는지……혹시 거시기도 회초리 수준? 흐흐……농담입니다. 농담~!

"야! 난 낼 모레 육십이니까 R 써야겠네? 아직 나 빳빳하거든? 감히 어디다 비교질이야?"

이러면서 말도 안 된다고 거품 무시는 분들, 그냥 쓰고 싶은 거 마음대로 쓰시거나 욕하고 넘어가세요. 저는 절대로 노 코멘트이니까요. 아무리 내 몸이고 내 마음이라고 해도 골프는 타협을 하는 운동이고, 우리네 인생도 독불장군 우겨봐야 손해만 봅니다. 천하없는 통뼈라도 세월 앞에 장사 없습니다. 이만큼 살아왔으니 골프도 인생도 이제는 부드럽게 즐겨야 할 때입니다.

그 외 다른 놈 또는……

X(Extra): 엄청 단단한 놈

주로 프로들이 사용하는데 XX를 사용하는 프로들도 있다고 합니다. 쇠몽둥이를 휘두르는 느낌이라고 하며 일반인들이 사용하면 볼도 거의 안 뜨거나 부상의 위험이 크다고 합니다. 통뼈라고 자부하시는 분들은 도전해보시든지……이런 게 바로 줘도 못 먹는 감입니다. 그런데 저런 걸 마음대로 휘두를 정도면 이 힘, 저 힘 다 좋을까요……?

A(Average): 한결 부드러운 념(놈+년)

세월이 흘렀음을 기꺼이 인정하는 시니어 또는 좀 센 여성용. 마음만 젊은 오빠, 형님들 센 놈 잡아봐야 관절염만 도집니다. 살살하세요. 하지만 요즘은 시니어용 드라이버가 많습니다. 가격이 좀 센 것이 흠이지만요. 드라이버가 안되면 어프로치하고 퍼터로 버티시면 됩니다. 힘이 안되면 기술입니다. 세상사 힘만 갖고 살면 힘센 놈이 일등 이게요? 섬세하고 예민한 잔 기술이 훨씬 더 효과적일 때도 많습니다. 오랜 연륜에서 묻어나는 환상의 테크닉은 필드에서나 침실에서나 똑같이 통할 겁니다.

L(Ladies): 하늘거리는 걸(girl)

차마 년이라고는 못하겠습니다. 전 여성 숭배자이니까요. 가볍게 흔들기만 해도 금방 휘어지며 코스모스처럼 하늘하늘거립니다. 당연히 여성분들이나 주니어들이 사용합니다. 몇 방 치면 바로 부러질 것 같지만 절대로 그런 일 없습니다. 꼭 안으면 부숴질 것 같이 연약하게만 보이는 그녀들을 보십시오. 한 덩치 하는 당신이 밤마다 덤벼들어도 어디 한 군데 부러지던가요? 스위트 스팟(sweet spot)에 걸리면 거리도 장난 아닙니다.

이상 시중에 나와 돌아 다니는 드라이버 샤프트 플렉스(flex: 강도) 구분이었습니다. 어떤 클럽이 궁합이 맞는지 생각해 보셨나요? 새 클럽을 손에 익히려면 최소 3달 정도 걸린다고 합니다. 이게 좋네 저게 좋네 남의 말을 듣고 덜컥 지르면 아니 아니 아니 되옵니다. 클럽도 그럴진대 사람은 어떻겠습니까? 외모나 씀씀이로 사람을 고르면 빼도 박도 못 하고 평생 후회할 수 있습니다.

 클럽이야 돈만 주면 언제든지 바꿀 수 있지만 사람은 그럴 수 없잖습니까? 뭐라고요? 돈만 많으면 사람도 얼마든지 구할 수 있다고요? 그럼 그게 사람입니까? 물건이지. 세상 물정 모르는 소리 한다고 그러지 마세요. 저도 해봤는데 그거 다 말짱 황…… 윽, 내가 지금 무슨 헛소리를? 아닙니다. 아니에요. 그냥 말이 아니 타이핑할 때 헛손질 한 겁니다. 히히……실은 다 웃자고 한 겁니다.

 요즘은 시타 행사가 자주 있습니다. 게다가 행사가 끝나면 시타 클럽을 중고로 내놓기 때문에 운좋으면 좋은 클럽을 싸게 살 수도 있습니다. 그래서 그런가? 신세대 젊은 청춘 커플들은 혼전 동거들도 많이 한다고 하던데, 그럼 동거 끝나면 쓰든 거라고 싸게 내놓을 건지 어쩔 건지? 어쨌거나 저쨌거나 입 맛대로 골라 먹는 세상 참 좋은 세상입니다. 기분은 찜찜해도 마무리 들어갑니다.

> "열 가지 드라이버 속은 알아도, 한 사람 속은 모른다."

그래, 못 먹어도 드라이버라구~!

　하늘이 어찌나 새파란지 금새라도 파란 물감이 뚝뚝 떨어질 것만 같은 어느 가을 날, 모처럼 골든 타임에 라운드 약속이 잡혔습니다. 날씨는 한숨이 나올 정도로 좋은데 티 박스 앞에 서서 하염없이 고민 삼매경입니다. 드라이버를 칠 것인가 아니면 3번 스푼을 칠 것인가에 대한 고민입니다. 드라이버가 자신이 없을 때에는 우드를 치는 것이 더 안전하다고 귀에 못이 박히도록 잔소리를 들었건만 왜 우드보다 드라이버에 자꾸 마음이 가는 걸까요?

　어제 갑자기 친구로부터 이 신성한 계절에 한 판 붙을 건수가 생겼다며 연락이 왔습니다. 언제든지 한 판 붙는 거 사양해본 적 없습니다. 말이 끝나기도 전에 콜을 외치고 퇴근 후, 바로 연습장으로 직행했습니다. 낯익은 얼굴들과 눈도장을 찍고 찌뿌둥한 몸을 먼저 풉니다. 어프로치부터 살살 손 맛을 본 다음에 본격적으로 볼을 패기 시작합니다.

어라? 생각보다 볼이 잘 맞아 줍니다. 특히 걱정했던 드라이버가 쫙쫙 뻗어줍니다. 혼자 생각합니다. '맞아! 연습 매일 한다고 꼭 좋은 건 아니지. 가끔 쉬는 것도 괜찮네?' 볼이 잘 맞으니 가볍게 몸만 풀러 왔다가 시간 꽉꽉 채워 연습에 채찍질을 해댑니다. 라운드 전날 연습 많이 하지 말라고 하지만 이렇게 잘 맞는데 오버 좀 하면 어떻습니까? 모름지기 감이란 건 감이 왔을 때 잡아야 하는 거라고 믿으며 혼신의 힘을 다 합니다. 어찌나 볼이 잘 맞아주는지 옆 사람들이 부러운 듯이 쳐다봅니다.

마음만 잘 먹으면 금세 될 것 같았는데 해도 해도 안 되는 일이 있는가 하면 영 안 풀리던 일이 별 이유도 없이 술술 잘 풀릴 때가 있습니다. 이렇게 저렇게 온갖 방법을 다 해봐도 안 맞던 볼이 클럽을 들었다 내려만 놓는데도 쫙쫙 빨랫줄로 뻗어줍니다. 어제가 바로 그런 날이었습니다. 그런 적이 없어서 모르겠다고요? 나 참, 그러시면 제 말문이 막히잖아요. 다른 예를 들어보라고요? 알았어요, 알겠습니다. 까짓 거 남는 게 힘인데 못 들 것도 없지요.

애교는커녕 바가지만 긁던 마누라가 무슨 바람이 불었는지 고분고분 싹싹해 진다든가, 평소에는 엄청 막히던 도로에서 절묘한 시간 차이로 신호등이 딱딱 맞아 떨어진다든가, 결제 때문에 늘 속 썩이던 거래처에서 밀린 잔금은 물론 신규 계약까지 하자든가 등등. 그런 거 근처에도 가본 적 없었다고요? 하긴 저도 한번에 쉽게 되는 일이 도통 없습니다. 강력한 동지애를 느끼면서 저나 그대 인생이 너무 평범해서 안타깝기는 하지만 하던 얘기는 해야 하니까 있었다고 해주세요.

첫 번째 수다.
드라이버

갑자기 연습을 많이 하면 거의 틀림없이 근육을 혹사하기 십상입니다. 혹사 당한 근육은 큰 근육의 경우 72시간, 작은 근육은 48시간 정도의 휴식 시간을 필요로 합니다. 골프의 경우 과도한 연습으로 지친 근육은 최소 24시간 정도가 지나야 피로도가 풀립니다. 그런데 그 전 날, 그렇게 많은 볼을 패댔으니 당연히 온몸이 뻣뻣하겠지요. 풀리지 않은 근육으로는 백 스윙부터 제대로 이루어지지 않습니다. 충분히 몸을 꼬았다고 느껴지는 것은 몸이 굳어서 뻣뻣한 상태라 그렇게 느껴지는 것일 뿐입니다. 몸을 꼰 것이 아니라 실은 팔만 들어올리는 것이지요.

다시 티 박스로 가시지요? 어제 스윙이 너무 좋아서 첫 홀이라 해도 까짓 드라이버 못 잡을 거 없지만 내기를 하는 만큼 큰 마음 먹고 소심하게 우드를 잡을까 망설이긴 하지만 영 체면이 안 섭니다. 우드 티 샷, 그것도 고수들 얘기지 하수들은 뭘 쳐도 크게 다를 바 없습니다. 티 박스에 우드를 잡고 들어서면 별별 비난이 우박처럼 쏟아질 텐데 굿 샷을 날릴 자신이 없을 바에야 못 먹어도 GO입니다. 당연히 드라이버를 들어야 한다고 마음을 굳힙니다. 첫 홀부터 시원하게 OB를 날릴지라도 말입니다. 어떤 이들은 드라이버만 잡으면 돌아버린다고 '도라이버'라고 부르기도 합니다. 드라이버……정말 돌아버리겠습니다.

일상에서도 냉탕, 온탕을 왔다갔다하는 생활의 OB는 언제든지 일어날 수 있습니다. 어제까지 좋았는데 오늘 갑자기 모든 상황이 역전이 되었다면 그게 바로 생활의 OB입니다. 회식 가서 잘 놀다가 필 받아서 너무 달리는 바람에 직장 상사에게 찍혔거나, 어제 뜻하지 않은 공돈이 들어와서 부어라 마셔라 한 턱 냈는데, 오늘 그걸 도로 토해낼 수 밖에 없는 별 거지 같은 상황이 벌어졌다면? 네, 그런 게 바로 제대로 걸린 생활의 OB입니다.

어드레스를 하면서 다시 한 번 마음을 다잡아 봅니다. '에라, 이래 죽으나 저래 죽으나 마찬가지. 까짓 거 마음대로 휘둘러나 보고 죽자.' 죽자고 덤벼드는데 당할 장사 없습니다. 볼은 높이 날아가 비교적 안전한 곳에 착륙합니다. 여기저기서 '오~ 굿 샷!' 소리가 터져 나옵니다. 흐뭇하고 뿌듯하고 속된 말로 기분 째집니다.

사람의 뇌는 생각한대로 몸을 반응시킨다고 합니다. 불안을 느끼면 뇌는 방어를 하게 되는데 뇌가 방어자세에 돌입하면 몸이 마음대로 따라주질 않는다는 이론입니다. 즉, OB가 날지도 모른다고 걱정하면 뇌가 몸에 경계 신호를 보내 오히려 OB가 날 확률이 커진다는 말입니다. 골프는 아무리 조심하고 집중을 해도 반드시 실수가 나오는 운동입니다. 살면서 누구나 몇 번은 말도 안 되는 실수를 하는 것이 인생인데 그렇다고 인생을 포기하지 않듯이, OB 몇 개 났다고 해서 실망을 하거나 겁먹을 거 하나 없습니다. 설령 인생 전체가 부도가 나도 삶은 계속되어야 하듯이 골프도 당신이 포기하지 않는 이상 늘 당신 곁에 있을 것입니다.

아마추어 골프는 이기는 골프가 아니라 즐기는 골프가 되어야 합니다.

그러기 위해서는 OB를 즐길 줄 아는 골퍼만이 진정한 골퍼라고 어느 골프 도사가 단호히 말했습니다. OB가 나든 뽕 샷이 나든 힘차게 드라이버를 뽑아야 합니다. 그리고 이렇게 외쳐야 합니다.

"OB 무서워 드라이버 못 들랴?"

단순한 스윙, 단순한 인생

　어느 해인가 매경 오픈 대회 때 갤러리로 참관했던 적이 있었습니다. 저는 어지간해서는 그런 곳에 잘 안 다니는 대표적인 귀차니스트이지만 그때만큼은 프로들의 스윙을 직접 보고 싶어서 기꺼이 부지런을 떨었습니다. 대회 첫 날인데도 사람들이 얼마나 많았던지 이리 채이고 저리 채이느라 정신이 없었습니다. 멀찌감치 떨어져서 보자니 너무 답답해 할 수 없이 죄송 소리를 연발해가며 억지로 사람들 사이를 헤집고 들어가 티 박스 바로 옆에 자리를 잡았습니다.

　드디어 TV로만 보며 막연히 상상만 했던 프로의 스윙을 직접 볼 수 있는 순간이 다가왔습니다. 어땠냐고요? 흐드드~이건 뭐 완전히 차원이 달랐습니다. 백 스윙을 하는가 싶더니 언제 스윙을 했는지 '쩍' 소리와 함께 이미 스윙은 끝났고 보이는 건 그림 같은 피니쉬 뿐이었습니다. '오, 마이 갓!' 어떻게 그런 소리가 날 수 있는지 눈으로 보고 귀로 듣고도 믿기 힘들었습니다.

스윙 폼? 말도 마십시오. 어찌나 깔끔하고 멋진지 게다가 스피드는 또 얼마나 빠른지 예술이 따로 없었습니다. 갤러리들은 마치 넋이라도 빠진 듯 감탄사와 박수를 연거푸 터뜨렸습니다. 저는 감탄사가 아니라 욕을 할 뻔 했습니다. 거 왜 있잖습니까? 남자들이 깜짝 놀랐거나 감격스러울 때 저절로 뱉는 욕 같지 않은 욕 말입니다. 뭔지 다들 아시잖아요? 그게 뭔지 절대로 예 안 들을 겁니다. 아무리 뭐래도 안 한다니까요? 싫다는데 왜 그래요? 에이~ 거시기!

정상급의 프로 선수들은 마치 몸에서 빛이 나는 듯 했습니다. 아니 실제로 빛이 났습니다. 그건 새롭고도 놀라운 경험이었습니다. 프로의 경지가 어떤 것인지 온 몸의 감각신경세포들이 일제히 곤두서며 쇼크 반응을 보였습니다. 사실 저는 그전까지는 제 멋에 겨워서 골프를 했었습니다. 남들보다 싱글 핸디캡퍼가 조금 빨리 되었다는 자신감으로 시건방이 잔뜩 들어있었습니다. 그러나 그 날의 충격적 경험을 통해 저는 골프를 새로 배우기로 작정을 했습니다. 사실 제 스윙 폼은 오버 스윙이 상당히 심했습니다. 누가 고치라고 해도 신경도 안 썼습니다. 이러면서 말입니다.

'프로 할 것도 아닌데 폼 좀 나쁘면 어때? 오버 스윙 꼭 고쳐야 되나?'

저 뿐만 아니라 우리 주위에는 저런 사람이 꼭 있습니다. 얕은 재주를 믿고 겉으로는 점잔을 빼는 척 하지만 속은 자만심 찌꺼기들로 꽉 찬 사람들 말입니다. 이런 좀생이들 하는 짓을 보면 속이 아주 불편합니다. 돈 많다고 자랑 질만 했지 불우이웃에겐 한 푼도 안 내놓는 졸부들이나, 여기저기 다니며 남의 뒷얘기나 약점만 까발리는 촉새들이 대개 저런 식의 생각을 합니다. 만일 그날 갤러리로 참관을 안 했다면 저 역시 못난이들의 일원으로 살았을지도 모릅니다.

제 인간성이 그렇다는 게 아니고 골프가 그랬을 거라는 말입니다. 그런데 그 날, 가장 눈길을 끌었던 것은 하다만 것 같은 프로들의 스윙이었습니다. 이른바 4분의 3스윙이라는 것인데 언뜻 보면 어깨 회전도 제대로 한 것 같지가 않았습니다. 그런데도 볼 맞는 소리는 '쫙' 하며 볼이 터져버릴 듯한 찰진 소리가 납니다. 장담컨대 그런 소리는 아마추어 솜씨로는 아마 평생을 걸려도 낼 수 없을 것입니다. (그러나 먼 후일 저는 그런 아마추어를 만나게 됩니다.)

그 스윙을 배우고 싶어서 주변 사람들에게 내 폼을 봐달라고 졸랐습니다. 난 아직 스윙의 반도 안 했는데 멈추라고 합니다. 몇 날 며칠을 이를 악물고 반복했건만 여전히 달라진 것이 없다고 합니다. 기껏 듣는 말이 '별로 나아진 건 없지만 의지는 엿보이네.' '그냥 하던 대로 하시 뭘 이 세와서 폼을 고치려고 해?' 등 맥 빠지는 말들뿐이었습니다. 슬슬 오기에 불이 붙기 시작했습니다.

성공한 인생 고수들은 의사결정에 주저함이 없습니다. 때로는 어떻게 그럴 수 있을까 할 만큼 냉정함을 유지합니다. 프로의 스윙처럼 명확하고 군더더기가 없습니다. 그래도 그 사람 욕하는 사람 아무도 없고 정확한 판단력에 오히려 존경까지 합니다. 인생 고수들의 결정력을 배우려 명상원에 가서 마음 수련도 하고, 프로의 스윙을 닮고 싶어 무려 1년여를 무진 노력했습니다.

그러나 아직도 머리 속에선 이래야 된다고 하면서도 마음 속에선 저래야 한다며 복잡합니다. 스윙 폼도 여전히 바람에 나부끼는 갈대처럼 줏대 없이 제멋대로 흔들리기만 합니다. 스스로 돌이켜 보아도 전 아직 인생도 골프도 애송이에 불과한 것 같습니다. 알고 있는 걸 실행으로 옮기지 못한다면 하수일 수 밖에 없습니다. 복잡해 보이는 인생사도 욕심을 버리고 보면 지극히 단순하듯이, 거리에 대한 미련만 버리면 스윙 폼도 한결 간단해질 것입니다. 어차피 될 건 되고, 안 될 건 안 되는 것이 세상의 이치입니다. 그게 진리입니다.

물 건너 온 영어 격언 중에 이런 말이 있습니다. *Simple is the Best!*

그 옛날 코코 샤넬도 그랬고 스티브 잡스도 저 말을 외쳤듯이 인생도 골프 스윙도 단순하면 단순할수록 좋습니다. 정제된 단순함은 무엇으로도 깰 수 없는 힘이 있기 때문입니다. 자, 당신과 저의 단순 명쾌한 인생을 위해 그리고 단순 산뜻한 골프를 위해 솔직 담백 깔끔하게 한 마디!

"때리는 놈이 잘 때려야 맞는 놈도 잘 날아간다."

드라이버만 괜찮아!

연습을 꾸준히 하다 보면 어떤 날은 그렇게 속 썩이던 드라이버가 거짓말처럼 잘 맞아줍니다. 아니 이게 웬일입니까? 드디어 내게도 그 분께서 강림하신 건가요? 그런 날은 땀을 뻘뻘 흘리면서도 입가에 미소를 머금고 신나게 드라이버를 휘두르고 또 휘두릅니다. 앞 타석 뒤 타석 사람들이 부러운 듯 쳐다 보지만 짐짓 모른 척 하면서도 속으론 '어때? 보고 좀 배우셔~!' 이러면서 있는 힘 없는 힘 다 씁습니다. 하긴 그럴 때 한 번 그래 보는 거지, 언제 또 그렇게 폼 잡겠습니까?

신난 김에 퍼블릭 골프장에 전화 걸어서 가능한 가까운 날로 부킹부터 덜컥 먼저 잡아 놓습니다. 바빠서 곤란하다는 골프 친구들 이리 꼬시고 저리 꼬셔서 기어이 OK를 받아 냅니다. 물론 동반자들에겐 드라이버가 잘 맞느니 어쩌느니 눈곱만한 낌새도 흘리지 않는 건 당연합니다. 그 중 눈치 빠른 맞수 하나가 '볼이 잘 맞는가 보네?'라며 잽을 던져 보지만 시치미를 뚝 뗍니다. '맨날 그렇지 뭐~' 요렇게 말입니다. 그래 놓고는 연습장에 부리나케 달려가 확인을 합니다. 여전히 드라이버가 빨랫줄입니다. 드라이버 전선 이상 없으니 연습 가볍게 끝내고 설레는 가슴을 부여잡고 그 날만을 기다립니다. 마음은 벌써 페어웨이를 여유 있게 걷고 있습니다.

결전의 날, 기상 예보대로 날씨 하나는 끝내줍니다. 기분 같아선 최소 열 타 이상 줄일 것만 같습니다. 생각만 해도 가슴이 벌렁거려 심호흡으로 안정시킵니다. 첫 홀 들어서자마자 드라이버 그림처럼 날아갑니다. 동반자들 난리가 났습니다. 먼저 나서서 설레발을 떨 때 눈치 챘어야 했는데 어쩌네 이러며 호들갑들을 떱니다. 그래 봤자 때는 늦었습니다. 얌전히 지갑만 털리면 되는 겁니다. 그런데? 그런데 이게 뭡니까? 세컨 샷이 번번이 빗나갑니다. 뒤땅에 탑핑에 생전 안 하던 생크(Shank)까지 괴롭힙니다. 머리 위에서 김이 나며 뚜껑이 열릴 판인데 동반자 하나가 기어이 염장을 지릅니다. 그것도 가장 만만했던 친구가 옆구리를 툭 치며 이죽거립니다.

"왜, 드라이버 감만 찾으면 다 죽인다며?"

부글부글 열불이 끓는데도 막상 대꾸할 말이 하나도 없습니다. 아이언으로 할 수 있는 실수란 실수는 다 하다 보니 나중엔 아이언만 잡으면 머릿속이 하얘지면서 스윙을 어떻게 했었는지 생각이 나질 않습니다. 핸디캡은 뗏장 밑에 숨어 있다더니 정말 그렇습니다. 남 지갑 털려다 오히려 내 지갑만 털려 뼈 속까지 하얗게 보일 정도로 완전 죽을 쑤었습니다. 그래도 매너까지 바닥을 보일 수는 없어서 간신히 썩소를 날리며 쓰린 속을 감추었습니다. 집에 돌아와 투덜거렸더니 토라져 있던 마누라가 한번 더 속을 긁습니다.

"당신은 늘 시작만 그럴 듯 하잖아? 골프 아니라 밤일은 안 그런 줄 알아요?"

윽, 남자의 자존심을 발기발기 찢어버리는 상상조차 못했던 기습입니다. 복장이 뒤틀리지만 마누라 뒤통수만 째려 보다가 그냥 참습니다. 발끈해서 대들어봤자 조목조목 따지기 시작하면 비아냥 정도로 끝나지 않을 수도 있습니다. 저럴 때에는 뭐에 심사가 뒤틀려있는지 물어 보기도 겁나서 꼬리 완전 내리고 TV만 보는 척 해야 합니다. 의도적으로 툴툴거리며 왔다갔다하는 마누라를 흘깃거리다 갑자기 이런 생각이 들었습니다. 드라이버는 엉망이었지만 세컨 샷이 좋아서 선방하고 왔다면 도대체 뭐라고 했을까요? 산뜩 심술이 난 마누라 심보로 보건대 이랬을지도 모릅니다.

"벌써 식어버린 국에 입김 쐰다고 다시 뜨거워지는 거 봤어요?"

허걱! 이건 더 적나라하네요? 결국은 이래도 구박 저래도 타박입니다.

시작만 요란하고 마무리는 엉망인 사람은 무슨 짓을 해도 믿음을 갖기 힘들 테고, 시작이 불안 불안한 사람은 마무리를 잘 한다 해도 영 시답잖은 취급을 받습니다. 살아도 살아도 세상살이는 결코 쉬워지지가 않습니다. 남자는 남자다워야 한다고 해서 큰소리부터 치면 빈 수레가 요란하다 할 것이고, 너무 나대는 건 꼴불견이라고 해서 겸손만 떨다간 내 밥줄 다 뺏기는 게 요즘 세상이니 말입니다. 저도 그런 소리 많이 들었습니다. 돈 잘 벌어올 때는 무슨 헛소리를 해도 웃어주더니 돈 못 벌어오니까 아예 없는 사람 취급합디다. 알아달라고 보채면 순식간에 좀생이 되고, 무시하는 거냐고 목소리 높이면 폭력가장 되는 거 시간 문제입니다.

세상 모든 골퍼들이 싱글 핸디캡을 꿈꾸지만 마음대로 안 되는 거 뻔할 뻔 자이고, 세상 모든 가장들이 돈 팍팍 벌어서 처자식 호의호식 시켜주고 싶지만 생각뿐이라는 거 말 안 해도 다 압니다. 그래도 이날 이때까지 죽을둥살둥 가족들 먹여 살리느라 사나이 성질 죽이고 살았는데 이제 와서 구박덩어리라니요. 세상 어느 남자가 밤마다 침실에서 자기 마누라 죽여주고(?) 싶지 않겠습니까? 하지만 그게 다 마음뿐이라니까요. 골프도 그래요. 마음으로야 싱글 뿐이겠어요? 이븐 파도 치고 언더 파도 치고······뭐는 못하겠습니까? 타이거 우즈도 우습지요.

주말 골퍼들이 모든 클럽을 다 잘 다룰 수 없듯이, 우리네 평범한 가장들 역시 모든 걸 다 잘 할 수 없습니다. 하나가 넘치면 다른 하나가 빠지는 것이 사람 사는 세상입니다. 오늘 이 글은 이 땅의 평범한 소심 가장들의 아내 분들께 드리고 싶다는 생각이 이제 와서야 문득 듭니다. 언뜻 들으면 말도 안 되는 엉터리 말 같지만 곰곰이 생각해보세요. 부족하니까 그대들과 사는 겁니다. 그대 남편이 만일 돈도 잘 벌고, 밤 일도 잘하고, 매너도 멋있고, 자상하고, 잘 생긴 남자라면 왜 그대와 살겠습니까? 그럼 그대는 예쁘고, 친절하고, 요리 잘하고, 섹시하고 그렇습니까? 아니잖아요. 둘이 똑같으니까 만나서 같이 사는 겁니다. 부족하면 부족한 대로 서로 감싸주며 살아야 제대로 사는 겁니다. 이 인간이 언젠가는 정신을 차리겠지 하면서 말입니다.

이처럼 뭔가 2% 부족한 저 같은 사람들에게 쓰이는 아주 흔해 빠진 명언이 있습니다. 온통 하자투성이인 줄 알았는데 하나라도 좋은 것이 있어서 천만다행입니다. 사람이 죽으라는 법은 없다더니 그래도 하느님은 현 정부보다는 훨씬 공평하신 분입니다. 어쩌면 당신도 심심찮게 들었을 것 같은데……마음에 드시려나? 이 말을 삐딱하게 해석하면 능력적인 면에서는 영 아니라는 말인데……쩝! 하루빨리 괜찮은 사람이란 평이 가장 큰 찬사가 되는 세상이 오기를 간절하게 기다리며.

"아, 그 친구! 사람은 괜찮아."

긴 드라이버, 짧은 드라이버

우리 속담 중에 '길고 짧은 건 대봐야 안다'는 상당히 도전적인 속담이 있습니다. 세상 일이란 것이 눈에 보이는 것처럼 단순하지 않다는 얘기겠지요. 하긴 한 치 앞도 모르는 게 우리네 인생살이인데 대보지도 않고 좋고 나쁨을 가름한다면 당하는 짧은 놈은 무지하게 억울하겠지요. 저도 짧은 족속의 한 사람으로 질 때 지더라도 순순히 물러나긴 싫습니다. 짧은 키, 짧은 다리, 짧은 팔로 해볼 짓, 안 해볼 짓 다 해봤습니다. 결론부터 말씀 드리자면 짧아서 아쉬운 적은 있었지만 못 한 것은 없었다는 거, 정말 길고 짧은 거 대봐야 알 수 있습니다.

선입견이란 말이 있습니다. 너무 잘 아시겠지만 이 말은 속을 까보지도 않고 겉으로만 평가하고 분석해서 결론까지 내려버리는 성급한 생각을 말합니다. 선입견은 대단히 위험한 발상입니다. 많이 배웠건 못 배웠건 모든 사람들이 선입견은 좋지 않은 것으로 알고 있습니다. 그러나 생각과 말은 그렇게 하면서도 실제 생활에서는 선입견을 무시하지 못하는 것이 사람들의 오랜 버릇입니다. 옷차림으로, 인상으로, 말투로, 행동으로 사람들은 다른 이들을 평가합니다. 막상 자신이 그렇게 평가를 당하면 화를 내면서도 말입니다. 이런 문제가 불거질 때마다 하는 말이지만 도대체 왜 그럴까요? 그것은 아마 우리 사회의 가치 기준이 물질적인 것에 맞춰져 있는 탓일 겁니다. 그래서 너나 나나 할 것 없이 선입견의 피해자가 될까 봐 찍고 바르고 겉모습에 목숨을 거는 겁니다.

사람의 첫인상은 90초 안에 결정 난다는 조사 결과가 있습니다. 대학 기관에서 야심 차게 연구했다고 하니 안 믿을 수 없지만 기분이 상쾌하지는 않습니다. 물론 어떤 이들은 너무 솔직하게 자신을 있는 그대로 드러내서 신비감을 떨어뜨리기도 하지만 그렇다고 크레믈린처럼 음흉한 것 보다는 낫지 않을까 합니다. 자신을 드러내는 사람과 숨기는 사람 중, 과연 누구를 선택하는 것이 옳은지 그건 순전히 개인의 선택이겠지요. 저는 저 자신이 솔직한 편이라 솔직한 사람을 선택하겠습니다. 여기서 솔직이란 것은 나 자신을 향한 것이지 타인을 향한 것은 아닙니다. 간혹 솔직의 의미를 잘못 이해하는 이들은 타인에 대한 자신의 생각을 여과 없이 표현하는 경향이 있는데, 그건 솔직이 아니라 예의가 없는 것입니다. 뻔한 내용의 수다가 길어졌습니다. 본론으로 가지요.

드라이버는 샤프트 길이가 긴 놈이 좋을까요 아니면 짧은 놈이 좋을까요? 당연히 긴 놈이 좋겠지요? 이제 골프 배운지 3일 된 병아리 골퍼도 그렇게 대답할 겁니다. 물론 저도 그렇게 생각합니다. 그렇게 생각하지 않는

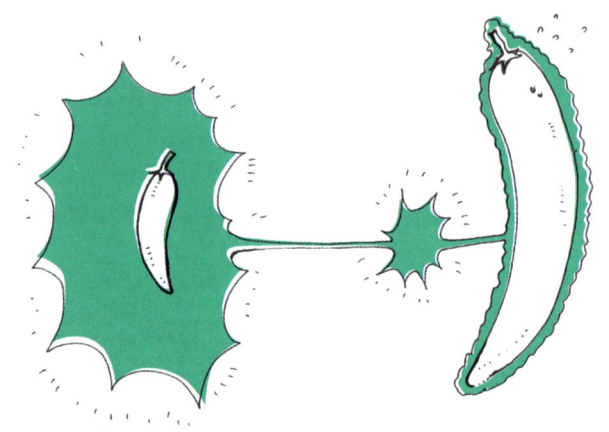

다면 그건 천재이거나 아니면 아무 생각이 없는 사람이거나 그것도 아니면 뭔가 꿍꿍이가 있는 사람이겠지요. 그런데 최근에 꽤 놀라운 측정 결과가 발표되었습니다. 45.5인치 드라이버와 43.75인치 드라이버의 비거리 차이는 불과 1.4 야드. 1.28 미터입니다. 그러나 좌우 편차는 짧은 놈이 무려 30%나 우세했습니다. 샤프트가 필요 이상으로 길면 휘청거리기만 했지 기대치보다 별로 쓸모는 없고 오히려 짧은 놈이 방향성은 훨씬 더 정확하다는 얘기입니다. 그래서 작은 고추가 맵다고 하지 않습니까?

 짧은 거 하고 작은 거 하고 다른 말이라고요? 아따~그 양반 까다롭기는……그래도 맥락이 통하면 OK 주세요~! 어쩌면 제가 비록 깨알 같은 정보이더라도 당신이 여태 몰랐던 새로운 사실을 깨우쳐 주고 있다면 돈 안 드는 찬성표는 던져줄 수 있잖습니까? 아무리 그렇다 해도 대충 얼버무리는 것은 싫다고요? 아이고~대단하십니다. 좋습니다. 그럼 당신도 어쩔 수 없이 인정할 수 밖에 없는 수다를 들려드리겠습니다. 똑땍이 잘 들으시래요~! (강원도 말투로 읽으시래요. ^^)

 한때 이 땅에 신토불이 열풍이 불었던 적이 있었습니다. 우리 몸엔 우리 것이 좋다는 거, 두 번 말하면 잔소리니까 딱 요기까지만 하고 고추를 예로 들어보겠습니다. 고추가 얼마나 좋은 건강 식품인지는 제가 굳이 설명하지 않아도 다들 아실 겁니다. 수입 고추들이 많기는 하지만 한국 사람에겐 역시 한국 고추가 몸에 잘 맞습니다. 뭐 당연히. 그런데 요건 몰랐을 겁니다. 한국 고추가 남자들에게도 좋지만 한국 여성에게 특히 더 좋다는 사실 말입니다. 어느 식품영양학자가 하는 말을 방송에서 들었습니다. 요즘 오이 고추라는 이름으로 매운 맛을 없앤 고추가 식탁에 오르곤 합니다. 저도 가끔 고추장 듬뿍 발라서 즐겨 먹긴 합니다.

중국에서 수입한 고추는 크고 길기만 했지 허울만 좋은 꽈당입니다. 진짜 고추다운 고추는 대부분 덩치가 작은 편입니다. 한국이 원산지는 아니지만 이제는 완전히 한국화된 청양고추 역시 사이즈가 아담합니다. 조금만 생각해보면 왜 작은 고추가 매운지 충분히 이해하실 수 있습니다. 아무리 작다 해도 고추는 고추입니다. 모든 일에 완벽 그 자체이신 조물주가 그걸 놓칠 리 없습니다. 당연히 그 작은 덩치 안에 큰 고추가 갖고 있는 모든 걸 우겨 넣었을 겁니다. 그러니 작은 고추가 안 매울 리 없겠지요. 하늘 고추, 월남 고추, 땡초라고 불리는 베트남 고추 얼마나 매운지 아시지요? 쥐쌀만한 것이 청양고추의 9배나 맵다고 하니 성질 한번 정말 더럽습니다. 하지만 한국산 고추는 너무 맵지도 싱겁지도 않아서 먹기에 좋습니다.

그런데 드라이버 얘기 하다 말고 왜 고추 수다만 떠들고 있냐고요? 아이코, 두야! 아직 눈치 못 채셨나요? 저 분은 진작에 눈치 채고서 키득키득 웃고 있잖아요. 고추 얘기가 계속되면 눈치껏 알아채셨어야지요. 그래도 모르시는 분을 위해서 할 수 없이 원색적인 수다를 떨어야겠습니다. 드라이버 생긴 모습을 유심히 보세요. 헤드 부분이 큼직하지요? 무얼 닮았나요? 네에~그래요. 바로 그거지요. 거시기를 닮았지요. 최근에 나오는 드라이버들의 헤드 크기가 자꾸 커지는 것도 다 이유가 있다고요. 남자들 기 살려주려고 그러는 거래요. 머리 큰 드라이버 빵빵 치면서 자신감도 빵빵 해지면 좋잖아요. 이제 제 의도를 눈치채셨다면 긴 드라이버 대신 짧은 드라이버로 바꿔 드시고, 여성분들은 매콤 달콤한 한국 고추 꼭 찾아서 드세요.

짧은 드라이버가 더 좋은 또 다른 이유는 일단 다루기가 엄청 편하다는 겁니다. 정확한 스윙이 필요할 때 클럽을 짧게 쥐는 것도 그래서 그렇습니다. 쇼트 게임에 쓰이는 갭 웨지들이 짧은 이유도 그래서 그렇습니다. 사람도 키가 너무 크면 자세부터 꾸부정해지고 행동도 느릿느릿 보기에도 답답합니다. But~ 키는 작아도 탄탄한 이들은 반사 신경이 좋아 민첩하고 재빠릅니다. 말하는 본새를 보니 제 키가 짧은 줄 당장 알겠다고요? 허허~그럴 때는 또 눈치가 빠르시군요. 그래요 저 짧습니다. 그럼 작은 고추 맛 좀 보시겠우? 짧은 놈이 성나면 어떻게 되는지 궁금하면 500원 내고 줄 서세옷~! 단, 남성 분들은 절대 사절입니다. ^^

제가 골프 얘기를 하는 건지 아니면 멋대로 말을 만들어 날로 먹으려는 건지 도무지 알 수 없어 제 속셈이 의심스러운 분들, 속셈 같은 거 없습니다. 즐거운 상상을 통해 골프가 더 재미있어지고, 더 대중화되기를 바라는 마음뿐입니다. 진짜입니다. 그런 뜻에서 괴팍한 성격과 클럽 메이커로 유명한 토니 아너의 훌륭한(?) 골프 어록 가르쳐 드리시요. 마음에 쏙 드실 겁니다.

> "골프 코스는 여자와 닮았다. 다루는 솜씨 여하에 따라 즐겁게 해주기도 하지만 때로는 손 댈 수 없이 거칠어지기도 한다."

드라이버 비거리 그리고 말, 말, 말

    드라이버가 가져야 할 최고의 덕목은 누가 뭐래도 우선은 짱짱한 비거리입니다. 그 다음이 방향입니다. 물론 비거리가 많이 나도 툭하면 삼천포로 빠진다면 부러워할 거 하나 없습니다. 그렇다고 OB 무서워 페어웨이 지키는 데만 전전긍긍해도 품위가 떨어져 보입니다. 똑바로는 가는데 거리가 시원찮으면 김 빠진 맥주처럼 영 뒷맛이 개운치 않습니다. 네? 거리 내려다 OB나면 책임질 거냐고요? 무슨 그런 억지를 쓰십니까? 쫀쫀 골퍼가 되지 말라는 충고를 드린 건데 그러시면 정말 인생 쫀쫀해집니다. 드라이버 거리 짧으면 세컨 샷을 롱 아이언이나 유틸리티, 우드로 할 수도 있지만 그렇게 해서는 파 잡기도 버겁습니다. 드라이버 거리를 좀 내야 세컨 샷 거리도 짧아질 테고 그래야 온 그린 멋지게 해서 버디도 하고 파도 쉽게 할 수 있습니다. 좀 오래된 얘기이지만 1957년 일본 최초로 세계대회에서 우승을 차지한 한국계 골퍼 나카무라 도라키치는 이렇게 말했습니다. 화끈합니다.

"장타 치기를 단념했다면 그것으로 인생도 끝장이다."

저의 드라이버 비거리는 아마추어 골퍼의 평균치 수준입니다. 간혹 말도 안 되는 거리를 낸 적도 있었지만 그건 3년에 한번 나올까 말까 합니다. 그래서 한동안 비거리 늘려보려고 무진 애를 써봤지만 결과는 상처뿐인 원위치였습니다. 어깨며 손가락 관절을 다쳐서 몇 달 동안 고생 많이 했습니다. 탈이 단단히 나버린 팔과 손을 고치러 한의원에 들락날락거리면서 배운 게 하나 있습니다. 바로 소크라테스 형님의 '네 주제를 알라.' 입니다. 아무리 몸 관리를 잘한다 해도 세월을 거꾸로 거스를 수는 없습니다. 나이를 무시하고 몸을 혹사했으니 돌이켜 보면 참 어리석었습니다. 그렇다고 드라이버 비거리를 포기했다는 뜻은 아닙니다. 너무 무리하지 말자는 얘깁니다. 골프 클럽은 망가지면 다시 살 수 있지만 우리 몸은 망가지면 바꾸지도 못하고 정말 망가진 겁니다. 몸이 고장 나는 것도 모르고 무조건 열심히 하는 것은 결코 좋은 방법이 아닙니다. '드라이버는 쇼이고, 퍼팅은 돈이다'라는 명언을 남긴 프로골퍼 바비 로크가 남긴 또 다른 명인이 있습니다. 비거리를 골프의 가장 큰 덕목으로 여기는 골퍼들에게 딱 맞는 말입니다.

"상대에게 드라이버 거리에서 뒤지는 것을 걱정하는 것은 어리석은 허영이다."

드라이버 비거리는 태생적으로 이미 정해져 있다고 합니다. 골퍼의 신체적 조건에 의해 최대치의 한계가 이미 정해져 있다는 말입니다. 아무리 작은 고추가 맵다고 우겨도 실력이 비슷하다면 머리 하나 더 큰 덩치하곤 상대가 안됩니다. 상대가 될 거라고 덤비는 게 이상합니다. 상대적으로 열등한 신체 조건을 이겨내려면 무시무시한 노력이 필요합니다. 몸통의 꼬임을 최대화시키기 위해서는 유연성을 길러야 하고, 임팩트 때 볼을 강하게 밀고 나가려면 팔과 손목의 근력을 키워야 하고, 안정된 자세를 유지하면서 큰 힘을 쓰려면 허리와 하체의 근력이 절대적으로 필요합니다. 그러나 방법을 안다고 실천할 수 있는 건 아닙니다. 제가 아는 어느 프로는 드라이버 거리 20미터, 아이언 거리 20미터 합 40미터의 간극을 도저히 따라갈 수 없어서 PGA 투어 생활을 포기했다고 합니다. 제가 단타자라 그 심정 너무 잘 압니다. 화이트 티 박스에서 라운드를 시작하면 골프 좀 치는가 싶지만 블루 티나 블랙 티로 가면 바로 초보자가 됩니다. 골프에서 장타가 얼마나 유리한지 왕년의 골프 황제 잭 니클라우스가 이런 말을 남겼습니다.

"장타를 치고 러프에서 9번 아이언으로 그린을 노리는 편이 단타를 치고 페어웨이에서 4번 아이언을 쓰는 편보다 훨씬 쉽다."

작은 고추가 맵다는 말……작은 고추들이 만든 말 아닐까요? 제 짐작에 큰 고추는 절대로 저 말을 안 했을 것 같습니다. 작은 고추가 맵다면 큰 고추는 싱겁다 라는 말인데……어? 하긴 키 큰 놈치고 싱겁지 않은 놈 없다 라는 말이 있네요. 근데 이것도 작은 놈이 만들어서 소문을 퍼뜨린 것 같은 냄새가 납니다. 생각해보세요. 큰 놈이 저런 말을 할 이유가 없습니다. 어린 시절 애들 싸움이 벌어지면 조금 큰놈의 입에서 으레 튀어 나오는 말이 있습니다. '좀만한 게 까불어!' 저도 그랬지만 좀만하다는 말 듣고 얌전하게 있을 좀만한 놈 아무도 없습니다. 오히려 더 앙칼지게 덤벼듭니다. 좀만한 놈이 독을 품고 대들면 어지간한 큰놈들 주춤거리고 물러납니다. 좀만한 놈 두들겨 패서 이겨봐야 본전이고, 지면 망신살이 뻗칠 텐데 그럴 바에야 피하는 게 낫다고 생각했을 겁니다. 좀만한 놈들이 험한 세상을 이겨내려면 악바리 소리를 듣든 독종 소리를 듣든 오기와 집념의 화신이 되어야 합니다. 고추가 매운 이유는 캡사이신이라는 매운 맛을 내는 성분 때문이고, 좀만한 사람들이 매운 이유는 열등인자에 대한 무의식적인 반발심 때문입니다. 그 반발심은 집념 또는 집중이란 형태로 나타납니다. 집념이 강하거나 집중력이 높은 사람의 눈빛은 빛이 납니다. 프로 골퍼로 명성을 떨쳤던 데이브 마가 이런 얘기를 남겼습니다. 순전히 제 생각이지만 어쩌면 그는 눈알이 반짝반짝 빛나는 좀만한 골퍼에게 호되게 당했었을지도 모릅니다.

> "처음 만나 결코 내기를 해서는 안 되는 골퍼는 피부가 새카맣게 탄 사람, 1,2번 아이언을 갖고 있는 사람 그리고 집념의 눈빛을 한 사람이다."

키 큰 놈 고민 작은 놈이 절대 모르듯 장타자들의 단점 역시 뜬금없습니다. 거리가 너무 많이 나는 바람에 볼이 불규칙 바운드를 일으켜 종종 사라지기도 하고, 생각지도 못했던 맞창 OB가 나버린답니다. 게다가 남은 거리도 어중간해서 클럽 결정이 어렵다고 합니다. 그렇다고 동반자들 모두 화이트 티 박스를 이용하는데 혼자만 블랙 티 박스에서 치는 것도 그렇고……단 타자들이 듣기엔 무슨 말을 해도 행복한 고민입니다. 제 지인 중에 K라는 친구가 실제로 그랬습니다. 이 친구 얼마나 힘이 좋은지 마음 먹고 드라이버를 때리면 300야드를 훌쩍 넘겨버리기 일쑤였습니다. 정말 볼이 사라져버리는 일이 종종 까지는 아니고 가끔 있었습니다. 결국 드라이버 거리를 줄였습니다. 250야드로 말입니다. 흐흐……이런 젠장! 그 친구 체격은 크지 않았지만 평상시 어마어마한 운동량이 있었기에 그런 장타가 가능했었습니다. 나중에 거리를 줄인 진짜 이유를 물어보니 장타를 때리고 나면 몸 여기저기가 아파오는 후유증 때문이었다고 하더군요. 하긴 평생 할 골프인데 몸까지 버려가면서 장타를 고집할 이유는 없습니다. 장타도 다 때가 있는가 봅니다. 일본 투어에서 94승을 올린 골프 영웅 점보 오자키가 장타의 비밀을 밝혔습니다. 근데 뭐가 비결이지?

"장타의 비결은 클럽 헤드에 있는 것이 아니라 그립을 휘두르는데 있다."

과유불급이란 말이 있습니다. 지나치면 부족하느니만 못하다라는 뜻인데……유난히 먹을 걸 밝히는 개들은 먹이를 조절해주지 않으면 과체중으로 앞다리가 휘게 됩니다. 전문용어로 '짜부가 났다'고 하지요. 사람의 욕심이 딱 그렇습니다. 욕심이란 놈은 먹으면 먹을수록 더 먹고 싶어집니다. 자신의 인생이 짜부라지는 줄도 모릅니다. 드라이버 거리, 많이 나가면 물론 좋습니다. 하지만 너무 거리 욕심만 내다보면 골프 자체가 망가질 수도 있습니다. 찌질 골프, 쫀쫀 골프에 이어 짜부 골프 됩니다. 우리들 삶도 분수에 맞게 살아야 아무 탈이 안 나듯, 드라이버 거리도 내 나이와 몸의 상태를 봐가면서 욕심을 내야 합니다. 보내지 않아도 알아서 도망가는 것이 세월입니다. 지혜롭게 나이가 들려면 마음의 욕심을 덜어내야 하듯이, 드라이버 거리 욕심도 조금씩 버려야 합니다. 아마추어 골퍼들이 그럴 줄 알고 프로 골퍼 필 해리스가 가슴을 울리는 멋진 말을 남겼습니다.

> "골퍼로서 나이 드는 것을 서러워해서는 안 된다. 나이 들고 싶어도 더 살지 못하는 사람들이 많으니까……"

드라이버, 첫 끗발이 개 끗발?

한참 오래 전에 이런 신문기사가 화제가 되었던 적이 있습니다. 한국 여행객들이 외국 공항 대합실 한복판에서 고스톱을 쳐서 나라 망신을 시켰다는 뉴스였는데 아마 기억하시는 분들 많을 겁니다. 어지간히 심심했던지 아니면 예의가 없었던지 또는 정말 고스톱을 사랑했던지 그랬겠지요. 하긴 고스톱 열풍이 불 때는 고스톱 소리가 삼천리 방방곡곡 메아리처럼 울려 퍼졌다고 해도 과언이 아닐 정도였습니다. 오죽하면 세 사람만 모이면 고스톱 판부터 벌리고 본다는 말이 다 나왔을까요. 저 역시 지극히 평범한 한국인의 한 사람으로 한때 고스톱 마니아였습니다. 어디 고스톱뿐이었겠습니까? 세븐 카드나 식스 볼이라는 당구 게임으로 날밤을 샌 적이 수도 없이 많았었지요. 한국 사람들 노름 참 좋아합니다. 그런 국민성을 이용해서 정부에서는 합법적으로 도박관을 운영해서 떼 돈을 벌고 있습니다. 똑 같은 도박인데 어디서 하면 패가망신을 해도 괜찮고, 어디서 하면 불법 도박죄로 쇠고랑을 채웁니다. 한 마디로 엿 같은 처사입니다.

그건 그렇고 어느 도박판이든 틀림없이 적용되는 도박 격언이 하나 있습니다. 첫 판이 돌고 나면 그것도 판이 크게 나면 날수록 크게 불거지는 저주 받은 격언입니다. 이미 제목에서 눈치 채셨겠지만, '첫 끗발이 개 끗발'이라는 말입니다. 하도 쉽게 말하고 우습게 들어서 그렇지 속 뜻은 무시무시합니다. 카드 게임의 하나인 세븐 포커에서는 '포 카드 잡고 돈 딴 놈 없다'라는 말도 있습니다. 저런 말이 나온 것도 실은 다 조상 탓(?)입니다. 뭔 소리냐고요? 사촌이 땅을 사면 배가 아프다 라는 속담을 만들어 낼 정도로 시샘이 많았던 분들이 바로 우리 조상님들입니다. 그러니 청출어람(靑出於藍)이라고 그 후손들인 우리들은 어떻겠습니까? 더 하면 더 했지 못할 거 없습니다. 우리는 배달 민족이기 때문입니다. ^^

비즈니스 세계에서도 젊은 나이에 큰 성과를 이루게 되면 염려를 더 많이 합니다. 말이 염려지 실은 초기 성공에 대한 질투와 부러움 그리고 두고 보자는 못 된 심보가 깔려 있습니다. 그런데 신싸 정밀 묘한 것은 그 말이 거의 99% 맞는다는 것입니다. 도대체 무슨 조화 속일까요? 누구나 알고 있는 불행의 법칙인 '머피의 법칙'은 재수가 없을수록 정확하게 맞아 떨어집니다. 다들 비슷한 경험 없으셨나요? 없었다면 당신은 지독하게 재주 좋은 행운아입니다. 제발 모쪼록 그렇게 곱게 늙어서 눈 감을 때까지 행운만 계속되기를 바랍니다. 진심입니다. 하지만 평생 운이

좋아 사는 게 너무 밋밋하시다면 한번쯤은 진하게 겪어봐도 괜찮습니다. 다들 그러고 사니까요.

저렇게 온갖 잡다한 수다들이 어디서 모이는지는 이미 알고 계시지요? 그렇지요. 결국엔 필드로 돌아옵니다. 제 까짓 것이 뛰어봤자 벼룩이고, 날아봤자 하루살이입니다. 위에서 떠든 당하는 입장에서는 너무도 비극적인 징크스(Jinx)는 필드에서도 똑같이 맞아 떨어집니다. 징크스는 그 맛이 너무 진해서 저절로 크~하고 쓴 소리를 낸다고 해서 징크스입니다. 또 뻥 친다고 시비 걸지 마세요. 그냥 한글이 얼마나 훌륭한지 '크~!' 하고 감탄사나 날려주세요. 필드에서 통용되는 저주성 격언은 '골프는 장갑 벗어봐야 안다'라는 말입니다. 그럼 지금부터 왜 장갑을 벗어봐야 아는지 따져 보겠습니다. 수다의 본질 중 하나가 밑도 끝도 없이 따지기입니다.

골프라는 운동이 골퍼들을 미치게 하는 것은 어떤 날은 이러다 언더파 치는 것 아닌가 할 정도로 미친 듯이 볼이 잘 맞아 줄 때가 있기 때문입니다. 치는 족족 드라이버가 빨랫줄처럼 페어웨이 한 가운데로 쫙쫙 나가 주니 세컨 샷 고민할 일이 없습니다. 전반 홀이 채 끝나기도 전에 거의 모든 판을 독식할 정도입니다. 동반자들의 질투와 비난이 쏟아지지만 자동으로 벌어져 귀에 걸린 입은 어떻게 주체할 수가 없습니다. 그렇게 전반전을 끝내고 잠시 쉰 다음 대기록에 대한 야망을 살짝 숨긴 채 후반전에 돌입합니다. 후반 첫 홀, 거침없이 드라이버를 휘두릅니다. 오늘은 그 분이 온 날이니 쫄 이유가 없습니다.

그런데 '오, 마이 갓~!' 이게 웬일입니까? 그렇게 잘 맞던 드라이버가 소리도 우렁차게 첫 OB를 냅니다. 순간 흠칫 놀랐지만 이내 스스로를 다독입니다. '내가 뭐 프로도 아닌데 100% 잘 칠 수 있나. 다음에 잘 치면 되지.' 다음에 잘 치면 된다고? 골프는 그런 거 없습니다. 기가 막히게 잘 되던 샷일수록 한번 안되기 시작하면 그때부터 시작입니다. 전반 승자답게 헛기침을 하며 짐짓 여유를 부리는 척 하지만 속에선 이미 흔들리고 있습니다. 여우 같은 동반자들 말은 안 해도 드디어 올 것이 왔음을 눈치 챕니다. 드라이버부터 무너지기 시작한 스윙은 세컨 샷으로 이어져 어프로치며 퍼팅까지 무너뜨립니다. 워낙 잘나갔던 전반의 추억이 멘붕을 불러 일으킵니다. 홀마다 보기, 더블 보기 심지어 트리플 보기까지 쏟아집니다. 스코어 카드가 엉망이 됩니다. 극과 극을 치닫는 스윙에 대한 믿음이 깨지면서 될 대로 되라 샷을 날려댑니다.

누가 그랬던가요? 핸디 캡은 뗏장 밑에 숨어있다고……첫 끗발이 개 끗발이라는 그 무서운 저주는 사실이었습니다. 두둑하게 챙겨 두었던 현금은 어느새 다 사라지고 쌈짓돈까지 퍼주고 있습니다. 머리 위에서 김이 모락모락 날 정도로 부글부글 속이 끓어 오르지만 간신히 참고 있습니다. 하지만 얼굴 색이 붉게 타오르는 건 숨길 수가 없습니다. 동반자들 바로 뒤에서 쫓아 다니며 이죽거립니다. '저 봐! 머리에서 김이 나는데?

다 익었겠어.' '진짜 그러네? 이제 떠먹기만 하면 되겠네.' 한 방 줘 박고 싶지만 마음뿐입니다.

얼마나 헤맸는지 기억조차 하기 싫습니다. 몸 따로 마음 따로 반쯤은 넋이 나가서 돌다 보니 어느덧 마지막 홀입니다. 골프장 풍경도 캐디 언니 웃는 모습도 유난히 맑은 날씨도 괜스레 원망스럽게 보입니다. 생애 최저타수에 대한 기대감에 마음을 설레던 때가 불과 2시간 전이었는데, 지금은 참담한 심정으로 그린을 노려보고 있습니다. 사람 일 한치 앞도 모른다더니 골프야말로 알 수 없습니다. 다행히 마지막 홀은 선방을 해 줄 돈도 받을 돈도 없지만 이미 나가버린 쌈짓돈이 아깝다는 생각도 듭니다. 서로 수고했다며 인사를 나누고 장갑을 벗는데 기어이 한 친구가 마지막 염장을 지릅니다. 그것도 사람 좋아 보이는 너털웃음을 터뜨리면서 말입니다.

"거 봐~! 골프는 장갑 벗어봐야 안다고 했잖아?"

드라이버가 그리고 삶이 어려운 이유

    티 박스에서 드라이버를 들고 어드레스를 하는 그 짧은 순간 골퍼들은 기도를 합니다. 제발 원하는 곳으로 볼이 날아가 달라고 말입니다. 하지만 그 간절한 기도는 종종 물거품이 돼버립니다. 기도가 간절하면 간절할수록 볼은 해저드나 벙커 때론 OB 지역으로 날아가 버립니다. 그런 날은 재수 옴 붙은 날입니다. 반면에 재수 좋은 날은 마치 골프 수호신이라도 있는 것처럼 OB가 날 볼도 절묘하게 페어웨이로 들어오곤 합니다. 그럴 때 우리는 착한 일을 많이 해서 그렇다고 합니다. 그러나 그런 말을 한다고 해서 그 말을 믿는 사람은 아무도 없습니다. 저는 사람이 소심해서 그런 말을 듣게 되면 남몰래 반성을 해봅니다. '나 정말 착하게 살아왔을까?' 그리고 이런 생각도 해봅니다. '만약 착한 일을 많이 한 사람들부터 행운이 주어진다면 세상 사람들 모두 서로 먼저 착한 일을 하려고 할 텐데……' 아, 또 수다가 엉뚱한 곳으로 흐르려고 하네요. 이렇게 정신이 산만하니 볼도 제멋대로 날아가나 봅니다.

골프에서 똑바로라고 하는 것은 단어 그대로의 의미도 있지만 원하는 방향을 뜻하기도 합니다. 모든 골프 코스가 직선이 아니기 때문에 코스에 맞게 볼을 보내면 그게 바로 똑바로인 것입니다. 슬라이스 구질이든 훅 구질이든 볼을 페어웨이에 안착만 시키면 드라이버는 자신의 임무를 훌륭히 마친 겁니다. 그게 바로 드라이버의 진실입니다. 그런데 대부분의 아마추어 골퍼들은 빨랫줄처럼 뻗는 드라이버를 꿈꿉니다. 재미있는 것은 PGA 프로 골퍼들 중 어느 누구도 볼을 똑바로 치려는 시도는 하지 않는다고 합니다. 프로 선수들이 그럴진대 아마추어들이 똑바로 멀리를 추구하는 것은 처음부터 불가능한 일일지도 모릅니다. 그런데 왜 프로 선수들은 똑바로 치려고 하지 않을까요? 그것은 바로…… *골프에서 가장 힘든 기술이 똑바로 치는 것*이기 때문입니다. 그래서 드라이버 연습 아무리 해도 늘 그 모양 그 꼴로 불안한 거랍니다.

골프, 말로 풀면 아무 것도 아닙니다. 어드레스 → 백 스윙 → 다운 스윙 → 피니쉬……수순은 겨우 4단계뿐입니다. 시간도 3초이내에 끝납니다. 스윙 구간 별로 모르는 게 있나요? 다 알고 있잖아요, 어떻게 하는지. 그러나 좋은 스윙을 위해서 골퍼가 지켜야 할 요소는 대충 분석해도 최소한 40가지 이상입니다. 예전에 누군가 나노미터 수준으로 분석했더니 300가지 이상이 제대로 맞아야 똑바로 멀리 갈 수 있다고 하더군요. '장난해? 300가지라니?' 이런 말 나올 수도 있습니다. 제가 좀 따져보다가 지겨워서 포기했는데 머리에서부터 발 끝까지 그리고 피니쉬까지 하나 하나 분석해 보면 전혀 근거 없는 말이 아닙니다. 3초 안에 그 많은 걸 어떻게 다 지키겠습니까? 그저 내가 할 수 있는 스윙을 연구, 분석해서 좀 마음에 안 들더라도 일정한 스윙을 유지하는 게 최선입니다. 'Nothing is impossible. (불가능 그것은 아무 것도 아니다)'이라고요? 그건 당신의 주머니를 노리는 광고용 문구이고요, 현실은 'Impossible thing is Impossible thing. (불가능한 것은 불가능한 것이다)'입니다.

사실 골퍼들이 드라이버에게 대단한 걸 원하는 게 아닙니다. 아주 똑바로까지는 아니더라도 페어웨이 어딘가, 아주 멀리까지는 아니더라도 220미터 정도 그린이 잘 보이는 곳이면 오케이 탱큐 베리 마치 입니다. 정말 별거 아닌데……이 말을 하고 나니 갑자기 마누라가 하던 말이 생각납니다. 어쩌면 당신도 몇 번쯤은 들었음직한 말일 수도 있습니다.

"내가 언제 엄청난 걸 원했어요? 그저 돈 걱정만 안하고 살았으면 좋겠다는 건데 그게 그렇게 어려워요?"

겉으로는 멀뚱멀뚱한 얼굴로 마누라를 이해하는 척 쳐다보지만 마음속으로는 다른 생각합니다. 속 마음을 얘기했다가는 또 어떤 불똥이 떨어질까 무섭기(?) 때문입니다. 마누라 목소리가 높아질 때는 제풀에 지칠 때까지 이런 생각만 하면서 입은 닫고 있는 게 상책입니다.

'바보, 그게 그렇게 어려우니까 이렇게 혼나고 있지. 쉬우면 왜 이러고 있겠냐?'

　마누라에게 저런 소리 듣고 싶은 사람 아무도 없습니다. 하긴 마누라 말 틀린 것도 아닙니다. 남들은 대충대충 사는 것 같은데도 좋은 집, 좋은 차, 좋은 옷 입고 잘도 삽니다. 그런데 나는 왜 하느라고 하는데도 맨날 이 모양 이 꼬락서니인지 알다가도 모르겠습니다. 저의 작은 소원은 그저 법이나 사회 규칙 잘 지키고, 남에게 폐 안 끼치고, 크게 아쉬운 것 없이 적당히 잘 먹고 적당히 잘 살고 싶은 게 다 입니다. 큰 욕심 부리는 거 아니잖아요? 남들이 부러워할 만큼 호의호식하겠다는 게 아닙니다. 어찌 보면 너무 소박하게 보일 수도 있습니다. 그런데 아무리 살아도 그게 쉽지 않습니다. 나름 열심히 살긴 사는 데 늘 뭔가 찜찜합니다

　페어 플레이를 하고 싶은데 세상은 치사하리만큼 머리 싸움을 해야 하고, 본의 아니게 거짓말도 해야 합니다. 양보도 하고, 솔직하고 순수하게 그리고 없으면 없는 대로 분수를 지키며 살고 싶습니다. 그러나 이 사회는 솔직하면 푼수 취급하고, 착하면 바보로 만드는 세상입니다. 똑바로 바르게 살고 싶어도 세상이 그렇게 살도록 두지를 않습니다. 기를 쓰고 악착을 떨어야 사람답게 살 수 있다니……정말 놀라운 세상이 요즘 세상입니다.
　그거 왜 그런지 아세요? 전 알 것 같습니다. 답을 말하기 전에 질문 먼

저 하나 하겠습니다. 여태 인생을 살아 오면서 제일 힘든 것이 무엇이던 가요? 힘들었던 것이 한두 개가 아니라 얼른 생각이 나지 않나요? 말 꼬리 이리저리 돌리지 않고 제가 말씀 드리지요. 제 생각엔 똑바로 잘 사는 것이 세상에서 제일 힘든 일이 아닐까 합니다. 예전에 제가 가르치던 한 학생에게 소원을 물었더니 '행복한 가정'을 꾸리는 것이라고 하더군요. 25년이 지난 요즘 문득 그 생각이 나서 전화를 걸어 '지금 행복해?'라고 물었습니다. 그 친구 힘없이 웃으며 행복한 가정은 이미 물 건너 갔다고 하더군요. 마음이 많이 아팠습니다. 이 말 저 말을 바꿔가면서 다독거렸지만 그 마음 너무 잘 알기에 더 이상 많은 위로를 할 수가 없었습니다.

골프에서 드라이버를 제대로 치려면 우선 몸과 마음에 힘을 빼고 오직 스윙에만 집중을 하라고 프로나 고수들이 이구동성으로 외칩니다. 방향과 거리에 대한 골퍼의 당연한 욕심이 스윙을 망칠 수 있기 때문입니다. 일에 순서가 있듯이 골프 스윙에도 순서가 있는데 작은 욕심이 순서를 흐트러뜨리면 될 일도 안 되는 것입니다. 인생도 골프와 똑같습니다. 삶 역시 결코 욕심으로만 잘살아지지 않습니다. 실수 없이 똑바로 살기도 쉽지 않고 더군다나 잘 사는 거 무지하게 어렵습니다. 살아 보셨잖아요? 그래서 자질구레한 욕심 다 버리고 분수대로만 살면 된다고 어른들이 잔소리하는 겁니다. 말인즉슨 틀린 거 하나 없습니다. 하지만 사람 마음이 요사스러워서 조절이 안 되는 것입니다. 어쩌겠어요? 그게 골프고 사람인데요. 하지만 우리가 작은 노력이나마 포기하지 않고 꾸준히 나아가면 휘황찬란하지는 않더라도 따뜻한 희망을 만날 수 있을 겁니다.

실수투성이 골프에 후회투성이 인생이지만 오늘보다는 내일 더 좋아지리라 믿고 타이거 우즈의 어록으로 이번 글 끝내겠습니다. 역시 전 세계 최고수라 말의 울림이 큽니다.

> "골프는 바로 나 자신이다. 골프가 오늘날의 나를 만들었다. 하지만 엄밀하게 말하면 수많은 노력이 바로 골프에서의 나를 만들었다."

거꾸로 드라이버, 바람불어 나쁜 날

바람이 강하게 붑니다. 오랜만의 라운드라 기분이 좋아진 저는 티브이에서 프로 선수들이 하듯이 마른 풀을 뜯어 폼 잡고 날려 봅니다. 그것도 듬뿍. 손에서 놓기 무섭게 풀 포기들과 흙먼지가 내 쪽으로 날아듭니다. 깜짝 놀라 '앗!' 외마디 비명을 지르며 요란스럽게 피합니다. 맞바람이었으니 당연한 현상입니다. 동반자들의 핀잔이 무더기로 쏟아집니다. 하필 그때 제가 하는 짓을 모두 보고 있었습니다. 엉뚱한 호기심 때문에 실수를 할 때는 이상하게 꼭 목격자가 있습니다.

"똥인지 된장인지 꼭 먹어봐야 알아? 저럴 때는 꼭 사람이 덜 떨어진 것 같아. 그러지 좀 마."

그냥 한 번 해봤노라고 대들어보지만 스스로 생각해도 어리석은 행동이었습니다. 스타일은 스타일대로 구기고 망신은 망신대로 당하고. 멀찌감치 도망가서 씩씩대며 빈 스윙을 하며 위기를 모면합니다. 바보~! 가끔 제가 하는 짓거리입니다. 기분이 좋아지면 사람이 정신 줄을 놓고 철없는 애가 됩니다. 고쳐야지 하면서도 천성인지라 잘 안 고쳐집니다. 이미 알고 있는 건 굳이 확인 할 필요가 없습니다. 돌다리도 두들겨 보라는 옛 속담은 바뀌어야 합니다. 돌다리는 그냥 건너가라고 말입니다. 카드게임 할 때 무조건 확인하는 이들이 있습니다. 확인 정신도 좋지만 때에 따라서는 눈치껏 죽을 줄도 알아야 합니다. 덮어놓고 덤벼들다간 순식간에 거덜납니다.

맞바람이 불 때는 티는 낮게 꽂고, 볼은 오른발 쪽으로 약간 옮기고 티샷을 해야 합니다. 그런데 한 무대포 골퍼가 '바람쯤이야……'라며 오기를 부리고 있는 힘을 다 해 스윙을 했습니다. 경쾌한 타구음과 함께 볼은 기세 좋게 티를 박차고 허공으로 날아 올랐습니다. 손 끝에 전해지는 느낌이 너무 좋아서 잘 맞았음을 확신합니다. '봤지?' 하는 표정으로 흐뭇하게 날아가는 볼을 바라 보는 순간, '어, 어? 저게 뭐야?' 눈으로 보면서도 믿을 수 없습니다. 한참 공중으로 오르던 볼은 어느 순간 정점을 찍더니 그 자리에서 되돌아 오는 것이었습니다. 말로만 듣던 드라이버의 백스핀! 윷놀이 판의 빽 도! 부처님도 어이없어 하신 도로아미타불!

제가 겪었던 가장 황당한 경우는 양평의 T 골프장에서였습니다. 그때 9번 아이언을 들었던 것으로 기억하는데 볼이 공중에서 바람에 이리저리 날리며 춤을 추더군요. 보면서도 어이가 없었습니다. 또 한번은 춘천의 M 골프장이었는데 약 30미터 내리막 파3 100미터 홀이었습니다. 맞바람이 심하다는 캐디 언니의 말에 모두들 8번, 9번을 들었지만 그린 근처에도 못 가더군요. 저만 유일하게 온 그린을 했는데 그때 들었던 클럽이 6번 아이언이었습니다. 캐디 언니의 보충설명에 의하면 그 홀에서 사용되었던 가장 긴 클럽은 드라이버였다고 합니다. 믿거나 말거나~ ^^

살다 보면 누구나 불경기나 슬럼프 또는 예상치 못한 변수라는 역풍을 맞을 때가 있습니다. 이미 겪어본 경험자들은 잽싸게 허리를 구부리고 자세를 낮추지만, 아직 뜨거운 맛을 모르는 하수들은 힘으로 밀어 부칩니다. 남들이 겁먹는 것을 보니 불현듯 자기 뚝심을 과시하고 싶은 욕심이 발동한 것이지요. 물론 듣고 본 것은 많아 마음 한 구석에서는 잠시 쉬었다 가라고 경고등이 반짝이기는 합니다. 그러나 아직은 의욕이 넘칠 때라 역경을 정면으로 돌파하여 본때를 보여주고 싶은 오기가 더 큽니다. 물론 도전적인 자세가 중요하고 또 무조건 그래야만 할 때도 있겠지요. 그런데 결과는? 대부분 애만 쓰다 결국 큰 손해를 보거나 아예 망조를 타는 경우도 있습니다. 얘기인즉슨, 버틸 때와 수그릴 때를 잘 구분해야 한다는 건데……그걸 어찌 아느냐고요?

골프든 인생이든 맞바람이 불 때는 일단 자세도 낮추고 힘도 빼고 마음에 여유가 있어야 합니다. 골프 공이 바람을 이겨내지 못 하듯, 세상의 흐름을 배짱으로만 이겨낼 수 없습니다. 내 고집만 믿고 깡으로 버티다간 조금만 돌아가면 될 걸 먼 길을 돌 수도 있습니다. 때로는 세상이 문제가 아니라 내 자신이 더 큰 문제일 때도 있음을 깨달아야 합니다. 언제가 올바른 '때'인지 구분하기는 결코 쉽지 않습니다. 겁먹지 말고 앞으로 치고 나갈 것이냐 아니면 누구보다 잽싸게 자세를 낮추고 다른 우회 길을 찾아야 할 것이냐에 판단은 순전히 내 몫이기 때문입니다.

세계적인 마케터 세스 고딘의 'The Dip'이라는 책이 있습니다. 포기할 것인가 계속 도전할 것인가에 대해서 심도 있게 고찰한 비교적 얇은 책입니다. 딱 두 가지 용어 딥(Dip: 웅덩이)과 컬드색(Cul-de-sac: 막다른 길)에 대해서 심층 분석했습니다. 딥은 포기하고 싶다는 강력한 유혹 앞에서도 무너지지 않고 앞으로 나아가는 것을 의미하고, 컬드색은 포기해야 할 때 포기할 줄 알아야 한다는 내용입니다. 딥은 성공이 보장되는 깔딱 고개이고 컬드색은 실패가 확실한 깔딱 고개입니다. 문제는 그 역경이 딥인가 아니면 컬드색인가를 판단하는 것입니다. 그 판단은 순전히 개인의 경험과 직관에 의존해야 합니다. 판단은 결정을 내리게 하고 결정은 행동을 불러옵니다. 올바른 판단을 내리기 위해서는 욕심부터 걷어내야 합니다. 골프에서 장타를 치기 위해서 힘부터 빼는 이치와 같습니다. 욕심을 버려도 새롭게 도드라지는 크고 작은 문제점들은 쉬지 않고 나타납니다.

삶은 그래야 정신 바짝 차리고 '살 맛'이 생기는 것이고, 골프도 그래야 집중해서 '칠 맛'이 나는 겁니다.

그렇다면 이런 말을 하는 저는 잘 해왔을까요? 아니요, 잘못했습니다.

그것도 많이 잘못했습니다. 한때 너무 자신만만 까불다가 터지고 밟히고 긁히고 모든 것이 완전히 박살이 난 후에야 비로소 깨달았습니다. 똑똑한 척 잘난 척 해왔지만 실은 헛똑똑이였음을 스스로 증명한 것입니다. 인생공부 잘 했다고 자위하고 싶지만 그 대가가 너무 컸습니다. 이제 그 바람은 지나갔습니다. 지금은 드라이버도 일도 사랑도 순리에 따르려고 인내와 믿음으로 무장하고 때를 기다립니다. 물려 받은 것도 모아 놓은 것도 없는데 또 다시 인생의 백 스핀 안 당하려면 별 수 없지요, 뭐.

지금 당신의 골프, 당신의 일, 당신의 사랑은 어느 깔딱 고개에 있나요? '앞으로 나아갈 것인가 아니면 포기할 것인가?' 둘 다 큰 용기와 에너지가 필요합니다. 컬드색에 부딪혔는데 아깝다고 망설이고 주춤거리는 것은 오히려 퇴보입니다. 간혹 퇴보인지 전진인지 구분이 안 되는 경우도 있습니다. 될 성 싶은 나무는 떡잎부터 알아본다고 했습니다. 어쩌면 당신은 이미 누렇게 뜬 떡잎을 보면서도 착각과 미련에 빠져 물을 주고 거름을 주고 있는지도 모릅니다. 사람의 일은 새로운 일을 벌이는 것보다 그만두는 것이 더 어렵습니다. 화를 내는 것보다 참는 것이 더 힘이 듭니다. 역경을 만났을 때 자세를 낮추고, 안 될 일을 포기하는 것은 결코 부끄러운 행동이 아닙니다.

세상은 넓고 할 일은 많다지만 당신이 할 수 있는 일은 기껏해야 한두 가지뿐입니다. 선택을 하고 집중을 해도 될 동 말 동입니다. 혹 지금 당신의 일이 당신을 힘들게 하고 있나요? 그렇다면 자세를 낮추고 마음을 비우고 낮은 자세로 냉철하게 보십시오. 어쩌면 답이 선명하게 보일 수도 있으니까요. 타이거 우즈가 이런 말을 했습니다. 좋은 말은 내가 그 말대로 실천을 했을 때 진짜 좋은 말이 됩니다. 네? 안 하면요? 안 하면 아무 것도 아니지요.

"저는 항상 실수를 최소화하려고 노력하고 있지만 실수를 해도 후회하지 않습니다. 중요한 것은 그 실수를 두 번 다시 반복하지 않는 것입니다. 실수한 것을 가지고 언제까지나 마음에 두고 연연해하는 일만큼은 하지 않으려고요."

드라이버, 있는 힘을 다 해서 갈기라니까?

골프에 입문한 초보 골퍼들에게 제일 강조되는 것은 힘 **빼기**입니다. 하도 사방에서 그 말을 하니까 초짜들은 왜, 어떻게 힘을 빼는지도 모르면서 힘을 빼려고 합니다. 하지만 궁극적으로는 힘을 빼는 것이 맞긴 맞지만 처음부터 무조건 힘 빼기는 전 반대합니다. 골프는 죽은 척(?)하고 바닥에 납작 엎드려 있는 볼을 허공으로 냅다 날려버리는 운동입니다. 세상에~ 죽어있는 놈을 살려야 하는데 힘 안 들이고 살랑살랑하면 그게 살아나겠습니까? 당연히 수단 방법을 안 가리고 있는 힘을 다해서 온 몸이 부서져라 클럽을 휘둘러야 합니다. 힘이라는 놈은 우선 써봐야 뺄 줄도 아는 겁니다. 아무리 부드러운 스윙이 좋다고 해도 힘이 아주 안 들어가는 게 아닙니다. 제대로 힘을 실어주지 못하면 스윙이 아무리 예쁘고 부드러워도 빛깔만 좋은 개살구 스윙입니다.

아직 시행착오를 겪어보지 못한 골프 초짜들에게 지나치게 힘을 빼라고 강조하는 것은 이제 막 세상에 뛰어든 팔팔한 청춘에게 사회 생활 잘 하려면 요령부터 배우라는 것과 같습니다. 그러면 젊은이다운 실수는 도대체 누가 저지릅니까? 새파랗게 젊은 놈이 요리조리 눈치만 봐가면서 쉬운 방법만 찾아 다니면 그것처럼 얄미운 게 세상에 또 없습니다. 실제로 그런 친구를 만나면 뒤통수를 한 방 후려치고 싶을 겁니다. 사회 초년생들에게 가장 중요한 것은 실수를 두려워 않는 진취적이고 도전적인 자세입니다. 골프 초보자에게 가장 중요한 것은 폼입니다. 폼과 자세는 DNA가 99% 같은 단어입니다. 젊은이들이 실수를 두려워해 몸을 사리면 이 나라의 미래는 없습니다. 초보 골퍼가 처음부터 요령 위주로만 골프를 배우면 골프계의 미래는 없습니다.

사방팔방 이리저리 뛰어다니면서 온 몸으로 세상을 익히고 나면 제 아무리 좌충우돌 청춘이라도 힘을 뺄 때와 줄 때를 스스로 깨닫게 되어 있습니다. 너무 힘을 써서 갈비뼈며 손가락이며 등 짝이 온통 담이 결리고, 손가락이 퉁퉁 부어서 주먹을 못 쥘 정도로 무지막지하게 볼을 쳐봐야 비로소 힘을 왜 빼고 언제 빼야 하는지를 알게 되는 겁니다. 골프도 인생도 실수를 실수로 인정 받을 수 있는 때가 따로 있습니다. 인생에서 나이가 들면 들수록 한 번의 실수가 큰 파장을 불러오듯, 고수들의 필드 싸움 역시 단 한 번의 실수로 상황이 완전히 뒤바뀔 수 있습니다. 힘은 그때 빼야 하는 것입니다. 뭘 좀 안 다음에야 힘을 빼는 요령과 테크닉을 익혀도 늦지 않습니다.

힘 빼란다고 또는 빼고 싶다고 쉽게 빠지는 거 아닙니다. 때가 되면 다 알아서 빼고 빠집니다. 학창시절에 통통했던 아이들이 대학에 가고 사회에 가면 젖 살이 빠지면서 날씬들 해집니다. 그게 왜 그러겠습니까? 때가 되었으니까 스스로들 알아서 빼고 빠지는 겁니다. 사춘기의 아이들이 간혹 학교에서나 집에서나 삐딱선을 탈 때가 있습니다. 그거 그때뿐입니다. 끈기와 믿음을 갖고 기다려주면 어느 날 문득 제 꼬라지 깨닫고 집구석으로 기어들어 옵니다. 힘이 넘쳐서 그러는 건데 힘으로 누르면 부러질지언정 절대로 굽히지 않습니다. 드라이버 역시 그렇습니다. 힘을 뺀다는 것이 무엇이고 언제 빼야 하는지 알기 전까지는 드라이버가 깨져라 휘둘러야 합니다. 죽을 둥 살 둥 말입니다. 이래 죽으나 저래 죽으나 매한가지인데 초보 때 아니면 언제 그렇게 휘둘러 보겠습니까?

제게 혼혈로 태어나 지금은 미국에서 잘 살고 있는 사촌이 하나 있습니다. 남들과 약간 생김새가 다르다 하여 양키, 뺑코, 트기 등 온갖 별명으로 불리며 자랐습니다. 미국계 혼혈아답게 덩치가 컸으니 아이들의 놀림 때문에 거의 매일매일을 싸움질로 살았지요. 70년대 초반에는 이 땅에 그런 아픔이 참 많았습니다. 어린 제 기억에도 그 혼혈 사촌은 말썽이란 말썽은 정말 많이 부렸습니다. 그러던 그가 어느 날, 결혼을 했습니다. 그 이후, 그처럼 헌신적인 가장이 또 어디 있을까요? 어쩌면 그렇게 사람이 하루아침에 싹 바뀌는지……마음을 억누르고 있던 나쁜 힘이 빠지고 좋은 힘이 샘솟아서 그리 된 것입니다. 그토록 험한 시절을 살아왔으면서도 그는 힘을 줄 때와 뺄 때를 본능적으로 알고 있었기에 스스로 진화를 한 것입니다.

그런가 하면 평생을 헛된 곳에 힘만 쓰다가 자멸을 하는 이들도 있습니다. 형님들 세계에서 힘 쓰면서 사는 이들이 그렇습니다. 물론 그 세계에선 철저하게 힘으로 우열을 가르기 때문에 힘의 논리를 무시할 수는 없습니다. 그러나 그 세계에선 힘이 빠지면 물러나야 합니다. 물러나기 싫으면 밀어낼 때까지 버텨야 합니다. 잘못 버티면 흉한 꼴을 당할 수 있으니 그것도 쉽지 않습니다. 사람은 들고 날 때를 알아야 한다고 했습니다. 속칭 치고 빠지는 기술을 말하는 겁니다. 골프를 열심히 하면 언제 어떻게 치고 빠지는지에 대해서 촉이 발달합니다. 힘이라는 것은 뺄 줄을 알아야 줄 줄도 아는 것입니다. 제가 쓰는 이 글도 나름대로 힘을 주었다 뺐다 하는 겁니다. 엥? 온통 힘 빼는 것 밖에는 없다고요? 헐~그 양반 정말 힘 빠지게 하네요.

몸의 힘만 힘이 아닙니다. 때로는 마음의 힘이 더 세고 더 무섭습니다. 마음이 힘을 쓰기 시작하면 태산도 움직인다고 했습니다. 힘은 산을 뽑아 버리고 기개는 세상을 덮는다는 전문용어 역발산기개세(力拔山氣蓋世)라는 말이 있습니다. 그 말 뻥 같지만 뻥이 아닙니다. 마음의 힘을 얘기하는 거다 아시잖아요. 반면에 마음의 힘이 빠지면 몸에 아무리 힘이 넘쳐도 소용없습니다. 제가 좀 그런 스타일입니다. 신바람이 나면 팔굽혀펴기를 백만 번도 넘게 하는 에너자이저 보다 더 힘을 쓰지만 마음에 상처를 입으면 먹지도 자지도 못합니다.

힘에 대해 제대로 수다를 떨었는지 모르겠지만 어쨌든 힘이라는 것은 갖는 것도 중요하지만 지혜롭게 쓸 줄도 알아야 합니다. 좀 역설적인 표현을 들어보겠습니다. 힘을 빼기 위해서는 힘을 길러야 합니다. 애당초 힘이 없으면 뺄 힘도 없어서 오히려 힘을 더 쓰게 됩니다. 그래서 여성 골퍼들에게 골프 폼도 중요하지만 우선 근력부터 키우라고 권장하는 것입니다. 어느 여성 골퍼는 근력을 키우라고 했더니 이런 말을 하더군요.

"아유~나야 키우고 싶지요. 그런데 그 놈의 근력운동인지 뭔지 너무, 지겨워도 너무 지겨워."

손사래질을 치는 것도 모자라 온 인상을 구기며 넌더리를 내면서 지겨워도 너무 지겹다니 할 말 없습니다. 하지만 드라이버 힘차게 휘두르는 건 포기해야 할 겁니다. 힘이 없어 힘을 못 쓰면서도 힘을 키우라는데 힘 들어서 못 한다고 하니 말하는 제가 힘이 더 듭니다. 골프에서의 힘, 어떻게 빼야 하는지 알 때까지는 무조건 온 힘을 다해 휘둘러 봅시다. 1970년대 한때, 정규 시합 전 연습 라운드에서 엄청난 돈을 걸고 도박 골프를 즐겼던 프로들이 있었다고 합니다. 그 중 레니 왓킨스 라는 선수가 이런 말을 했습니다. 아마 그는 마음의 힘도 셌고 몸의 힘도 셌나 봅니다.

"내가 골프에서 배운 것은 오직 기본이다. 나머지는 마구 치는 일뿐이다."

가난한 드라이버, 부자 드라이버

    세상 사람들이 살아가면서 도저히 숨길 수 없는 3가지가 있습니다. 사랑, 재채기 그리고 가난입니다. 이 3가지는 아무리 숨겨도 겉으로 드러난다고 합니다. 곰곰이 생각해 보니 사랑을 하면 얼굴에 화색이 돌고, 재채기를 참으려면 오만상을 써야 하고, 가난 역시 입성부터 다르기 때문에 숨긴다고 해도 쉽게 숨겨지지 않을 법 합니다. 그러나 저 얘기도 요즘 세태를 보면 케케묵은 구시대적 발상입니다. 꽃 미남, 꽃 미녀라는 얄궂은 말이 나타난 이후부터는 너나 할 것 없이 땡빛을 내서라도 명품 포장에 성형수술로 외모부터 갈고 닦는 세상이 되었으니 말입니다. 약을 대로 약아진 현대인들- 3가지가 아니라 300가지라도 감쪽같이 숨길 수 있을 겁니다.

    난데없이 저런 얘기를 하는 이유 아시는 분? 네~ 저쪽 끝에 계신 분, 말씀해보시지요? 골퍼들의 숨길 수 없는 3가지에 대해서 이상한 소리를 하려는 수작이라고요? 음~ 맞습니다. 제대로 들켰네요. 지금 백지영의 〈총 맞은 것처럼〉이 백 그라운드 뮤직으로 깔리고 있는 거, 들리십니까?

설레발 그만 떨고 아마추어 골퍼들이 숨길 수 없는 3가지 바로 말씀 드리겠습니다. 배짱, 핸디캡 그리고 주머니 사정입니다. 왜 이 3가지를 뽑았는지 수다를 떨어보겠습니다. 우선 배짱입니다. 많은 아마추어 골퍼들이 연습할 때와 실제 스윙 때의 폼이 다릅니다. 연습할 때는 멀쩡하던 폼이 필드만 나가면 어정쩡한 폼으로 변신을 합니다. 실수에 대한 반복적인 불안감이 어정쩡한 스윙의 주범입니다. 저는 그런 현상을 골퍼의 배짱이 약한 탓이라고 생각합니다. 아니라고 펄펄 뛰시는 분, 그럼 필드에 나가서 빡 세게 내기하면서 멋진 풀 스윙 보여주세요!

두 번째 핸디캡. 연습장에서 알게 된 골퍼들에게 물어보면 대부분 80대 중, 후반 왔다 갔다 한다고 말합니다. 한번은 자기는 워낙 또바기 스타일이라서 90개는 절대 안 넘는다는 분과 라운드 나갈 일이 있었습니다. 예상대로 90대 중반을 칩디다. 한 번만 같이 라운드를 돌면 들통날 텐데 왜 그런 뻥을 치는지 알면서도 모르겠습니다. 사실 골프라는 운동이 늘 일정할 수는 없습니다. 10여타 차이 나는 것은 보통이고 심하면 20타도 차이가 납니다. 사람 인생도 하늘 높은 줄 모르고 떵떵거리다가 바닥에 곤두박질 치는 일도 많으니 이해할 수 있습니다. 하지만 그 양반의 경우는 그런 경우가 아니라는 겁니다. 치는 폼이나 나가는 거리를 보면 어느 정도는 깜냥이 나옵니다. 그럼에도 불구하고 하도 큰소리를 치니 속는 셈치고 라운드를 나갔는데 역시나 뻥이었다는 것입니다. 그래 봐야 완전히 자기 손해입니다. 핸디 캡이 높은데 낮다고 속였다 큰 내기 판에 라도 엮여 들면 있는 돈 없는 돈 다 털릴 수도 있으니 솔직하게 삽시다.

마지막 화두, 주머니 사정입니다. 골프를 안 치는 분들은 골퍼들은 부자까지는 아니더라도 먹고 사는데 별 지장이 없는 줄 압니다. 골프는 부자 놀음이라는 선입견 때문이겠지요. 당장 먹고 살 끼니조차 없는 사람들 운운 한다면 부자 놀음의 하나일 수도 있지만, 요즘은 꼭 그렇지도 않습니다. 어느 골퍼가 가난한지 부유한지 조금만 살펴보면 대충 윤곽이 나옵니다. 우선 차가 다르고, 캐디 백도 다르고, 골프 클럽의 브랜드가 다릅니다. 그 중에서도 클럽의 브랜드 차이는 드라이버에서 가장 확실하게 드러납니다. 드라이버는 보급용 저가에서부터 최신 기술로 비거리를 확실하게 보장한다는 상당한 고가의 브랜드까지 상당히 넓게 가격대별로 나누어져 있습니다. 그래서 딱 두 가지 스타일로 구분해 보았습니다. 혹 마음이 불편하신 분, 재미 삼아 하는 것이니 가볍게 지나치시기 바랍니다.

가난한 드라이버

몇 번을 걸쳐 물려 받은 듯한 완전 구형 드라이버 또는 유행이 한참 지난 드라이버. 유일한 취미가 골프인데 지갑이 얇아서 최소한의 비용으로

골프를 즐기는 실속파 골퍼들.

  골프 클럽을 보면 골퍼의 주머니 사정을 알 수 있습니다. 마음에 드는 건 너무 비싸고 돈에 맞춰 클럽을 개비하자니 성에 안 차고……에라, 명필이 언제 붓 가리더냐? 클럽 좋다고 언더 치는 것도 아닌데……옷으로 치자면 단벌신사이지만 이젠 손에 익어서 바꾸기 아쉽다며 꿋꿋하게 버티는 당신, 진정한 골프 마니아로 임명합니다.(간혹 새내기 골퍼나 진짜 고수들은 일부러 들고 다니기도 합니다.)

부자 드라이버

  가격은 물론 생긴 것부터 남다른 포스를 자랑합니다. 비거리가 후달리는 시니어들을 타깃으로 출시한 드라이버. 또는 개인용 맞춤 클럽 중에도 상당한 고가 제품이 있습니다.

  돈이 문제가 아닙니다. 나이 들면서 체력과 함께 드라이버 비거리가 뚝뚝 떨어지면 누구나 그렇게 됩니다. 몇 년 전만 해도 투 온을 노리던 파5홀에서 쓰리 온도 헉헉 대보면 서글퍼지는 법. 체력단련은 싫고 돈으로 비거리를 늘려려는 게으른 골퍼들도 많이 애용합니다. 업체는 바로 그런 점을 노리고 고가의 고반발 제품을 자꾸 생산해냅니다. 이런 제품은 헤드가 초박형으로 제조되었기에 오래지 않아 헤드 앞면이 터져버립니다. 진정한 골퍼라면 클럽보다는 실력으로 거리를 늘려보는 것이 어떨까 합니다.

가난한 드라이버는 여기저기 긁히고 부딪혀서 흠집이 많아 더 이상 광택도 나지 않습니다. 외모는 유행에 떨어지고 헤드가 상처투성이라고 깔보면 안됩니다. 그래도 역전의 용사이니까요. 실속파 서민 골퍼들에게는 조금 촌스러워도 언제나 믿을 수 있는 아내와 같은 클럽입니다. 가난한 드라이버를 너무 미화하는 거 아니냐고요? 그렇지요, 수상한 냄새가 나지요? 맞습니다. 제 드라이버가 브랜드만 그럴 듯하지 실은 10년도 더된 올드 타입 클럽입니다. 헤드가 아주 작습니다. 어떤 이들은 이런 걸로 어떻게 볼을 제대로 맞추느냐고 의아해합니다. 하지만 고추가 작다고 고추가 아닌 게 아닙니다. 작아도 본연의 임무는 충분히 하고도 까딱없습니다.

반면에 부자 드라이버는 비싼 몸 값 덕분에 주인이 어찌나 아껴주는지 헤드가 항상 반짝반짝 빛이 납니다. 보기에도 그 자태나 우아함이 사뭇 남다릅니다. 볼을 때리는 소리도 깔끔하고 손맛 또한 일품입니다. 그러나 문제는 워낙 예민하게 태어난 탓에 면역력도 약한데다 험하게 다루면 헤드가 뇌출혈로 터져버리는 일이 자주 있습니다. 이런 클럽의 본성을 파헤쳐보면 자수성가한 스타일이 아니고 아름다운 미모로 뭇 남자들을 호리는 여인과 같은 속성을 지녔습니다.

드라이버에 대한 욕심은 '열 여자 싫어하는 남자 없다'는 속담과 딱 일치합니다. 중요한 것은 열 여자든 한 여자든 거느리려면 최소한의 경제적인 능력이 필요하다는 사실입니다. 사회, 경제적 능력이 부족하면 밉든 곱든 조강지처와 끝까지 사는 것이고, 능력이 빵빵 하면 수단 것 열 여자 거느리고 사는 겁니다. 그게 남자들의 솔직한 속성입니다. 남자들의 순정을 매도하지 말라고요? 물론 전혀 그렇지 않은 순정과도 있지요. 저처럼요. ^^(속이 다 보이는 뻔뻔한 거짓말로 들리나요?)

조금 낡았든 엄청 비싸든 결론은 하나, 골프는 몸으로 치는 거지, 돈으로 치는 거 아닙니다. 가난한 드라이버의 꺾이지 않는 불굴의 투혼에 박수를 보내며, 오늘의 골프 격언 한 마디.

"비싼 드라이버 자랑 말고, 싼 드라이버 괄시 말자!"

힘내세요~드라이버 아빠

캐디 백에 들어있는 클럽 수는 총 14개입니다. 넘으면 안됩니다. 여분의 클럽이 있는 걸 들키면(?) 실수라 하더라도 그 자리에서 2벌타를 먹습니다. 알만한 분들은 다 아는 상식이지만 그래도 혹시나 하는 노파심에 한 번 더 짚어봤습니다. 간혹 내가 아니까 세상 사람들도 다 알 거라고 착각하는 사람들이 있습니다. 그러지 마세요. 세상 사람들이 다 아는 내용을 나만 모를 수도 있습니다. 그게 뭘까요? 좀 오래 된 유머인데 바로 자기 마누라 바람 피우는 거랍니다. 너무 썰렁했나요? 에이, 그러지 말고 그냥 웃어주세요. 아니면 자는 마누라 다시 보든지요.

14개 클럽을 대표하는 것은 당연히 머리도 키도 제일 큰 드라이버입니다. 요점을 말하자면 드라이버는 무려 13식구를 거느리는 가장 즉, 아빠입니다. 엄마는 누구냐고요? 물론 퍼터이지요. 이런 설정에 이의 있는 분, 손 들지 마세요. 퍼터 엄마는 중요한 현금 출납을 맡고 있는 만큼 애기가 길어지니 따로 해야 합니다. 퍼터는 돈이라는 말이 저런 이유로 나왔다는 것만 알아두세요.

    지구촌 대부분의 아빠들은 가족을 위해 매일 매일 출근해서 일을 해야 합니다. 요즘에는 불경기가 너무 지독해 출근을 못하는 아빠들이 많아져서 마음이 아픕니다. 저 역시 따로 출근하는 곳이 없어서 백수 아빠들의 마음 200% 공감합니다. 드라이버 역시 클럽 패밀리의 아빠인지라 18홀 한 라운드 동안 14번의 출동을 해야 할 임무가 있습니다. 나머지 4번은 다른 자식 클럽들이 그때그때 알아서 아빠 몫을 기꺼이 대신합니다. 아빠가 아무리 힘이 좋아도 가끔은 쉬어야 하기 때문입니다. 그리고 불경기 사회처럼 필드 상황이 아주 안 좋아도 아빠 드라이버는 눈물을 머금고 뛰고 싶은 마음을 참아야 합니다. 아빠가 한 번 실수하면 큰일나니까요.

    한 가정에서 아빠의 존재는 존중과 믿음의 상징입니다. 일반 가정에서 아빠가 힘을 못 쓰고 빌빌하거나 미친 소처럼 사고만 치면 그 가정엔 걱정이 그치질 않습니다. 필드에서도 그렇습니다. 드라이버 아빠가 페어웨이를 못 지키면 다른 자식 클럽들이 생고생을 해야 합니다. 가장이 흔들리면 집안의 웃음기가 사라집니다. 드라이버가 흔들리면 골퍼의 얼굴이 굳어집니다. 힘든 거 다 압니다. 다른 집 아빠들도, 다른 골퍼들의 드라이버도 다 그러고 삽니다. 그러니 아무리 힘들고 아파도 견뎌내야 합니다. 그럴수록 더더욱 힘내서 볼을 창공 속으로 멀리 날려버려야 합니다. 그래서 이런 노래도 있잖습니까?

수다 골프,
수다 인생

"아빠 힘내세요. 우리가 있잖아요~~"

모 광고에서 한때 유행되었던 이 노래에 대해 코미디언 하나가 저 노랫말 속에 숨은 뜻이 아빠들을 더 지치게 한다며 울분을 터뜨렸는데 이유인즉슨 이렇습니다. 이 노래의 진짜 속셈은 힘들더라도 자식들을 위해 쉬지 말고 나가서 돈 벌어 오라는 무서운 노래라는……들고 보니 그렇게 해석할 수도 있겠다 싶어 쓴웃음을 지었던 기억이 있습니다. 노랫말대로 당신이 싫든 좋든 오늘도 일터에 가야 하듯, 드라이버도 맞든 안 맞든 티 박스에 서야 합니다. 당신의 꿈이 이런 꼴 저런 꼴 안 보고 큰소리 뻥뻥 치면서 살 맛나게 일하는 것이듯, 드라이버의 꿈도 임팩트 소리 쾅쾅 내가며 똑바로 멀리 볼을 날리는 것입니다. 삶에 자신감이 없으면 될 일도 안되듯 드라이버도 자신감을 잃으면 영 시원찮습니다. 비록 삶이 좀 힘들더라도 매일매일 힘차게, 드라이버도 홀마다 자신 있게 휘둘러야 합니다.

지금, 당신의 일은 그리고 당신의 드라이버는 어떤가요? 열심히 일을 해서 피곤해진 몸과 마음을 달래주기 위해 필드에서 굿 샷을 꿈꾸시나요 아니면 가정도 일도 엉망진창이 되어 될 대로 되라는 지친 심정으로 울분의 샷을 휘두르는 건가요? 어느 쪽이든 상관없습니다. 좋으면 좋은 대로 더 자신 있게, 나쁘면 나쁜 대로 희망과 야망을 품고 '굿 샷!'을 외쳐봅시다. 20세기 미국 최대의 출판사 '랜덤하우스'의 설립자인 베네트 서프가 기가 막힌 말을 했습니다.

역시 출판사의 거물답게 한 마디 말을 해도 쫀득쫀득 씹는 맛이 저절로 느껴집니다.

정신과 의사 부인이 함께 골프를 안 해준다고 남편에게 투정을 부리자 이렇게 대꾸를 했다.

> "남자는 꼭 혼자 해야 할 일이 세 가지 있다. 재판에서 증언할 때, 죽을 때, 그리고 퍼팅 할 때"

드라이버가 당신의
못된 점을 닮은 몇 가지 이유

수다의 다양성을 위해 이번 글은 형식을 바꿔 보았습니다. 먼저 골프 수다를 떨고 이어서 비슷한 상황의 일상 수다로 글 배턴(baton)을 넘기는 식입니다. 이름하여 장군 멍군 수다입니다. 매일 밥만 먹고 살 수는 없잖습니까? 떡도 먹고 분식도 먹듯이 이런 형식의 수다도 한번 즐겨 보시지요.

골프 클럽 패밀리의 아빠 격인 드라이버는 연습장에서나 필드에서나 모범을 보여야 합니다.

한 가정의 아빠인 당신, 언제 어디서나 모범가장이 되어야 하는 거, 두 말하면 잔소리입니다.

아니, 꼭 모범까지도 필요 없습니다. 자기가 머리 제일 크고 거리

제일 많이 난다고 뻐기다 볼을 산에 처박는 것도 부족해 OB나 해저드 같은 사고만 안 치고 다녀도 정말 다행입니다. 페어웨이를 고수하는 것이 워낙 힘들다 보니 다른 클럽들도 드라이버 존중하고 있습니다.

당신 역시 꼭 1등 아빠일 필요는 없습니다. 자기가 돈 벌어 온다는 핑계로 술 처마시고 밤 늦게 들어와 자는 가족들 다 깨워 앉혀 놓고 잔소리를 늘어 놓거나 술주정만 안 부려도 그럭저럭 괜찮습니다. 가족들도 당신 힘든 줄 알기에 어지간한 건 참고 넘어가줍니다.

드라이버가 페어웨이를 잘 지켰다 해도 홀까지 가려면 아직도 먼 길이 남아 있습니다. 나머지 클럽 패밀리들도 때가 되면 각자의 몫을 충실히 해야 하기 때문에 드라이버는 최소한의 임무를 완수해야 합니다. 드라이버가 뻭사리를 내면 다른 클럽들 골치 아파집니다.

아빠가 가장으로서의 책임과 의무를 잘 지킨다 해도 그 가정의 만수무강을 위해서는 다른 가족들도 각자 해야 할 도리를 잘 해야 합니다. 그러기 위해서 우선 가장이 최소한의 터전을 닦아 놓아야 합니다. 일단은 윗물이 맑아야 아랫물도 맑든지 말든지 할 테니까요.

드라이버가 잘 나가주면 세컨 샷도 나이스 샷을 날릴 확률이 곱

빼기로 커집니다. 그런데 드라이버가 본연의 의무는 까맣게 잊고 도대체 어디서 나오는 깡인지 만용인지 '드라이버는 거리야!' 이러면서 냅다 질러대느라 OB나 해저드로 볼을 가출시키면 남은 클럽들이 아무리 용을 써도 거꾸로 가는 스코어를 줄일 수가 없습니다. 아차 하는 순간에 바로 더블 보기, 트리플 보기 등 스코어 카드가 수학책이 되는 겁니다. 발로 차고 다녀도 보기 플레이는 자신 있다며 까불다 순식간에 백돌이로 추락하는 겁니다.

가장이 모범을 보이면 자식들도 모범생이 될 가능성이 왕창 높아지는 건 이미 주지의 사실. 그런데 가장이란 작자가 너무 한 방만 밝히며 '남자는 배짱이야!' 이러면서 사업이니 뭐니 한답시고 땡빚 내서 일만 저지르거나 툭하면 외박에 바람 피우기를 일삼으면 다른 가족들이 생고생을 해야 합니다. 뭐가 됐든 일단 내리막길을 타기 시작하면 최강 브레이크 시스템인 ABS도 무용지물 입니다. 순식간에 신용불량자로 전락되면서 쪽박 차게 됩니다. 한마디로 가문의 몰락인 거지요.

그런데 기본 체력 운동은 물론 죽어라 연습도 하고 비상금 털어 비싼 레슨까지 받아서 스윙은 훌륭해졌는데 필드만 나가면 볼이 제멋대로 춤추는 경우가 있습니다. 그렇다면 볼 것도 없이 십중팔구 그 드라이버가 당신과 안 맞거나 연습장과 필드 스윙이 달라서 그런 것입니다. 그럼 드라이버에 맞춰 스윙을 바꾸던지 아니면 드라이버를 바꿔야 합니다. 하지만 드라이버에 맞춰 스윙을 바꾸는 것은 그동안의 努力을 NO力으로 만드는 것과 똑같으니 차라리 클럽을 바꾸는 것이 좋습니다. 단, 이번에는 남들 말보다는 본인이 직접 시타를 해보고 확신이 들 때 바꿔야만 합니다. 드라이버 입장에서도 차라리 그게 낫다고 생각할 겁니다. 걔도 많이 힘들 테니까요. 물론 선택은 순전히 당신의 몫입니다.

간혹 자신은 완벽하다고 믿는 자칭 모범 남편이 있습니다. 그런데 웬일인지 집에만 가면 아내의 얼굴엔 찬바람만 불고 달랑 두어 마디 말만 오고 가는 싸늘한 위기감은 뭘까요? 그건 틀림없이 아내 입장에선 도저히 맞춰 줄 수 없는 무대포적인 처사가 있었거나 아니면 반대로 아내에게 문제가 있을 수도 있습니다. 그럴 때는 할 수 없습니다. 해도 해도 안되면 각각 따로 살든가 차라리 헤어지는 편이 낫습니다. 억지로 맞춰 살려다간 그나마 눈곱만큼 남아있던 부스러기 정도 사라져 결국에는 웬수 사이로 끝날 수도 있으니까요. 그래도 좋다면 할 수 없습니다만…… 이건 순전히 개인의 선택 문제이니까 여기까지만 하겠습니다. (더 하면 돌멩이 날아올지도 모르니까)

혹 당신, 연습하는 흉내만 냈지 제대로 집중도 안 하면서 드라이버가 너무 안 맞는다고 클럽을 내동댕이쳐 부러뜨리거나 신제품 나올 때마다 허겁지겁 바꿔댄 적 있습니까? 만약 그랬다면 당신 지갑만 축낸 겁니다. 일주일 또는 단 며칠만 지나도 미친 짓을 했다는 후회가 쓰나미처럼 밀려들어 어차피 새 클럽을 장만해야 했을 테니까요. 그리고 원래 쓰던 드라이버가 미쳤습니까? 한 달에 한두 번 볼 구경하는데 잘 맞아줄 리 결코 없습니다. 성질 부린다고 골프 잘 되면 너도 나도 다 성질 부리고, 신제품이라고 다 잘 맞으면 안 바꿀 사람이 어디 있으려고요. 헌 것이라 안 맞고, 새 것이라 잘 맞는 거 아닙니다. 드라이버가 나빠서가 아니라 당신 스윙이 나쁜 건데, 왜 그걸 모르실까?

혹 당신, 사이가 나빠진 아내와의 관계 개선을 위해 말로만 노력한 척 했지 실제로는 모든 문제를 아내 탓으로 돌리고 있지는 않은 가요? 아내와의 불화를 이유로 남몰래 애인 한 명 꼬불쳐 놓곤 이혼하려고 빈틈을 찾는 중이라면 그건 어쩌면 삽질일 가능성이 큽니다. 마음이 안 맞는다고 다 이혼하고 새 여자 찾는다면 세상은 난리법석이 될 겁니다. 원래부터 아내라 퉁명스럽고 애인이라 상냥한 거 아닙니다. 당신이 그렇게 만든 것입니다. 말로만 잘 하겠다는 당신의 거짓에 지친 아내는 이미 마음이 떠난 지 오래입니다. 당신 속셈이 뻔한데 어떤 아내가 거기에 좋아라 장단 맞추겠습니까? 아내를 바꾸고 싶으면 우선 당신부터 바꾸면 됩니다. 새 여자 좋다고 잘못 물었다간 무르지도 못하고 남은 평생이 후회와 한숨의 시간으로 꽉 찰

수 있습니다. 말만 앞세운 당신 잘못이 더 큰 건데, 왜 아니라고 우기실까?

보셨습니까? 드라이버가 얼마나 당신과 닮았는지 이제 감이 잡히셨습니까? 근데 골프를 좋아하면 골프나 열심히 치지 도대체 왜 이런 생각을 하느냐고요? 이왕 골프에 대한 글 쓰는 건데 남들도 다 아는 얘기는 재미없잖아요. 그리고 골프는 인생의 축소판이라고 말들은 많이 하는데 죄다 뻔한 내용이기도 하고. 전 그렇게 대충 넘어가는 꼴 못 봅니다. 파고 들어서 버릴 건 버리고, 얻을 수 있는 건 알뜰살뜰 잘 챙겨야 합니다. 내용 중 껄적지근한 것이 있지만 예방 차원에서 쓴 거니만큼 좋게 생각해 주세요. 골프를 잘 하는 방법을 알면 인생의 많은 문제가 저절로 해결됩니다. 그런 의미에서 끝으로 골프의 신께 감사의 기도를……

"골렐루야~!"

드라이버 4행시

드 · 드럽게 안 맞아준다
라 · 라운드 할 때 마다 속 썩인다
이 · 이런 젠장 또 OB냐?
버 · 버린 볼만 해도 수백 개일세

하나 더……

드 · 드디어 이윽고 마침내
라 · 라운드를 끝냈다
이 · 이런 젠장 스코어 좀 봐라
버 · 버디는 없고 보기, 더블만 수두룩하네

또 하나 더……

드 · 드라이버만 잘 맞아줘도
라 · 라운드 나가서 걱정할 거 하나도 없는데
이 · 이런 젠장 이번엔 해저드냐?
버 · 버릴 수도 없고 미치겠네

또또 하나 더……

드 · 드넓은 페어웨이 다 외면하고
라 · 라이도 안 좋은 러프만 찾아 다니니
이 · 이래서야 골프 칠 맛 나겠나?
버 · 버티고 또 버텨도 늘 도시락 신세일세

또또또 하나 더……

드 · 드라마도 이런 드라마가 없네
라 · 라이브로 생방송하고 싶네
이 · 이런 경사가 언제 또 있으려나
버 · 버디를 무려 3개나 잡다니……

또또또또 하나 더……

드 · 드롭을 해야 하는데
라 · 라이가 왜 이래?
이 · 이리 봐도 저리 봐도 엉망이네
버 · 버벅거리다 보니 더블 보기일세

또또또또또 하나 더……

드 · 드라이버 4행시 또 해보라고요?
라 · 라면발인 줄 아시나, 이 양반이……
이 · 이 정도면 됐지 뭘 더 바래요.
버 · 버릇 좀 고쳐요. 언제까지 그럴래요?

<u>ㅎㅎㅎ</u>……웃자고 머리 좀 써봤습니다. 하나도 안 웃긴다고요? 이런~웃어주면 어디 덧나요? ^^

골프, 사람을 닮다

세상에서 가장 슬픈 존재가 있습니다. 그 존재는 바로 사람입니다. 일찍이 석가는 '인생은 고해다'라고 설파했습니다. 사람의 삶이 얼마나 고달프고 힘들면 모진 수행 끝에 해탈한 석가의 첫 번째 화두가 '인생은 고해다'라는 그 한 말씀이었겠습니까? 인생이 고해이기 때문에 세상 모든 사람들은 행복해지기를 갈망합니다. 행복의 기준이 무엇이든지 행복해지기 위해서라면 못할 일도, 못할 짓도 없습니다. 그것이 바로 사람은 슬픈 존재임을 스스로 인정하는 것입니다.

    인간은 자연에서 태어났지만 자연을 거부하고 '인간 세상'이라는 새로운 세상을 만들었으나 인간의 DNA는 끊임없이 자연이라는 고향을 갈망합니다. 그러나 인간이 다시 자연으로 돌아가기에는 너무 멀리 왔습니다. 그래서 사람들은 자연을 용도 변경시켜 골프장을 만들었습니다. '세상에~ 골프장이 만들어진 이유가 그렇다고?' 눈부터 동그랗게 뜨시는 분! 제 말이 사실이냐 뻥이냐 따지지 마세요. 그냥 폼 나게 시작하고 싶

었을 뿐이니까요. 그래도 분위기 있게 시작하니까 느낌이 약간 색다르지 않았나요? ^^;

18개의 골프 코스는 사람들이 헤쳐나가야 하는 인생길을 닮았습니다. 1번 홀에서 출발한 후 18번 홀을 끝낼 때까지 골퍼들은 산과 들을 넘고 물을 건너며 온갖 역경들을 헤쳐 나가야 합니다. 그렇게 골프 코스에서 만나게 되는 천 가지 시련을 겪어내면 비로소 골프가 무엇인지 어렴풋이 알게 됩니다. 그래서 골프는 구력 10년쯤 되야 초보 딱지를 뗐다고 하는 겁니다. 사람의 나이로 치자면 약 40살에 비교할 수 있습니다. 아무리 똑똑해도 40전에는 '불혹'이라는 말을 붙이지 않듯이 골프 역시 스코어가 좋다고 해서 골프를 잘 안다고 할 수는 없습니다. '하는 것'은 기술적인 문제이고, '아는 것'은 철학적인 과제이기 때문입니다. 인생이나 골프나 짬밥(잔밥)이 그만큼 되야 느낄 수 있는 '그 무엇'이 있는 겁니다.

그럼 다시 본론으로 돌아가서 골프가 사람을 닮았다고 했으니 '사람이 슬픈 존재라면 골프도 슬픈 무엇'이라는 얘기인데 도대체 골프가 슬픈 이유는 뭘까요? 글쎄…… 뭘까요? 말을 그렇게 풀어 놓고 보니 저도 얼른 답이 안 나옵니다. 이런 거 아닐까요? 대부분의 사람들은 최선을 다해서 삶을 열심히 살아갑니다. 하지만 삶은 잔인한 면이 많아서 열심히 산다고 해서 원하는 것을 절대로 쉽게 주지 않습니다. 어떤 경우에는 주는 것 하나 없이 오히려 빼앗아 가기도 합니다. 그래도 사람들은 삶의 무수한 심술에도 좌절하지 않고 더 열심히 살아갑니다. 그러기에 사람들은 내 삶이든 남의 삶이든 애틋한 마음으로 바라보며 눈물을 흘리기도 합니다. 그러나 그것은 슬퍼서 슬픈 눈물이 아니라 진심이 담긴 '아름다운 슬픔'입니다.

골프도 그렇습니다. 프로든 아마추어든 모든 골퍼들은 좋은 스코어를 내기 위해 주어진 형편 내에서 열심히 연습을 합니다. 그러나 골프 역시 열심히 한다고 마음대로 되는 것이 아닙니다. 연습을 하는데도 오히려 더 나빠질 때도 있습니다. 골퍼들은 크고 작은 부상을 입으면서도 골프를 포기하지 않습니다. 사실 골프만큼 눈에 보이지 않게 천천히 실력이 나아지는 운동도 없을 겁니다. 골프가 그런 운동임을 이해하는 데도 꽤 많은 시간과 깨달음이 필요합니다. 잘하면 잘하는 대로 못하면 못하는 대로 현재의 수준을 뛰어넘으려면 많은 공을 들여야 합니다. 한 여름 연습장에서 온 몸에 비 오듯 땀을 흘리며 스윙 하는 모습을 보면 측은지심이 느껴집니다.

잠깐만이요……너무 작위적인 냄새가 나요? 하긴 아마추어 골프가 무슨 인간 승리 드라마도 아니고 그저 취미활동을 열심히 하는 것뿐인데 거기서 측은지심을 느낀다는 것은 제 생각에도 무리가 있긴 있네요. 그럼 여태 한 말이 다 필요 없는 헛소리라는 얘기인데요……어떡하지요? 주제를 잘못 잡은 건가요? 설마 그럴 리가요……다시 고민을 해보겠습니다.

사람이 슬픈 존재라는 것은 삶의 과정을 머리가 아닌 가슴으로 들여다본 철학적 명제입니다. 골프가 사람을 닮았다는 것은 사람이 삶을 살아가는 것과 골프에서 구력을 쌓아가는 모습 등이 닮았다는 것입니다. 그럼 골프의 철학적 명제는 무엇일까요? 저는 '알지만 모르는 문제'라고 생각합니다. 골프는 머리로는 다 알지만 몸으로 하려면 죽었다 깨어나도 안 되는 부분들이 꼭 있습니다. 그런 부분들 즉, 안 되는 것을 되게끔 하려는 생고생을 '슬픈 노력' 정도로 해석할 수 있지 않을까 싶습니다.

사람의 삶도 실은 '알지만 모르는 문제' 투성이입니다. 삶은 물질이라는 욕심을 버리면 편해지고, 골프는 힘이라는 욕심을 버리면 쉬워집니다. 누구나 그렇다고 알고 있습니다. 그러나 욕심이란 것의 정체는 버리고 싶은데 버려지지 않는 것이고, 힘 역시 빼고 싶은데 못 빼는 것입니다. 불가에서는 욕심을 버리려는 자체가 욕심이라 하고, 골프에서는 힘을 빼려는 자체가 힘이라 합니다.

드디어 정리가 된 것 같지 않습니까? 사실 이번 주제는 실시간으로 방송하듯 써보고 싶었습니다. 미리 답을 내놓고 쓰는 글은 아무래도 생동감이 떨어지는 것 같아서 라이브로 써봤는데 그 느낌이 전해졌는지는 잘 모르겠습니다. 하긴 저도 '라이브 글쓰기'란 말은 듣지도 보지도 못했습니다. 어쨌든 영국의 골프 평론가 헨리 롱허스트의 명언 한 마디와 함께 마감 들어갑니다.

> "골프를 보면 볼수록 인생을 생각하게 하고, 인생을 보면 볼수록 골프를 생각하게 한다"

두 번째 수다

퍼터

두 번째 수다

퍼터 Putter

세상의 모든 이들에게 겸손을 가르치는 골프 클럽이 있습니다.

퍼터라고 불리는 예민하고 섬세한 여성적인 클럽입니다.

그녀는 어찌나 잘 삐치는지 조금만 마음에 안 들어도 골퍼들의 애간장을 태웁니다.

그래도 골퍼들은 그녀 앞에서 고개를 숙이며 사정도 하고 기도도 합니다.

언젠가는 한 몸이 되어 퍼귀(퍼팅 귀신)로 만들어 줄 것으로 믿고 말입니다.

그런 날이 오기는 올까요?

어쩌면 그녀는 그럴 마음이 전혀 없을지도 모릅니다.

버디 홍수를 꿈꾸느니 차라리 로또 당첨을 기대하는 것이 빠를지도 모릅니다.

당신의 희망과 내 희망이 다르듯 내 퍼팅과 당신의 퍼팅은 다릅니다.

그래도 퍼팅에 대한 우리의 꿈은 하나입니다.

그 꿈이 서로 다른 당신과 나를 하나로 묶습니다.

당신의 짜릿함을 위한 당신의 퍼팅을 위한 '수다 퍼터' 들어갑니다.

108밀리미터의 블랙 홀 그리고 퍼팅

드라이버로 시작한 골프는 그린에서 퍼터로 마감됩니다. 네, 당연한 얘기입니다. 그러나 결코 당연하지 않은 것이 퍼팅의 세계입니다. 드라이버는 'Show'이고 퍼터는 'Money'라는 말도 있듯이 퍼팅이야말로 진정한 골프의 꽃이라 할 수 있습니다. 역시 많이 들어본 얘기인가요? 원래 진리에 가까울수록 뻔한 얘기로 시작되는 법입니다. 퍼팅은 지름 10.8센티미터의 홀에 볼을 넣기만 하면 됩니다. 문제는 어떻게 넣느냐인데, 그 어떻게 때문에 모든 골퍼들이 그토록 애를 쓰는 겁니다. 그래서 퍼팅에 대한 얘기는 아무리 많이 해도 지나침이 없습니다. 자, 이제부터 퍼팅의 세계로 가봅시다. 마음을 열고 눈만 따라 오시면 됩니다.

퍼팅은 그린에 오기까지의 모든 샷에 대한 최종 확인입니다. 300야드의 드라이버도, 송곳 같은 아이언 샷도 단번에 볼을 홀에 넣지 않는 이상 결국엔 퍼팅을 해야 끝이 나는 것입니다. 퍼팅을 잘 했다는 것은 마무리

를 잘 했단 것이고, 퍼팅을 못 했다는 것은 막판에 죽을 쒔단 말입니다. 눈치 빠른 골퍼라면 이쯤에서 퍼팅이 우리에게 주는 교훈을 떠올릴 수 있어야 합니다. 아무리 과정이 좋았어도 끝이 나쁘면 말짱 도루묵이라는 바로 그 교훈 말입니다.

막판에 죽 쑤기는 우리 일상에서도 아주 흔한 일입니다. 일사천리로 진행되던 사업이 한 순간의 판단 착오로 계약 파기가 된다든가, 시험공부 엄청 준비했는데 답안지를 한 칸씩 밀려 썼다든가 또는 끝까지 버티다가 팔아버린 주식이 다음 날부터 바로 상한가를 친다든가 등등 이런 것들이 다 퍼팅에서 '브레이크 라인'을 잘못 읽었거나 너무 긴장한 탓에 말도 안 되는 삽질을 한 것과 같은 경우입니다. 그러나 완전히 반대의 경우도 얼마든지 있을 수 있습니다.

골프가 잘 되는 날은 왜 잘 되는지 모르지만 그냥 잘 됩니다. OB라고 생각했던 볼이 나무나 돌을 맞고 페어웨이에 떨어진다든가, 세컨 샷 탑핑이 났는데 그 볼이 끝까지 굴러서 버디 찬스가 된다든가, 어려운 자리에서 간신히 한 샷이 그대로 칩 인 버디가 되는 등 운이 좋은 날은 마치 귀신에 홀린 듯이 만사 OK 땡큐입니다. 인생이 잘 풀릴 때도 그렇습니다. 반쯤은 속아서 샀던 땅이 갑자기 규제가 풀려서 개발이 되고, 깡통 직전의 주식이 한 달 내내 상종가를 치고, 생각지도 못했던 연말 상여금이 200%씩 나오는 등 모든 일이 술술 잘 풀려 말 그대로 아름다운 인생이 눈 앞에 펼쳐집니다.

퍼팅을 잘하면 골프가 많이 쉬워지고, 일상에서 마무리를 잘하면 인생이 많이 편해집니다. 하지만 퍼팅을 할 때는 그 어느 누구라도 얌전히 고개를 숙여야 합니다. 고개를 빳빳이 들고는 퍼팅을 할 수가 없습니다. 겸손과 집중을 배워야 하는 순간이기에 고개 숙이기는 필연입니다. 그러나 과거 우리 대통령 중 한 분은 볼이 그린 위에만 올라가면 무조건 OK 였다고 합니다. 일국의 원수가 작은 구멍에 볼 넣겠다고 함부로 고개를 숙이는 일 따위를 할 수 없다는 것이 그 분의 지론이었다고 합니다. 전혀 확인이 안된 유언비어 수준의 야사이지만 대통령 정도 하시려면 그만한 자존심과 배짱이 있어야 하겠지요. 네, 기꺼이 인정합니다! 그래도 규칙은 규칙이므로 당신은 절대 반대라고요? 네, 그것도 기꺼이 인정합니다.

홀의 크기는 지름이 10.8센티미터, 즉 108밀리미터입니다. 108이란 숫자 어디선가 많이 보셨지요? 불가에서 말하는 번뇌의 가짓수가 바로 108개입니다. 이름하여 '108번뇌'입니다. 바로 요 우연성 때문에 혹자는 골프가 중국에서 시작되었다고 우기기도 합니다. 그런데 골프⋯⋯ 부처님이 만들지는 않았을까요? 세상에 우연은 없다고 했는데 어떻게 '108'이란 숫자가 저리도 정확히 일치하는지 신기할 따름입니다. 그러나 사실 홀의 정확한 크기는 107.9밀리미터라고 합니다. 일종의 반올림이지요. 그 길이가 정해진 이유 역시 번뇌하고는 전혀 상관이 없고 성인남자가 홀에서 볼을 꺼내는데 필요한 최소한의 크기라고 합니다. 어쨌거나 저쨌거나 그린 위에서 홀을 바라보고 있노라면 온갖 생각이 다 드는 건 누구라도 어쩔 수 없을 것입니다.

저는 쇼트 퍼팅에 약간의 징크스를 갖고 있습니다. 1미터 안팎의 퍼팅만 남겨 놓으면 늘 가수 김수희의 '그대 앞에만 서면 나는 왜 작아지는 가……'라는 노랫말을 떠올리는 버릇이 있는데, 아마 그 거리가 제게는 피할 수 없는 108번뇌의 순간이라 그런가 봅니다. 그래도 저만 그런 것이 아니라 조금 안심은 됩니다. 홀 앞에만 서면 마음이 불안해지고, 심장이 쪼그라들고, 입안이 바짝 마르고, 손이 바들바들 떨리는 경험은 골퍼라면 한번쯤은 겪는 일이기 때문입니다. 그런 불안감이 극도에 달하면 '퍼팅 입스(Putting Yips)'라는 병이 생기는데 저는 단세포라 그 정도로는 예민하지 않습니다. 퍼팅 입스에 걸리면 긴장감 때문에 30센티미터 퍼팅도 OK를 안주면 홀 인을 제대로 못합니다. 실제로 2012 LPGA 첫 메이저 대회인 크래프트 나비스코 대회 18번 홀에서 김인경 선수가 30센티미터 우승 퍼팅을 실수하는 바람에 유선영 선수에게 우승컵을 내주는 빌미를 제공한 적이 있습니다. 물론 김인경 선수가 퍼팅 입스 때문에 그런 것은 아니지만 퍼팅 입스 만만히 보고 설마 하는 분, 조심하세요. 한 번 걸리면 죽습니다.

이처럼 퍼팅은 아무리 초연하고 싶어도 골프를 치는 이상 절대로 초연할 수 없습니다. 참 이상하지요? 사람이 죽고 사는 것도 아닌데 그깟 퍼팅이 뭐라고 왜 그리도 골퍼들의 숨통을 조이는지 말입니다. 성질 같아선 홀 크기를 두세 배로 늘리고 싶지만 다들 녹색괴물 슈렉 콧구멍만 한 그 크기가 좋은가 봅니다. 아무도 키울 생각을 안 하니 말입니다. 하긴 구멍은 작을수록 구멍답고 또 그래야 호기심이 생기지 본새 없이 크기만 하면 별 흥미가 없을 것 같기도 합니다. 호사가들이 앞다투어 말하는 골프와 섹스의 닮은 점 중 가장 닮은 것을 고르라면 아마 이 부분이 아닐까요?

반쯤 넋 놓고 글을 읽다 '엥, 무슨 이게 소리?'라며 눈 크게 뜨신 분, 정신 차리고 집중하세요. 집중하랬다고 더 야한 얘기가 나오지 않을까 기대 마시고 혼자 상상하세요. 여기서 더 진도 잘못 나가면 제 글 죄다 편집 당할 수도 있으니까요.

해도 해도 끝이 없는 퍼팅 수다, 첫 번째 이야기 오늘은 이쯤에서 마무리하겠습니다. 다음 편에는 좀 더 재미있는 퍼팅 수다를 약속 드리며…… 빼먹으면 안 되는 퍼팅 명언 한 마디!

"비록 신이라 해도 퍼팅 연습은 해야 한다"

하수들의 공통점 하나……
'퍼팅 그렇게 어렵지 않던데요?'

이제 갓 100파를 했거나 그 언저리에서 스코어가 들쭉날쭉 하는 초보 골퍼들은 라운드 뒷담화를 즐길 때 퍼팅에 관한 수다는 거의 하지 않습니다. 하는 분들도 있겠지만 제가 들어본 적이 별로 없다는 얘기입니다. '어, 난 하는데?' 이러지 마세요. 초보 시절의 저 역시 그랬던 것 같습니다. 누구랑 퍼팅에 관한 얘기를 별로 한 기억이 없는 걸 보면 틀림없이 퍼팅 알기를 포켓볼 정도로 여겼을 겁니다. 그렇다고 퍼팅에 특별한 재주가 있는 것도 아닌데 무슨 배짱으로 그랬는지는 모르겠습니다. 지금 생각해 보니 배짱이 아니라 뭘 몰라서였습니다.

연습장에서 열심히 노닥거리고 있으면 슬그머니 다가오는 이들이 가끔 있습니다. 눈이 마주치면 꾸벅 인사를 하며 뜬금없이 담배 한 대를 권합니다. 그리곤 열이면 예닐곱은 스코어 카드를 주섬주섬 꺼내 들며 '오늘 어디 골프장엘 갔었거든요?' 이러면서 말문을 엽니다. 19홀에서 막걸리 몇 잔 하느라 불콰해진 얼굴엔 미처 흥분이 가시지 않았습니다. 그럼 얼른 감을 잡고 분위기 잡아주는 게 예의인지라 몇 개나 쳤냐며 설레발을 떨어줍니다. 무슨 얘기를 할지 안 들어도 뻔하지만 말입니다. 근데 왜 꼭 저를 찾아 오는 걸까요?

술 냄새 풍기는 것이 미안한지 연신 입을 손으로 막으며 라운드 얘기를 시시콜콜 하는 모습을 보면 귀엽기까지 합니다. 아~알겠네요, 왜 저를 찾아 오는지 말입니다. 얘기를 들어줘서 그러는가 봅니다. 왜 초보시절에는 그러잖아요? 잘 나가다 몇 번째 홀에서 OB가 났고, 누구는 홀 인원을 할 뻔했다느니 어쩌느니 그런 얘기들 하고 싶어 하잖아요? 제가 동네 아줌마처럼 얘기를 잘 들어주기도 하고 맞장구도 잘 쳐주거든요. 제가 뭐 달리 수다 골퍼겠습니까? ^^

그런데 얘기의 주제는 한결같이 드라이버, 아이언 그리고 OB에 대한 것입니다. 아니면 아웃코스(out course)와 인코스(in course)의 스코어 차이에 대한 얘기거나요. 도대체 왜 그러는 걸까요? (개그 콘서트의 불편한 진실 톤으로 읽기) 한참을 들어 줘도 비슷한 얘기의 반복입니다. 적당한 때에 묻습니다. 퍼팅은 어땠냐고 말입니다. 그러면 이 귀여운 초보 골퍼들은 잠시 생각을 하는 듯 하지만 대답은 역시 한 가지입니다. '퍼팅이요? 별로 이상한 거 없었는데요? 보통 투 퍼팅하고 어쩌다 쓰리 퍼팅……퍼팅은 그럭저럭 잘 하는 편이에요.' 저 말문이 막혀서 입맛만 쩝쩝 다십니다. '아~ 그래요? 난 퍼팅이 제일 힘들던데. 감각이 좋은가 봐요?'

참 신기한 일입니다. 어쩌다 백돌이 백순이 초보 골퍼들과 라운드를 나가면 대부분 숏 게임이나 퍼팅에서 점수를 다 까먹던데 정작 본인들은 드라이버와 세컨 샷을 잘못 쳐서 스코어가 나쁘다고 생각합니다. 하긴 왜 안 그렇게 생각하겠습니까? 온 정신이 몽땅 드라이버와 우드 또는 아이언 샷에만 팔려 있는데 퍼팅이 어땠는지 미처 신경 쓰일 리가 없지요. 그래도 그게 아닌지라 붙잡고 조분 조분 얘기를 합니다. 드라이버나 퍼팅이나 같은 한 타이니까 퍼팅 숫자 관리도 해야 한다고 말입니다. 고개를 끄덕이며 이해하는 척 하지만 표정은 여전히 퍼팅 전선 문제없다 입니다. 그 얼굴에 대고 한 마디 더 했다가는 '너나 잘 하세요~!' 이럴지도 몰라 그쯤에서 입을 다물고 맙니다.

이런 말이 있지요? 모르는 건 손에 쥐어 줘도 모른다고요. 그렇습니다. 무언가를 깨닫는데 지름길은 없습니다. 아무리 훌륭한 가르침과 교훈이 있어도 그걸 깨닫기 위해서는 최소한의 시간이 필요합니다. 보는 것만으로, 듣는 것만으로 세상 이치를 꿰뚫는다면 얼마나 좋을까가 아니라 사는 것 자체가 무의미해질지도 모릅니다. 궁금한 것이 없는데 무슨 재미로 살겠습니까, 안 그래요?

어떤 깨달음의 가치가 크면 클수록 사람들이 깨닫는데 소요되는 시간은 더 길어집니다. 아직 그 수준에 도달하지 않은 이들이라면 모르는 것이 당연하고 몰라야 합니다. 삶도 골프도 긴 여정입니다. 조금 더 일찍 알았다고 또는 조금 더 늦게 알았다고 해서 문제될 것 없습니다. 어쩌면 그 불완전함이 우리를 바른 길로 이끌고 있는 것인지도 모릅니다. 나중에 알아도 될 것이나 나중에 알아야 할 것을 미리 알아서 정상적인 흐름을 왜곡시킬 필요가 없습니다. 모든 것은 순리적으로 이루어지는 것이 훨씬 좋습니다. 믿어도 좋습니다. 아니 믿으셔야 합니다.

그러나⋯⋯웬일로 잘 나가나 싶었는데 But이 치고 들어왔습니다. 저렇게 순순히 끝나면 수다가 아니지요. 수다의 생명은 끝없는 변신과 반전입니다. 앞에 말씀 드린 건 순전히 멘트용 발언입니다. 지금부터 진짜 수다가 시작됩니다. 수다의 마지막은 짧고 굵게 끊어 쳐야 합니다.

세상의 어떤 일이든 '선험'이 있고 '후험'이 있습니다. 이크, 취소~! 너무 깊이 달렸습니다. 철학하는 것도 아닌데 괜한 건방 떨 뻔 했습니다. 고수가 있고 하수가 있다는 말을 멋지게 표현하려다 그랬습니다. 고수는 하수가 하는 행동 하나만 봐도 뭘 하고 싶어하는지 단박에 알아 챕니다. 그래서 고수입니다. 하수라고 해서 함부로 가르치거나 교정 들어가지 않습니다. 정말 중요한 걸 놓쳤을 때만 한 마디 짚어줄 뿐입니다. 고수는 하수에게 한마디 해주기 위해 먼저 하수의 모든 걸 지켜봅니다. 그리고 나서야 비로소 한 마디 '핵심 팁(Tip)'을 던지는 겁니다. 지나가다 흘깃 보고 이빨 사이로 침 뱉듯 던지는 말이 아니라는 겁니다.

그런데 왜 하수들은 고수의 금싸라기 같은 말을 한 쪽 귀로 흘려 듣습니까? 하수라고 해서 경험이 부족한 것뿐이지 바보가 아니잖습니까? 진짜 중요한 것이 퍼팅이라고 하면 꺼진 불도 다시 보듯 퍼팅 점검해야 합니다. 퍼팅 연습을 드라이버 연습하듯 해보라면 해봐요. 당장에 5타 이상 줄어듭니다. 거시기인지 된장인지 꼭 먹어봐야 압니까? 정작 중요한 것은 무시하고 엉뚱한 데만 신경 쓰다가 나중에 엄살 떨지 말고요. 퍼팅이 어렵다고 할 때에는 다 이유가 있어서 그런 건데 뭐가 어째요? 퍼팅 별로 어렵지 않다고요? 빨리 고수가 되고 싶으면 고수가 하는 충고, 귀 싹싹 깨끗이 씻고 잘 들으란 말입니다. 알겠어요? 다음에 또 그러면 국물도 없습니다.

자, 하수님들 잘 알아 들었으리라 믿고 오늘의 한 마디 들어갑니다.

"골프라는 불가사의한 게임 중 가장 불가사의한 것은 퍼팅이다"

퍼팅, 때리거나 밀거나 혹은 굴리거나……

어떤 특정 스포츠를 할 때 힘을 쓰는 요령은 종목과 상황 그리고 사람에 따라 전혀 다릅니다. 모든 운동 중에서도 골프의 다양성이 가장 크지 않나 싶은데 제가 골프 마니아라서 그런가요? 혹 다른 견해를 가진 분 약간의 불만이 있어도 그냥 피식 웃어 넘기세요. 혼자 흥분하셔봤자 제가 들을 수도 없을뿐더러 심각하게 하는 말도 아니니까요. ^^;

제 골프 구력은 약 15년입니다. 골프 좀 쳤네 내세우기에는 많이 미흡합니다. 그런데 왜 굳이 구력을 밝히느냐고요? 아따~ 성질도 급하십니다. 보채지 않아도 조잘조잘 다 털어놓을 테니 기다리세요. 그 15년 동안 단 한 번도 같은 스윙 폼을 보지 못했다는 거, 정말 신기하지 않습니까? 같은 프로에게 배운 사람들도 폼이 전혀 다릅니다. 네? 당연한 거라고요? 같은 아빠, 같은 엄마 뱃속에서 나온 아이들 생김새도 다른데 뭐가 그리 신기하냐고요? ……네, 그렇네요. 그렇게 비교하니까 정말 그렇습니다. 쩝~ ㅜ.ㅜ……그냥 하려던 얘기 진도 나가겠습니다.

　수다쟁이들은 호기심이 참 많습니다. 자칭 수다 골퍼인 저, 당연히 궁금한 거 어마 무시하게 많습니다. 그래서 맞든 안 맞든 분석하기를 좋아합니다. 가끔 동반자들에게 '또 분석하려고 그러지?'라는 핀잔을 듣지만 제 버릇 누구 주겠습니까? 또 분석 들어갑니다. 일반적인 스윙 폼은 골퍼의 신체적인 특징에 의해 미리 정해진다고 합니다. 물론 골퍼의 성격도 어느 정도는 반영이 되겠지요? 성격이 급한 사람의 스윙은 아무래도 빠르고, 느긋한 사람의 스윙은 확실히 여유가 있습니다. 그런데 겉모습으로는 도저히 예측할 수 없는 폼이 있습니다. 바로 퍼팅 자세입니다.

　뻣뻣하게 서서 치는 사람, 다리를 한껏 벌리고 치는 사람, 두 발을 얌전히 모으고 치는 사람, 잔뜩 웅크리고 치는 사람, 설렁설렁 치는 사람, 묵념하듯 치는 사람, 그저 그런 평범한 사람 등등 각양각색 백인백색입니다. 당신은 어떤 스타일인가요? 저는 한때 웅크리는 것도 모자라 웅크리고 쳤더니 친구들이 보기 싫다고 하도 구박을 해 요즈음은 자세를 좀 높이고 있습니다. 누가 봐도 간지나는 폼으로 치고 싶지만 볼이 몇 번만 홀을 지나치면 어느새 폼이 쪼그라듭니다. 아무래도 저는 간이 콩알만한 새 가슴 골퍼인가 봅니다. 어? 그렇다고 만만히 보지는 마세요. 그 분(?)이 오신 날은 미친 듯이 잘 할 때도 있으니까요. ^^

말 나온 김에 폼에 대해서 본격적인 분석 들어가고 싶지만 이 글의 주제는 퍼팅 방식이므로 나중에 따로 하겠습니다. 제목에서 보다시피 퍼팅 스트로크는 때리기와 밀어치기와 굴리기, 크게 3가지로 나눌 수 있습니다. 각 방식은 볼의 스피드에 결정적인 작용을 합니다. 퍼팅에서 가장 중요한 핵심은 방향보다는 스피드입니다. 즉, 거리라는 말씀입니다. 쓰리 퍼팅이나 포 퍼팅을 하는 이유는 거의 스피드 조절에 실패해서 그렇습니다. 퍼팅 스피드는 그린의 빠르기에 의해 좌우됩니다. 느린 그린에서는 아무래도 볼을 때리기 쉽고, 빠른 그린에서는 밀거나 굴리는 것이 유리합니다. 그렇다고 매번 스트로크 방식을 바꾸는 것은 결코 좋은 생각이 아닙니다. 그렇다면 가장 좋은 방식은 어떤 것일까요? 이 얘기 하는데 서론 엄청 길었습니다. 완전 수다 바가지입니다.

때리는 방식은 말 그대로 '딱' 때리는 것입니다. 만약 볼에게도 감정이 있다면 때리는 것을 좋아할까요? 볼은 맞기 위해 태어났으니 때려야 말을 듣는다고요? 참 내, 때리면 들어갔다가도 튀어나옵니다. 때리니까 일단 가긴 가지만 가다가 생각하니 은근히 열 받으니까 튕기는 겁니다. 두들겨 맞고 좋아할 사람 없듯이 힘으로 때리는 거 볼도 무진장 싫어합니다. 그리고 때리는 방식은 골퍼의 컨디션에 따라 힘 조절이 제멋대로일 수 있다는 것이 가장 큰 문제입니다.

그럼 밀어치기는 어떨까요? 좋다 나쁘다 따지기 전에 이런 생각 먼저 해봅시다. 가만히 있는데 누가 님의 등을 떠밀면 어떨 것 같습니까? 밀리면서도 일단 누군가 하고 뒤를 돌아보겠지요? 볼도 그렇습니다. 밀어친 볼은 일정 거리를 회전 없이 밀려가다가 나중에 구르게 되는데, 그 모양새가 마치 주인에게 억지로 끌려가다 할 수 없이 쫄랑쫄랑 따라가는 강아지 새끼처럼 보입니다. 비유가 끝내주지 않습니까? 이런 상상력은 저 같은 수다 골퍼나 하는 겁니다. 칭찬해주세요. 별 거지 발싸개 같이 쓸 데 없는 자랑질 인가요? 하하하~ 한 번 웃자고 해본 말입니다. ^^

미는 스트로크의 가장 큰 약점은 쇼트 퍼팅 시 자칫 투 터치를 범할 수도 있다는 것입니다. 미는데 집중하다 보면 퍼터 헤드가 볼보다 앞서는 경우가 발생하기 때문입니다. 그리고 긴장하면 슬쩍 문지르고 말아 소위 공무원 퍼팅을 하게 될 수도 있다는 거. 몸에 익을 때까지 많은 연습이 필요한 스트로크입니다.

마지막 굴리기만 남았습니다. 어떤 스트로크를 권장할지 이미 답이 정해졌나요? 굴리는 스트로크는 당구의 오시(볼의 윗부분을 치는 타법)와 같은 타법입니다. 방향과 거리 조절에 가장 유리하다고 합니다. 굴리는 방식은 일단은 볼의 '구름'이 일정하기 때문에 미스 퍼팅의 소지를 미연에 방지할 수 있습니다. 할 수 있는 모든 방법을 다 해보던 저도 결국엔 이 굴리는 퍼팅을 연습하고 있습니다. 그래서인지 요즘은 버디도 심심찮게 나오고 퍼팅 성공 확률이 확실히 높아졌습니다. 사람을 부릴 때도 때리거나 미는 것 보다는 스스로 굴러가게끔 해야 잘하는 겁니다.

위의 세가지 방식을 이해하는데 가장 좋은 방법은 바로 눈 앞에서 보여주는 것입니다. 하지만 여기서는 글로만 설명을 해야 하기에 아쉬움이 남습니다. 어쩌겠어요? 일단은 머리부터 이해를 시키고 연습을 하는 수밖에요. 그러나 퍼팅은 지극히 개인적인 감각의 문제라 '이 방법이 최선이다'라고 주장하거나 우길 수는 없습니다. 내게 절대적인 방법도 남에겐 선택의 문제일 수 있듯이 퍼팅 또한 골퍼의 선택이 우선입니다. 제 아무리 예쁜 여자라도 내 눈에 안경이 아니면 아무 소용없습니다. 곰보든 째보든 내게 맞으면 내 '짝'입니다. 외모에만 연연해 하지 말고 나만의 짝을 찾는 것이 삶의 지혜이듯이, 퍼팅에서도 때리든 밀든 굴리든 당신에게 꼭 맞는 노하우를 찾기를 바라며…… 품위 넘치는 퍼팅 격언 하나!

"퍼팅에는 어떤 법도 어떤 품위도 필요 없다"

한 방에 훅 보내는 퍼팅

정중동(靜中動)이란 말이 있습니다. 직역하면 고요한 가운데 움직임을 의미하는 말입니다. 의역하면 겉으로는 웃지만 속으로는 번뜩이는 새파란 노림 수가 숨겨져 있음을 점잖게 표현한 말이기도 합니다. 골프를 가장 정확하게 표현한 말 같아서 글 첫머리로 뽑아 봤습니다. 골프가 어떤 운동이냐고 질문을 받으면 누구나 신사의 운동, 매너의 운동이라고 대답할 정도로 골프는 예(禮)를 중요시 합니다. 말만 그런 것이 아니고 실제로 그렇기도 합니다. 그러나 한편으로는 '남의 불행이 곧 나의 행복'이라는 농담 같은 진담이 뻔뻔스럽게 오가는 곳 또한 골프계입니다.

골프는 외견상 정말 우아한 운동입니다. 그러나 뱀 허물 벗기듯 한 꺼풀만 벗겨보면 지독하리만치 치열한 게임입니다. 그 치열함은 골프를 하지 않으면 결코 알 수 없습니다. 얼마나 어떻게 치열하냐고요? 예전에 '한 방에 훅 간다'라는 개그 유행어가 퍼졌던 적이 있었습니다. 골프야

말로 한 방에 훅 가거나 보낼 수 있는 유일한 운동이 아닐까 합니다. 이번 글은 바로 그 '한 방'에 대해 집중적으로 파고 들어보겠습니다. 어떻게 '한 방'에 훅 가는지 한 방에 보여드릴 건데 한 눈 파시다간 한 방 맞을 수도 있으니 주목, 주목하세요! (농담인 거 아시지요?)

　초보 시절엔 그리 어렵지 않던 퍼팅이 잔디의 역결과 순결이 어떻고, 마운틴 브레이크와 오션 브레이크에 퍼팅 그립 종류, 스트로크 방식 등등의 고급 정보를 슬슬 알아가기 시작하면 '쉬운 퍼팅'의 봄날은 끝이 나게 됩니다. 바로 제가 그런 스타일이었습니다. 강남 스타일이 아니라 하수 스타일이었단 얘기지요. 지금은 어떠냐고요? 뭘 그런 걸 꼬치꼬치 물으세요? 질그릇 닦고 광낸다고 도자기 되는 거 보셨습니까? 태생이 짝퉁이면 죽어도 짝퉁으로 죽는 겁니다. 저는 여전히 퍼팅 지진아입니다. 물론 어떻게 해야 퍼팅을 잘 할 수 있을까 참 오랜 날을 고민에 휩싸이기도 했었지요. 그러나 퍼팅은 지극히 개인적인 문제라 누구에게 물어봐도 뾰족한 묘수가 나오질 않습니다. 마치 은밀한 잠자리 기술(?)과 같아서 공유하기가 여간 까다로운 것이 아닙니다. 하지만 분명 퍼귀(퍼팅 귀신)는 있고, 겉보기엔 어리바리 해도 밤만 되면 침실의 제왕으로 군림하는 이들이 있습니다. 어설프게 그들의 얘기를 듣고 따라 해봐야 본전도 못 건지고 짝퉁 중의 불량 짝퉁으로 전락할 수도 있습니다.

　자, 막지 않으면 결코 끝나지 않는 네버엔딩 수다는 그만 떨고 '한 방 퍼팅' 시작하겠습니다. 가상 시나리오이긴 하지만 완전 뻥은 아니고 실제에 근거를 두었으니 실감 나실 겁니다. 사실과 뻥을 섞은 얘기를 '팩션/Faction(fact + fiction)'이라고 하는데 한글로는 '실뻥'이라고 합니다. ^^ (곁수다 상식: 관객동원 1천만 명을 돌파한 영화 〈광해, 왕이 된 남자〉를 팩션 무비라고 합니다)

당시 상황은 파 4홀에서 드라이버 간신히 OB 위기 벗어나고, 세컨 샷은 푸시 볼이 되는 바람에 볼은 홀에서 가장 먼 프린지에 가까스로 멈춘 상황이었습니다. 속칭 마라도 온 보다 더 먼 대마도 온이었지요. 게다가 그린은 삼단 그린이라 내려갔다가 다시 올라와야 하니 쓰리 퍼트는 기본이고 포 포트마저 불사해야 할 판이었습니다. 아무리 고민을 해봐도 파를 잡기는 불가능해 보였습니다. 순간 이판사판이라는 생각이 불쑥 들었습니다. 이순신 장군 긴 칼 빼듯 분연히 퍼터를 들고는 사군자 난초 치듯이 일말의 망설임도 없이 퍼팅을 했습니다. 볼은 마치 적진 깊숙이 파고드는 게릴라처럼 그린 위를 소리 없이 달려갔습니다. 그런데 아무래도 좀 세게 맞은 듯싶었습니다. 머리 속이 하얘졌습니다. 저대로 가다간 반대편 낭떠러지 같은 벙커로 빠질 판입니다. 모두들 '어어~?' 하는데 볼은 정통으로 깃대를 맞고 튀어 오르더니 그대로 홀 안으로 떨어졌습니다.

'오 마이 갓!' 가슴에서부터 아랫배까지 싸해지는 시원한 느낌이 마치 오르가슴처럼 온 몸을 감싸고 돕니다. 반면에 드라이버, 아이언 잘 쳐놓고 폼 잡고 있던 동반자들 안색이 새파래집니다. 기가 막힌 표정으로 웃으면서 '나이스 퍼팅'을 외쳐주지만 속으로는 굉장히 억울할 겁니다. 저

도 그랬던 경험이 있으니까 그 기분 잘 압니다. 친선이라면 쌍수를 들어 박수를 쳐주겠지만 현금이 왔다 갔다 할 때는 웃는 게 웃는 게 아닙니다. 좋아서 날뛰는 그 친구가 왠지 얄미워 보이기까지 하는데 그런 자신이 좀팽이 같아서 더 속상합니다. 머리 속에 생각이 갑자기 엄청 많아집니다. 마구 뒤엉킵니다. 난데없이 뒤통수를 '한 방' 맞은 나머지 동반자들 퍼팅이 제대로 될 리 없습니다. 그 중 가장 충격 받은 어떤 친구는 뒤땅을 칩니다. 그리고는 어이가 없어 넋을 놓고 퍼터만 쳐다봅니다. 짧았던 첫 번째 스트로크 때문에 파 퍼팅을 세게 칩니다. 또 안 들어가고 멀리 지나칩니다. 멘붕이 퍼붕(퍼팅 붕괴)으로 이어진 것입니다. 보기 퍼팅 아슬아슬 홀 앞을 스치고 섭니다. 전설적인 투 온, 포 퍼팅이 이렇게 되는 것입니다. 완전 망했습니다. 이런 식으로 망하면 100돌이초보라도 절대로 기분이 괜찮을 수가 없습니다. 포 퍼팅을 하면 어디 점수만 망치겠습니까? 기분은 그야말로 개떡이 됩니다. 부처님 같은 사람이라도 욕 안 나올 수 없습니다. 나오고도 남습니다. 바들바들 떨리는 손으로 내기 돈 주고는 먼 산만 바라봅니다. 속으로 울지도 모릅니다.

어떠셨나요? 숨막히는 스릴러 드라마 한 편 본 것 같지 않았나요? 백만 년에 한번 나올까 말까 하는 퍼팅 한 방이 세 동반자들의 넋을 빼고 말았습니다. 이런 것이 바로 '한 방에 보내는 퍼팅'입니다. 모 회사 신발 광고 카피가 이런 경우에 딱 맞습니다. "Impossible is nothing (불가능, 그것은 아무 것도 아니다)" 어떻게 들어갔건 멋진 건 멋진 겁니다. 그 맛에 골프 치는 거니까요. 그래서 골프에 중독되고요. 번번히 골퍼들을 실망시키는 골프 그러나 누구에게도 한 방은 있습니다. 자, 그런 의미에서 맥사(맥주+사이다) 한 잔 쭈욱 들이키며 건배! 참, 오늘 마무리 건배사는 마음 먹은 대로 무슨 일이든 이루자는 의미에서 마무리입니다.

"마무리~!!!"

하수들의 공통점 둘······
'파3 그렇게 어렵지 않던데요?'

　이 주제는 아이언 스윙(또는 우드)과 관련된 것이지만 '하수들의 공통점 하나'와 짝이라 순서를 앞당겼습니다. 이런 걸 '융통성'이라고 합니다. 융통성은 기존 규칙을 살짝 바꿔서 상황개선 또는 효과의 극대화를 노리는 일종의 '변화'입니다. 변화란 틀을 깨는 것입니다. 그러나 원칙 따지기를 좋아하는 사람들은 틀을 깨는 변화요인들에 대해 강한 반발심을 보이는 경향이 있습니다. 그런 사람들을 원칙주의자라고 합니다. 저는 원칙주의자가 아닙니다. 늘 새로운 것을 갈망하며 고정적인 사고의 틀에서 벗어나기를 즐기는 철딱서니 애 어른입니다. 그래서 저는 '원래는~' 이나 '원칙은~'으로 시작되는 말엔 귀를 닫아 버립니다. 네, 제가 원래 원칙적인 사람입니다. ^^

　90대 후반에서 100개 사이를 살짝살짝 넘나들 때가 골프에서 가장 재미를 느끼는 시기입니다. 이때는 조금만 잘하면 금세 스코어가 팍 줄어들 것만 같은 착각이 어찌나 강한지 골프라면 물불 안 가리고 덤벼들게 됩니다. 슬금슬금 골프 중독 증상이 시작된 것이라고 봐도 무방합니다. 그걸 어떻게 그리 잘 아느냐고 묻고 싶은 분, 가만 그대로 가만히 계세요. 제가 겪어봐서 압니다. 그리고 제 주위에 골프 중독에 걸린 몇몇 분이 있어서 더 잘 알고요. 예전에 당구를 한창 배울 때 눕기만 하면 천장에 당구공이 굴러다니더라는 말처럼 골프도 그렇습니다. 눈만 감으면 파란 잔디가 눈앞에 아른아른 거립니다. 하지만 당구는 골프에 비하며 한참 아래입니다. 골프는 중독 증상이 어떤 것보다 더 셉니다. 어느 정도인지 유머 한 꼭지 들려 드릴까 합니다.

어느 날 신은, 가족은 나 몰라라 돌보지 않고 골프에 중독된 어느 사내를 벌 주기로 결심했답니다. 신은 그 사내를 독방에 가두어 놓고는 식사 때마다 비아그라를 잔뜩 넣어 먹였다지요? 그리고 무려 3달 후, 신은 사내 앞에 벌거벗은 여자와 골프 클럽을 들여 놓고는 하는 꼴을 지켜보았답니다. 잠시 망설이던 골프광은 여자를 이리저리 살피더니 여자에게 골프 클럽을 들라고 한 후, 바로 골프장으로 직행을 하더라는……

도박이나 술만 중독이 아닙니다. 골프 중독도 꽤 심각합니다. 과유불급이라 했습니다. 뭐든 적당히 즐기는 것이 장땡입니다. 사실 중독이 꼭 나쁜 중독만 있는 것은 아닙니다. 예를 들어 사랑 중독이나 행복 중독은 오히려 '필, 권장 중독 10선' 중의 하나일 수도 있습니다. 문제는 나쁜 중독입니다. 그럼 골프 중독은 어떤 중독이고 어떤 증세를 보일까요? 좋고 나쁜 판단은 골퍼 각자에게 맡기고 증세는 이렇습니다. 아무리 바빠도 틈만 나면 골프 약속을 잡거나 일상 생활에서 골프에 관련된 시간(생각 포함)이 절대적으로 많다면 의심해볼 필요가 있습니다. 개 풀 뜯어먹는 소리 말고 본론이나 하라굽쇼? 뭔가 찔리시는가 보네요? 근데 풀 뜯어먹는 개 있던데……^^

골프가 중수 정도 되면 파3가 점점 어렵게 느껴집니다. 그리고 실제로도 어렵고요. 하지만 하수 100명에게 물어보면 거짓말 좀 보태서 108명이 파3 어렵게 생각한 적 없다고 합니다. 하지만 고수들이 좋아하는 파5는 어렵다고 합니다. 하수들은 파5에서 트리플 보기, 쿼드러플 보기를 밥 먹듯이 하면서도 파3는 전혀 경계하지 않습니다. 파3가 왜 어려운지 아무리 설명해봤자 별 반응 없이 손에 턱을 괸 채 고개만 끄덕입니다.

왜 그럴까 생각해봤습니다. 면벽하고 약 1시간만에 이런 결론에 도달했습니다. 보통 아마추어 골프는 더블 파가 되면 OK를 줍니다. 파4나 파5에서 더블 파를 기록하면 +4, +5 이지만 파3에서는 그래 봤자 +3 이라는 계산이 나옵니다. 바로 그겁니다. 중, 고수들과는 핸디캡이 다르기 때문에 오는 일종의 착각 중독 때문입니다. 착각 중독이란 모든 것을 자기중심적으로 이해하고 판단하는 것이 체질화 되어있는 상태를 말합니다. 공주병이나 징크스도 일종의 착각 중독입니다.

지나친 자신감이나 패배의식도 같은 범주로 묶을 수 있습니다. 머리 속에 파3는 어렵지 않다고 이미 각인이 되어 있는데 아무리 떠들어봐야 소용없습니다. 스스로 알을 깨고 나올 때를 기다리는 수 밖에 없습니다.

그렇다면 파3가 어려운 이유는 도대체 무얼까요? 이유는 단순합니다. 한 번의 티 샷으로 그린에 볼을 올려야 하기 때문입니다. 아차 실수해서 해저드나 OB가 나면 파를 할 가능성이 99% 없기 때문입니다. 일전에 싱글 핸디캡퍼 네 명이 90미터 파3 홀에서 아무도 온 그린을 못 했던 적도 있었습니다. 아는 거만큼이나 생각도 많은 고수들이 오히려 그런 짓을 하는 겁니다. 하수들은 뭘 따지고 말고 할 것이 없으니까 단순한 스윙을 합니다. 그래서 쉽게 느껴지는 겁니다. 고수들은 붙이려고 하지만 하수들은 올리려고만 합니다. 세상 일도 욕심만 버리면 그리 어렵지 않을 겁니다.

뭘 몰라서이든 어쨌든 그런 자세는 오히려 하수에게 배워야 합니다. 세 살짜리 애한테도 여든 노인이 배울 것이 있다고 했습니다. 이쯤에서 어떤 분은 착각 중독이 꼭 나쁜 것만은 아니라는 걸 눈치챘을 겁니다. 착각 중독은 일종의 플라시보 효과와도 같습니다. 무대포만 아니라면 인생에도 골프에도 적정 수준의 착각은 오히려 플러스가 될 수도 있습니다. 말은 참 그럴싸하게 합니다만 저는 고수도 아닌데 왜 파3가 어려운지 그것도 문제는 문제입니다. 에휴 =33 한숨이 나오는군요.

결론만 말하지 왜 착각 중독이니 어쩌니 장황하게 수다를 늘어놓았느냐고 투덜거리는 분들을 위해 수다 좀 더 떨겠습니다. 익히 들어보셨듯이 골프는 기술이 10%, 멘탈이 90%인 운동이라고 합니다. 제 아무리 훌륭한 스윙을 가졌다고 해도 멘탈이 무너지면 스윙도 무너집니다. 바로 '멘붕'이 '스붕(스윙 붕괴)'을 초래하는 겁니다. 멘붕을 겪지 않으려면 골프를 이해해야 합니다. 기술은 연습을 통해 습득할 수 있지만 멘탈은 확신을 통해 올바로 설 수 있습니다. 확신을 얻기 위해선 이해라는 터널을 통과해야만 합니다. 프로 골퍼들이 멘탈 확립을 위해 전문 상담을 받는 것은 익히 알려진 사실입니다. 저 혼자 떠드는 수다가 전문적이지는 않겠지만 흉내 정도는 낼 수 있잖아요? 제 수다는 힐링(healing) 수다입니다. 네~저도 착각 중독증이 있습니다. ^^

오늘의 수다가 여러분들의 골프를 위한 보양 수다가 되기를 바라며 하이 파이브~!!! 참, 오늘의 한 마디는 네이버 지식 in에서 전격적으로 골라봤습니다. 너무 너무 공감 만땅이라서요.

'골프는 바람 피우는 것과 비슷하다. 아무렇지도 않은 듯 하면 별 재미가 없지만, 신중히 하면 가슴이 아파오기도 한다.'

퍼팅, OK 또는 NOK

아마추어 골프에서 가장 애매한 부분을 뽑으라면 아마 'OK'에 관한 것일 겁니다. 좋아하는 지인들과 친목으로 라운드를 돌 때는 어지간한 거리라도 기분 좋은 컨시드(Concede)가 봄날 나비처럼 그린 위를 날아다닙니다. 하지만 인심 쓴다고 너무 OK를 남발해도 받는 이의 자존심을 상하게 할 수 있으니 요령껏 기브(Give)를 주어야 합니다. (우리 말 '기부'하고 영어 '기브'하고 이렇게 같을 수가?) 그래서 가장 흔히 쓰이는 말이 'OK 받고 연습하세요' 입니다. 동반자의 기분은 물론 넣으면 본전 못 넣으면 속상한 쇼트 퍼팅 연습 기회까지 기꺼이 제공하는 더블 해피, 일석이조, 금상첨화 적 선심 발언이지요. 이미 OK를 받은 퍼팅 스트로크는 아주 부드럽고 자연스럽지만, 똑같은 거리라도 OK를 못 받으면 퍼팅 자세가 자못 비장하기까지 합니다. 더군다나 빠른 그린에서의 내리막 쇼트 퍼팅은 초긴장 상태라 골퍼는 자신이 숨을 쉬는지 안 쉬는지도 모를 지경입니다. 백 스윙 자체부터 부담 100배입니다. 아차 하면 본전보다

이자가 더 많기 때문입니다.

　그러나 이렇게 줘서 좋고 받아서 좋은 OK가 단 돈 1천원이라도 걸리면 그때부터는 주기도 싫고 받기도 어려운 NOK가 됩니다. NOK는 단어 그대로 '노케이'라고 읽으면 되는데 당연히 OK의 반대말입니다. 아는 분만 아는 수많은 골프 은어 중의 하나입니다. NOK는 흔히 '딸랑 소리 날 때까지'라는 말을 줄인 것인데, 판이 커지면 커질수록 당연히 NOK 플레이를 하게 됩니다. 따라서 진행 속도 또한 그만큼 늦어지는 바람에 캐디 언니들은 애간장을 태우곤 합니다. 늑장 플레이 때문에 어떤 골프장들은 홀 주변에 OK 원을 그려 넣기도 합니다. 그랬더니 이번엔 선을 사이에 두고 걸렸느니 안 걸렸느니 하면서 신경전을 벌입니다. 승부가 걸렸으니 예민해지는 것까지는 이해되지만 고작 몇 센티미터 때문에 의를 상할 수도 있으니 걱정입니다. 아예 OK 룰이 없으면 어떨까 라는 생각도 잠깐 듭니다만……그건 또 너무 야박해 보이기도 하네요.

　선 얘기가 나오는 바람에 또 수다 본능이 발동을 합니다. 수다쟁이는 '죽을 때 죽더라도 하고 싶은 말은 끝까지 하고 죽자'가 인생의 모토입니다. 우리 인생에는 수많은 '보이지 않는 선'이 존재합니다. 그 선은 마음속에만 존재하는 선입니다. 선의 이쪽과 저쪽은 완전히 다른 세상입니다. 그래서 수많은 사람들이 '선을 넘을 것인가 또는 말 것인가?'로 고민에 고민을 합니다. 선을 넘지 않으면 좋든 나쁘든 지금의 현실에 눌러 앉는 것이고, 선을 넘으면 새로운 삶에 도전장을 던지는 것입니다. 물론 더 좋아질 수도 더 나빠질 수도 있겠지만 분명한 것은 '또 다른 가능성'이 존재한다는 것입니다. 골프에서 OK 선 안쪽은 안전한 것이고, 바깥쪽은 불안한 것을 의미합니다. 당신은 어떤 쪽 사람인가요? 선의 안쪽인가요, 바깥쪽인가요? 반반씩 걸쳐있다고요? 헐~ 그것도 방법은 방법입니다. 그런 사람을 '회색 인간'이라고도 하던데……회색 좋아하세요? ^^

생각하기에 따라서 OK는 좋을 수도 나쁠 수도 있습니다. 삶의 목적이 평화와 안정이 우선인 사람은 OK를 원할 것이며, 자기 존재의 이유가 도전과 모험인 사람은 당연히 NOK를 주장할 것입니다. 저는 가치관이 많이 단순해서 새로운 것이라면 일단 부딪히고 보는 스타일입니다. 즉, NOK라는 말입니다. 부딪히면서 그때그때 생각하는 거지요. 제가 그런 선택을 하게 된 이유는 더 단순합니다. 바로 '안 해보고 후회하느니, 해보고 후회하는 편이 낫다'라는 말 하나 때문입니다. 결혼의 필요성에 대한 선문답에도 종종 쓰이는 이 말이 제게는 삶의 이정표와도 같습니다. 어때요, 제 말 OK입니까? OK 한번만 주세요, 네에~~~? ^^;

짧은 거리의 퍼팅을 자주 빼먹다 보면 꼴사나운 습관이 생깁니다. 일단은 자세가 낮아집니다. 퍼팅 자세가 오그라들어 거북이 등딱지처럼 된 분이 있다면 그건 바로 쇼트 퍼팅이 불안하다는 반증입니다. 롱 퍼팅보다 쇼트 퍼팅 자세가 낮은 것이 일반적이긴 합니다만 그게 심해지면 자세 자체가 아주 옹색해져 남 보기에 아주 많이 없어 보입니다. 그리고 그게 더 심해지면 바로 퍼팅 입스(Putting Yips)에 걸리는 것이고요. 퍼팅 입스는 순전히 정신적인 문제입니다. 퍼팅이 안 되면 안될수록 오히려 배짱으로 밀어붙여야 합니다. 쇼트 퍼팅 노이로제가 걸리면 애매한 거리가 나올 때마다 넣을 생각보다는 동반자 눈치부터 봅니다. 혹시 누가 알아서 OK라도 주지 않을까 해서 말입니다. 잘 빼먹는 줄 아는데 누가 주겠습니까? 또 빼라고 기도를 하면 했지. 아무리 애원 어린 눈빛을 보내도 소용없습니다. 아예 머리 속에서 OK 자체를 없애는 편이 그나마 일그러진 자존심을 지킬 수 있습니다. 이렇게 치나 저렇게 치나 확률이 반반이라면 폼도 신경 쓰고 OK도 안 받고 당당하게 마무리하는 게 당연히 낫겠지요.

OK와 스코어에 대해 상당히 근거 있는 얘기가 있습니다. 평소 스윙으로 봐서는 도저히 그럴 것 같지 않은데 필드에 나갔다 하면 최소한 80대 중반은 기본이고 70대도 너끈히 치신다는 분들, 1미터(보통은 퍼터 길이가 기준) OK가 없다면 핸디캡이 최소 5개는 올라갈 거라는 얘기입니다. 어떤 황당 골퍼들은 OK를 자기 자신이 선언하기도 합니다. '자뻑 OK'라고도 하는데 그런 분 은근히 많습니다. 그런데 골프가 참 애매한 것이 동반자가 OK를 줬는데도 안 받으면 매너가 아니랍니다. OK를 받고도 꼭 홀에 넣으려고 하는 것도 역시 매너가 아니고요. 그 놈의 매너가 뭔지……^^ 한때 모든 사람이 '예'라고 대답할 때 '아니오'라고 대답할 수 있는 용기를 컨셉으로 한 광고가 화제가 되었던 적이 있었습니다. 이쯤에서 다시 한 번 당신에게 묻고 싶습니다.

"지금 당신의 인생 'OK' 입니까 아니면 'NOK' 입니까?"

그린 위의 승부사, 퍼터

골프는 티 박스(Tee Box)에서 드라이버로 시작해 그린(Green)에서 퍼터로 끝장을 봅니다. 가끔은 퍼터가 아닌 다른 클럽으로 끝을 보기도 합니다만 그건 이벤트처럼 가끔 있는 일이고 대부분은 퍼터로 마감합니다. 그런데 그게 뭐가 어때서 굳이 설명하냐고요? 저런, 아직 모르시는군요. 드라이버로 시작해 퍼터로 끝나는 너무나 당연한 그 과정 속에 당신이 미처 깨닫지 못한 의미가 숨겨져 있다면 그리고 그 의미가 그럴듯하다면 박수 쳐주기입니다. 어떠세요? 제가 못 본다고 박수 친 걸로 하기 없기입니다. 저는 뭘 걸겠냐고요? 걸긴 뭘 겁니까? 그냥 헛소리했다고 욕이나 실컷 하세요.

골프 애호가들이 가장 즐겨 하는 비유는 골프와 섹스의 닮은 점 찾기입니다. 골프 코스 자체가 여체를 생각하며 만들어진 것이라 하니 남성 입장에서 이견을 제시하고 싶은 생각은 눈곱만큼도 없습니다. 오히려 놓친 부분을 눈 씻고 더 찾아내야지요. 하지만 이미 남이 다 한 얘기를 저까지 여기서 중언할 필요는 없다고 생각합니다. 글발이 잘 안 오를 때 양념 삼아 몇 마디 한다면 몰라도요. 그래도 영 궁금하신 분은 네이버 검색창에 '골프와 섹스'라고 쳐보십시오. 원하는 글들이 주르륵 뜹니다. 입맛에 맞는 걸로 읽어 보시면 됩니다. 그것도 부족하다 싶으면 인터넷 서점을 뒤져보세요. 그리 많지는 않아도 볼만은 합니다. (물론 저는 읽어봤다는 얘기지요) 어쨌든 여차저차한 이유로 저는 좀 다른 시각으로 접근하겠습니다. 수다의 생명은 새로워야 하기 때문입니다.

　해서 저는 골프를 전쟁에 비유시켜 보았습니다. 드라이버는 장거리 대포로 적의 기선을 제압하는 것과 같습니다. 그렇다면 우드나 아이언 샷은 기관총이나 소총 전투이겠지요? 그리고 마지막으로 퍼팅은 백병전에 비유할 수 있습니다. 백병전은 칼로 싸우는 것이 일반적입니다. 칼 싸움은 생각만 해도 소름이 끼칩니다. 흐드드……정말 살벌합니다. 칼 싸움의 백미는 뭐니뭐니해도 닌자들의 소리 없는 혈전이 일품입니다. 흥행은 부진했지만 가수 비의 〈닌자 어쌔신〉이나 B급 영화의 상징인 쿠엔틴 타란티노 감독의 〈킬 빌〉시리즈에서는 보기만 해도 베일 것만 같은 새파란 일본도가 화면 가득 핏빛 칼춤을 춥니다. 총 싸움은 숨어서 싸우지만 칼 싸움은 몸을 다 내놓고 맞짱을 떠야 합니다. 그래서 긴장감이 더 짜릿하게 말초신경을 자극하는 거지요. 정작 싸우는 사람보다 보는 사람이 더 호들갑입니다. 이쯤에서 상식 수다 한 바가지 시작할까 합니다. 아무 관계가 없어 보일지도 모르지만 알아두시면 다 피가 되고 살이 되는 응용

상식입니다.

긴장감이 최고조에 달한 어떤 상황 하에서 당사자보다 옆에서 지켜보는 사람이 더 민감한 반응을 보이는 경우가 많습니다. 왜, 도대체 왜 그러는 걸까요? 일전에 사람의 뇌는 복잡한 것을 싫어해서 모든 것을 가능한 빨리 합리화시키는 경향이 있다고 했습니다.

그 이유는 뇌는 근본적으로 게으르기 때문이라고 합니다. 게다가 사람의 뇌는 상당히 바보스러운 면도 있어서 상상하는 것과 실제로 경험하는 것의 차이를 잘 구분하지 못한다고 합니다. 그래서 영화를 보면서 마치 자신이 직접 그 일을 겪는듯한 착각을 일으키는 것이라고 합니다. 그래서 골프에서 그토록 '이미지 스윙'을 강조하는 것이기도 합니다. 인지과학적으로 근거 있는 얘기니까 참고해 보시길.

다시 본론입니다. 퍼터는 모양부터 다른 클럽과 확연히 구분됩니다. 취향에 따라 헤드의 모습이 다양하기는 하지만 그래 봐야 퍼터입니다. 이런 걸 보고 다른 듯 같은 거라고 하는 겁니다. 시골 앞마당에 펼쳐 놓은 고추들이 크기나 생김새가 아무리 달라도 결국은 고추이듯이 말입니다.

또 다른 데로 새려고 합니다. 제 멱살을 스스로 잡아서 원위치 하겠습니다. 퍼터는 꼭 닌자처럼 그린 위를 신중하게 소리 없이 미끄러지듯 다닙니다. 다른 클럽들처럼 유난을 떨며 붕붕 날라 다니진 않아도 목표를 향한 집념은 칼끝처럼 예민하고 날카롭습니다. 칼날의 이가 다 빠져서 무뎌지면 무 조각 하나도 깔끔하게 벨 수가 없습니다. 그래서 무사들은 늘 칼날을 갈아두어야 합니다. 퍼터도 연습을 게을리하면 홀 인 해야 할 때 못하고 언저리에서만 어기적거리게 됩니다. 그런 걸 보고 호사가들이 넣지는 못하고 보기만 한다고 해서 '변태'라고 하는 겁니다.

   기본 옵션으로 주어지는 총 36번의 퍼팅을 30개 이하로 떨어뜨리면 '퍼터가 살아있다'고 합니다. 칼끝이 살아있다는 뜻과 일치하는 거지요. 어떤 승부든 빨리 끝나야 좋습니다. 질질 끌어서 좋은 승부는 하나도 없습니다. 그린 위에서는 퍼터가 바로 승부사입니다. 승부사는 냉철해야 합니다. 가능하면 단 칼에 승부를 내야 좋습니다. 갈팡질팡 우물쭈물 엉거주춤 갈피를 못 잡고 헤매면 바로 적의 칼에 맞는 겁니다. 살의가 번뜩이는 적의 칼에 맞으면 당연히 피를 보게 됩니다. 몸이 아니라 지갑과 마음이 피를 흘리지만 아픈 건 똑같습니다. 그러니 피 맛 보기 싫으면 평소에 퍼터를 갈고 닦아야 합니다.

   네? 당신 퍼터는 갈고 닦지 않아도 반짝반짝 광이 난다고요? 흠……상당히 깜찍하시군요? 뻔뻔하게도 그런 썰렁 멘트를 날리시다니. 좋습니다. 접수해드리지요. 그 정도면 당신도 수다 골퍼 자질 충분히 있습니다. ^^

   어떻게 해야 퍼팅을 잘 할 수 있냐고 묻지 마세요. 저도 제 지인들 사이에선 유명한 퍼팅 지진아입니다. 워낙 수다를 좋아해서 그런지 집중력이 죄다 어디로 이사를 갔나 봅니다. 아마 더 이상 떨 수다가 없으면 다시 돌아올지도 모릅니다. 그럼 마무리 수다로 19세기 전영 챔피언을 4차례나 석권한 윌리 파크의 아들로 전영 챔피언을 2번 석권한 윌리 파크 Jr.가 남긴 퍼팅 명언 어떻습니까? 한 번 감상해 보시지요.

"퍼팅에 뛰어난 골퍼가 항상 이긴다."

돈 그리고 골프

돈! 이번 수다는 돈입니다. 돈이 라는 말에 눈이 번쩍 뜨이시나요? 돈, 참 할 얘기 많습니다. 현대사회는 안타깝게 아니 너무나 당연하게 돈은 힘이 되고, 능력이 되고, 사람 노릇을 할 수 있는 유일한 수단이 되는 돈의 천국 시대입니다. 모든 불편함을 기꺼이 감수하며 사랑의 힘으로 삶을 공유하던 낭만 시대는 까마득한 전설이 되었습니다. 돈이 없으면 사랑도 헛된 꿈일 뿐이고 신뢰도 거품이 되어버립니다. 돈이 없으면 잊혀지고 버려지고, 돈이 있으면 없던 사랑도 꽃이 피고 모든 허물도 용서가 됩니다. 그런 현상이 옳든 그르든 삶의 기준을 오직 돈에 맞추는 사람들이 있는 반면에 한편에서는 돈이 인생의 전부는 아니라고 흥분하는 사람들이 있습니다.

'사람 나고 돈 났지, 돈 나고 사람 났나?'라며 오직 돈만 아는 사람들을 경멸의 대상으로 보기도 합니다. 생전 남을 위해 작은 선행도 베풀 줄 모르고 돈만 벌다가 급사한 어느 수전노의 뒷얘기를 하며 쯧쯧 혀를 차

기도 합니다. 저도 그런 부류에 속하지만 이런 분들 대부분은 돈이 별로 없거나 또는 돈이 있었지만 까먹은 분들입니다. 아니면 진정한 삶의 의미를 깨달은 생활 속의 도인 같은 분일 것입니다. 그것도 아니면 돈이 많아서 불행한 분일지도 모릅니다. 하지만 세상은 이런 논쟁 자체가 무의미할 정도로 돈의 막강한 절대권력 밑에서 신음하고 있습니다.

아무리 돈에 초연한 삶을 살려고 해도 뜻하지 않은 일이 벌어져 긴급히 목돈을 쓸 일이 꼭 생깁니다. 사방팔방 뛰어다니지만 돈 구하기 여간 어렵지 않습니다. 각박한 세상 인심에 절망과 좌절을 뼛속 깊이 느낍니다. 그러면 생각도 바뀝니다. '역시 사람은 돈이 있어야 해. 꿈만 갖고 살 순 없잖아.' 새삼 푼돈조차 아깝다는 생각에 동전 하나 무심히 넘기지 않습니다. 그러다 어찌어찌 위기를 넘기고 제 정신이 돌아옵니다. 돈 때문에 몸 고생, 마음 고생 실컷 하고 나니 돈의 위력이 무섭기만 합니다. 주말 저녁 친구들과 술 한 잔에 한숨을 안주 삼아 돈 얘기를 합니다. 물론 로또 얘기며 마누라 얘기도 빠지지 않습니다.

푸념 1 "염병할 놈의 마누라가 누굴 돈 벌어오는 기계로 아는지 얼굴만 보면 돈 얘기야."

염장 답변 기계가 아니니까 얼굴 보고 얘기하는 겁니다. 기계로 알면 카드를 보여주겠지요.

푸념 2 "돌고 도는 게 돈이라더니 도대체 내 순서는 언제나 돌아오

려나?

염장 답변   은행에서 대기 번호표 뽑고 기다려보세요. 언젠가 순서가 올지도 모릅니다.

푸념 3   "에휴~난 로또 1등 한번 안되나?"

염장 답변   1등에 당첨될 때까지 로또를 계속 사시면 됩니다. 아니면 로또를 다 사버리든가.

푸념 4   "어떤 놈은 가만히 앉아서도 돈을 긁던데, 난 뭐 하는 건지 모르겠네."

염장 답변   그럼 우리도 가만히 앉아 있어 볼까요?

골프 얘기는 꺼내지도 않고 왜 돈 얘기로 염장부터 지르냐고요? 그러게 말입니다. 그건요 돈이 하는 꼬락서니가 골프하고 하도 똑같아서 해봤어요. 주제가 돈과 골프니까 돈 얘기 더 하겠습니다. 돈을 잘 버는 사람들은 돈의 흐름을 중시한다고 합니다. 길목을 지키고 있다가 탁 하고 돈의 멱살을 움켜쥔다고 합니다. 기가 막힙니다. 누군 뭐 돈의 흐름 지켜보고 싶지 않거나, 돈 멱살 안 잡고 싶어 안 잡는답니까? 이런 정보 저런 정보 수집하다 이거다 싶어 배팅을 했는데 그게 다 뻥이었다는데 뭘 어쩌겠습니까? 그런 것이 다 하수가 고수 따라 하다 망하는 겁니다. 고수들은 아무리 유혹이 강해도 아니다 싶으면 바로 발을 뺍니다. 중수들은 멈칫거리다 차마 미련을 버리지 못하고 살짝 찔러만 봅니다. 하수들은 이게 웬 떡이냐 싶어 있는 돈 없는 돈 닥닥 긁어서 몰빵을 합니다. 겪어 보신 분은 알겠지만 굳이 조사까지 안 해도 결과는 뻔합니다.

골프 고수들 역시 라운드 할 때 흐름을 잘 타기도 하지만 스스로 조절하기도 합니다. 핸디캡이 높은 홀이거나 상황이 안 좋을 때에는 아무리 아쉬워도 한 템포 쉬었다 가는 걸 철칙으로 여깁니다. 그러다 찬스 홀에서는 여지없이 버디를 잡아냅니다. 바람이 불면 부는 대로, 비가 오면 오는 대로 그때그때 상황에 순응하면서 때를 기다립니다. 대부분의 고수들은 자신의 원칙들을 갖고 있습니다. 즉, 핸디캡 1번 홀에서 파를 잡기 위해 욕심부리지 않기, 애매한 상황에서는 끊어가기, 무리한 트러블 샷 하지 않기 등등 고수들은 '치고 빠지는 작전'을 기가 막히게 구사합니다.

반면에 하수들은 정반대로 오로지 돌격 앞으로 덤비기만 합니다. 캐디 언니가 핸디캡 1번 홀이라고 주의를 주면 오히려 도전을 외칩니다. 핸디캡 18번 홀에서 보기를 했는데도 말입니다. 어쩌다 버디 찬스가 오면 흥분해서 말도 안 되는 삽질을 합니다. 분명히 끊어가야 안전한 홀에서 질러 치겠다고 객기를 부립니다. 홀을 바로 공략하면 해저드 위험이 있는데도 꼭 깃대를 맞히겠다며 욕심을 부립니다. 왜 그럴까요? 생각이 없는 바보라서 그럴까요? 아닙니다. 일전에 말씀 드렸던 착각 중독에 빠져서 그럽니다. 기분에는 꼭 잘될 것 같거든요. 저도 그랬습니다. 그래서 돈도 많이 까먹었고, 말도 안 되는 스코어를 기록하기도 했습니다. 구체적인 지식이나 조사도 없이 사업을 벌였다가 쫄딱 망했던 경험도 있고, 최저타를 기록하고 싶은 욕심에 실패율 90% 샷에 도전했다가 보기로 막을 걸 더블 파까지 가기도 했습니다. 다 욕심이 화근이었습니다.

돈은 결코 낮은 데서 높은 곳으로 역류하지 않습니다. 돈이 흐른다는 표현 속에는 돈은 반드시 높은 곳에서 낮은 곳으로 흐른다는 '불변의 법칙'이 내포되어 있습니다. 돈이 돌고 돈다고 해서 내게까지 눈 먼 돈이 흐른다고 생각하면 큰 착각입니다. 골프도 그렇습니다. 골프는 실수를 줄이는 게임입니다. 어쩌다 잘 맞을지도 모른다는 생각은 아예 꿈조차 꾸면 안 되는 겁니다. 고수들은 무조건 안전부터 생각합니다. 경험이 미숙한 하수 골퍼가 꿈은 이루어진다며 무리수를 던지면 되돌아오는 것은 후회와 아픔이란 합병증 밖에 없습니다.

또한 돈은 물처럼 응집현상이 아주 강합니다. 즉, 돈이 있는 곳에 돈이 몰린다는 말입니다. 그것은 돈을 가진 이들이 돈의 물길을 조절하기 때문입니다. 그들은 주변의 모든 상황을 미리 준비해 놓은 다음 목동이 양떼를 몰 듯 돈을 몰아갑니다. 그러다 위기를 느끼면 재빨리 몸을 사리고 사태를 관망하며 때를 기다립니다. 골프 고수들도 그렇게 합니다. 일단 지르고 고민하는 것이 아니라 다음 샷을 위한 준비를 먼저 합니다. 준비라 함은 어쩌다 일어날 실수에 대한 대비책까지 미리 염두에 두는 것을 말합니다. 하수들의 눈엔 마치 고수에게만 운이 따르는 것처럼 보입니다. 물론 재벌도 돈 실수할 때가 있고, 프로 골퍼도 100돌이처럼 볼을 칠 때도 있습니다. 하지만 그런 일은 가뭄에 콩 나듯 어쩌다 일어나는 일입니다. 그냥 해프닝일 뿐 아무 것도 아닙니다.

돈을 벌기는 입에서 단내가 날만큼 어렵지만 돈을 까먹기는 정말 쉽습니다. 골프 역시 버디 하나 잡으려면 온갖 생쇼를 다 해야 하지만 타수 까먹기는 식은 죽 먹기보다 더 쉽습니다. 팔자에 돈이 없는 사람이 큰돈을 만지게 되면 크고 작은 불화가 끊이질 않고, 하수 골퍼가 어쩌다 아웃 코스를 너무 잘 치면 인 코스에서 몽땅 까먹게 됩니다. 돈도 벌어본 놈이 더 벌 수 있고, 골프도 많이 쳐본 놈이 언더 파도 치고 그러는 겁니다. 그래서 있는 놈이 더 지독하고, 프로들이 연습을 더 많이 하는 겁니다. 어떻게 해야 돈이 들어오고, 뭘 해야 스코어를 줄일 수 있는지 알기 때문입니다. 서민들은 그 '어떻게'를 모르고, 하수들은 '뭘' 모르기 때문에 서민이고 하수입니다.

예전 군대에서 유행하던 말이 있습니다. '아니꼬우면 군대 일찍 오지 그랬어?' 마치 송곳처럼 마음을 찌르는 말이지만 반박의 여지가 없는 말입니다. 세상 살기 돈 때문에 더럽게 힘든가요? 골프 노력한다고 해도 더럽게 안 맞던가요? 저런, 저는 두 가지에 다 해당됩니다. 아무리 생각해도 방법이 없습니다. 돈 없어 아니꼽고 서러우면 무슨 짓을 하든 돈 벌고, 하수라고 무시하면 온 몸이 부서지도록 연습합시다. 그 정도는 아니라면 돈 너무 따지지 말고, 골프 웃으며 재미있게 즐깁시다. 컨셉을 돈으로 하니까 수다가 한없이 길어집니다. 끝으로 돈보다 사람이 먼저 보이고 대접 받는 세상을 꿈꾸며 쇼펜 하우어의 돈에 대한 철학을 옮겨 봅니다. 세계적인 문호답게 역시 기가 막힌 비유로 정곡을 찌릅니다.

"돈은 바닷물과 같다. 그것을 마시면 마실수록 갈증이 심해진다."

세 번째 수다
우드 시스터스

세 번째 수다

우드Wood 시스터스

세상의 모든 골퍼들이 친해지고 싶어하는 쭉쭉빵빵 골프 클럽들이 있습니다.
우드라고 불리는 까다롭지만 튕기는 매력이 일품인 자매 클럽입니다.
그녀들은 부드럽게 다루면 원하는 대로 따라주지만 힘으로 다루면 어디로 튈지 모릅니다.
그래서 골퍼들은 그녀들을 애인 다루듯 애지중지 조심조심 쓰다듬고 달랩니다.
언젠가는 우드의 달인이 될지도 모른다는 기대감에 부풀어서 말입니다.
하지만 그녀들이 호락호락 넘어올까요?
어쩌면 그녀들은 영원히 밀당만 즐기다 말지도 모릅니다.
허공을 자르듯 날아가는 우드 샷은 모든 골퍼들의 로망입니다.
당신의 사랑과 내 사랑이 다르듯 내 우드 샷과 당신의 우드 샷은 다릅니다.
그래도 우드 자매에 대한 우리의 기대는 하나입니다.
그 기대가 서로 다른 당신과 나를 필드로 내몹니다.

당신의 상쾌함을 위한 당신의 우드 샷을 위한 '수다 우드' 옷을 벗습니다.

섹시한 그녀들:
3번 스푼, 4번 배피, 5번 크리크 그리고 늦둥이 메탈 아가씨 7번 우드

스푼에 대한 은밀한 상상

저는 우드가 성적 매력이 물씬 풍기는 여성적인 클럽이라고 생각합니다. 그래서 제목도 위에 보시는 바와 같이 '뜨겁게(?)' 정했습니다. 제 생각에 공감하시는 분들 그리고 여성에 관한 '썸씽 스페셜(Some Special)'이라면 언제 어디서든 맨발로 뛰어 올 준비가 되어있으신 분들은 이번 수다에 무조건 환영합니다. 특히 상상력이 뛰어나신 분들은 더더욱 환영입니다. 수다는 제가 떨 테니 마음껏 상상의 나래를 펼치십시오. 수다도 갤러리 없이 혼자 떠들면 뻘쭘해집니다. 수다와 상상이 좋은 것은 돈 한푼 안 들이고도 무지 재미있다는 것입니다. 이왕이면 무드 등도 켜놓고 나만의 섹시한 상상이 춤추는 수다 골프의 세계로 빠져 봅시다!

제 골프 백에는 14개의 클럽이 들어있습니다. 드라이버, 스푼, 7번 레스큐 우드, 아이언 7개, 52도, 56도, 60도 웨지 하나씩 그리고 퍼터입니

다. 얼마 전만 해도 5번 우드 크리크를 들고 다녔지만 60도 웨지를 개비한 후 고민 끝에 5번 크리크를 포기했습니다. 다크 블루의 헤드를 가졌던 제 5번 크리크는 성격도 둥글둥글해 오랫동안 애용해왔지만 보다 정확한 쇼트 게임 때문에 눈물을 머금고 남의 집에 출가를 시켰지요. 그런데 요즘엔 3번 스푼이 또 예민하게 굴어서 4번 배피(보통 '빠삐'라고 부름)로 바꿀까 살짝 고민 중입니다. 사람이나 골프 클럽이나 너무 까탈을 부리면 왕따를 당하거나 버림 받을 수 있으니 내 고집만 세우지 말고 가끔은 남의 고집도 인정해주고 적당히 눈치도 봐주는 척 해야 합니다. 마음에도 없는 짓을 하려니 배알이 뒤틀려서 도저히 그 짓은 못하겠다면 할 수 없고요. (저런 사람들은 꼭 자기만 성질 있는 것처럼 저러더라. 흥~!)

14개의 클럽을 한 가족으로 가정했을 때 저는 드라이버가 아빠, 퍼터가 엄마, 아이언은 남자 형제 그리고 우드를 여자 형제 즉, 자매라고 생각을 합니다. 자매라고 하니까 문득 이병헌이 3자매를 상대로 카사노바 행각을 벌였던 영화 〈누구나 비밀은 있다/2004〉가 생각이 납니다. 물론 영화에서나 볼 수 있는 아주 아주 발칙한 상상이기는 하지만 말초적 본능으로만 본다면 마초들의 꿈 아닙니까? 아이코 뒤통수야! 누가 제 머리통을 때리며 말 조심하라는데요? 음, 아무리 그렇기로서니 다 큰 어른 머리를 때리다니……뒤통수 맞을 말을 했다고요? 좋아요. 그랬다고 쳐요.

우드의 정식 명칭은 여성적이라기 보다는 남성적인 느낌이 더 강하게 느껴집니다. 그런데 4번 배피나 5번 크리크는 그렇다 쳐도 스푼이란 이름이 어딜 봐서 남성적이냐고 의아해 하시는 분들, 사전 찾아 보시면 충분히 남성 지향적으로 얄궂은 뜻이 있습니다. 그냥 가르쳐 주지 않고 귀찮게 한다고 투덜대지 마시고 스마트 폰 사전으로 잠깐만 검색해보세요. 직접 찾아보면 더 재미있으니까요. 정말입니다. 저도 찾아보고는 혼자 피식 웃었다니까요.

그런데 7번 우드는 왜 이름이 없을까요? 이 아가씨는 유틸리티 우드의 하나로 개발되었기 때문입니다. 늦둥이라는 얘깁니다. 격식이 중요했던 예전에는 클럽 하나마다 각각 이름을 붙여주었지만 7번 우드는 늦게 태어나는 바람에 '유틸리티 우드 7번'이라는 다분히 메탈적인 이름을 얻게 된 것입니다. 일각에서는 7번 우드를 '헤븐(Heaven)'이라고 부르지만 정식 명칭이 아니라 캘러웨이가 출시한 제품 이름이니 알아 두셨다가 적당한 때 잘난 척 하셔도 됩니다.

우드 자매 중에서 맏언니는 바로 3번 스푼입니다. 제 눈엔 3번 스푼이 어찌나 날씬하고 섹시한지 마치 8등신으로 쫙 빠진 슈퍼 모델처럼 보입니다. 잠 안 오는 깊은 밤, 케이블 TV를 보면서 '19禁' 자막이 뜰 때까지 열심히 리모컨을 돌리다 보면 반쯤 잠긴 눈을 번쩍 뜨이게 하는 채널을 만나게 됩니다. 바로 란제리 패션쇼 채널입니다. 그 쇼에는 말 그대로 쭉쭉 빵빵 언니들이 아찔한 속옷만 걸치고 나와 떼지어 섹시 워킹을 합니다. 그거 있지요? 골반을 툭툭 튕기면서 걷는 모델 특유의 걸음걸이요.

죽이지 않습니까? 혼자 몰래 보느라 휘파람이나 괴성까지는 못 지르고 끙끙 앓는 듯한 감탄사만 속삭이듯 중얼거립니다. '크~ 죽인다!'

스푼의 샤프트는 그녀들의 곧게 빠진 각선미를 닮았고, 반짝이는 새까만 헤드는(요즘엔 한결 더 야해진 느낌의 흰색도 있습니다만) 그녀들의 섹시하고 도도한 표정을 꼭 닮았습니다. 골프 클럽을 보면서 별 상상을 다 한다고 혹시 제게 남다른 취향이 있는 건 아니냐고요? 그런 건 묻기 없기입니다. 아무리 수다를 좋아해도 제게도 하나쯤은 숨기고픈 비밀이 있습니다. 이러니까 정말 뭔가 있는 것 같지만 실은 개뿔도 없습니다. 뭐 어쨌든 나 홀로 상상은 거기서 멈추지 않습니다. 헤드 커버를 벗길 땐 어떤 상상을 할지 뻔하겠지요? 그때가 바로 상상의 정점을 찍는 순간입니다.

골프가 이미지 운동이라는 건 익히 알려진 상식입니다. 상상력이 없으면 창의적인 골프를 즐길 수가 없다고 합니다. 상상력을 동원한 골프를 'Image(心相) 골프'라고 하는데 골프의 마지막 단계입니다. (심상 골프에 대해서 자세히 알고 싶으시면 〈골프에서 길을 묻다: 이학오 저〉라는 저서를 보시길) 이 글을 쓰는 순간에도 저는 온갖 상상력을 동원해야만 합니다. 오로지 이 글을 읽는 당신을 즐겁게 하기 위해서 말입니다. 그러니 제가 무슨 상상을 하든 딴죽은 걸지 마시고 '더 세게, 더 진하게!'라고 부추겨 주셔야 합니다. 수다는 맞장구를 쳐주면 더 재미있으니까요.

그런데 불행하게도 3번 스푼에 대한 저의 상상력은 뜨겁게 불타오르는데 정작 제 스푼은 꼴이 엉망이라 오히려 상상을 묶어버립니다. 마치 외출할 때 외에는 전혀 꾸미지 않은 채 퍼져 있는 누구네 집 마누라처럼 꾀죄죄합니다. 여기저기 긁히고 벗겨져서 광택도 다 죽었습니다. 그런데도 성질은 살아서 툭하면 히스테리를 부립니다. 비위 맞추기 너무 힘이 듭니다. 제 스푼은 아직도 자기가 싱싱쌩쌩한 아다라시 클럽인줄 아는가 봅니다. 조금만 삐끗해도 바로 날카로운 반응을 보이는데, 까칠한 여자들의 속성을 그대로 빼 닮았습니다. 마누라고 서방이고 막 바꿔버리는 요즘 세상인데 제 스푼은 무슨 깡으로 까탈을 부리는지 알 수가 없습니다.

반면에 제 친구 중 하나는 스푼 헤드에 인조보석을 박아 넣었는데 정말 아찔할 정도로 예쁩니다. 골프 클럽도 관리가 잘 되어있지만 반짝반짝 빛나는 액세서리까지 있으니 미인으로 치자면 그런 미인이 또 없을 정도입니다. 골프 실력만큼이나 감성도 섬세한 이 친구는 다른 우드에도 포인트 튜닝을 했습니다. 어지간히 친한 사람이 아니면 허락 없이 만질 수도 없습니다. 이 친구 아내를 아직 본 적이 없는데 언젠가 꼭 한번은 보고 싶습니다.

위에서 잠깐 말했듯이 3번 스푼은 그 섹시한 자태에도 불구하고 필드에선 인기가 없습니다. 너무 민감한 탓에 아차 하면 토라져서 OB나 쪼루를 내기 때문입니다. 그래서 많은 골퍼들은 차라리 4번 배피를 선호합니다. 물도 너무 깨끗하면 물고기가 못사는 것처럼 사람도 너무 고매하게 굴면 외톨이가 되고 골프 클럽도 너무 예민하면 퇴출을 당하고 그렇게 되는 겁니다. 그래서 아저씨가 되고 아줌마가 되면 성격이 둥글둥글해지는 것이겠지요? 뻔뻔스러워지는 거라고요?

그러나 아무리 모른 척 하려 해도 3번 스푼은 여전히 그 자태부터 요염하기 이를 데 없습니다. 원래 미인일수록 품에 안기 힘든 법입니다. 나만의 그녀를 얻기 위해서라면 불 속이라도 뛰어들 각오가 돼있어야 하듯 3번 스푼을 잘 다루기 위해선 엄청난 노력과 인내가 필요합니다. 3번 스푼 그녀의 콧대가 아무리 높아도 어딘가 임자는 있게 마련입니다. 어쩌면 3번 스푼도 자신을 휘어잡을 수 있는 멋진 골퍼를 기다리고 있을지도 모릅니다. 그 사람이 바로 당신이기를 바라며 손만 뻗으면 닿을 자리에서 말입니다. 3번 스푼, 그녀를 생각하며 '골프장에서 제일 얄미운 년' 시리즈 제 1탄을 소개합니다. 그녀들만의 필드에서는 그녀들만의 세계가 따로 있습니다.

"툭 치는 것 같은데 제일 멀리 보내는 년"

가까이 하기엔 먼 그녀, 3번 스푼

우드 자매의 맏언니인 3번 스푼의 비거리는 평균 190미터에서 200미터 이상입니다. 저의 골프 멘토인 형님 고수는 220미터는 기본이고 마음만 먹으면 240미터도 쉽게 날려버립니다. 물론 형님 고수가 원래 통뼈 스타일이기도 하지만 1년 가까이 오로지 스푼 연습만 했다고 합니다. 얼마나 미친 듯이 스푼만 쳤는지 연습장 사람들이 형님 고수를 미친 사람 취급까지 했답니다. 어떤 일에 고수가 된다는 것은 보통의 노력으로는 어림 없음을 몸소 증명한 형님 고수에게 기꺼이 한 표 던집니다. 저도 해봤는데 1시간도 안돼서 포기했습니다.

간혹 생긴 건 꼭 소도둑인데 눈 번쩍 미인 아내와 사는 이들이 있습니다. 아무리 봐도 특별한 구석이 없어 보여서 아내를 어떻게 꼬셨냐고 슬그머니 떠보면 보통 사람들은 상상도 할 수 없는 노력을 했다고 합니다. 하긴 슈퍼 모델 급 아내를 얻으려면 슈퍼 노력을 해야겠지요. 하지만 저와 같은 대개의 보통 사람들은 슈퍼 모델이 아니라 평범한(?) 모델조차도 일상에서는 접할 일이 거의 없습니다. 제가 그렇다고 다 그럴 것이라고 함부로 싸잡아 말하지 말라고요? 그렇다면 당신은 제가 말하는 보통 사람이 아니잖아요? 스스로 생각할 때 자신이 보통 사람이 아닌 분은 알아서 빠져주시길. 하여튼 어딜 가든 저러는 분들 꼭 하나씩 있습니다. 잘난 척하는 거 맞지……요?

일반인들이 모델급 여성들을 만나기 힘든 것은 일단 노는 물도 다른 데다, 그 정도 여성을 가까이 하려면 갖추어야 할 스펙 또한 만만치 않기 때문입니다. 어떤 스펙이냐고요? 몰라서 묻는 겁니까? 괜찮다 싶은 연예인들이 말로는 따지는 거 없다면서도 누구랑 결혼하는지 많이 보셨잖아요?

속은 아프겠지만 현실은 현실입니다. 한가지 다행스러운 것은 저는 저보다 키가 큰 여성에겐 별 관심이 없습니다. 어쩌다 8등신 미녀를 대하면 그저 곁눈질로 흘깃흘깃 훔쳐보기만 합니다. 보고 싶으면 제대로 보지 왜 찌질하게 곁눈질로 보냐고요? 커도 보통 커야지요. 그냥 큰 것이 아니라 한 뼘 이상 크면 솔직히 옆에 가기도 께름칙합니다.

골프도 고수 앞에 서면 뭐라 하지 않는데 괜히 기가 죽잖아요? 바로 그런 심정입니다. 일상에서 기가 죽으면 본래의 능력을 제대로 발휘할 수 없듯이, 골프에서도 주눅이 들면 죽어라 갈고 닦은 실력의 반도 못 보여주게 됩니다. 그게 바로 '찌질 골프'입니다. 저도 가끔 찌질한 골프 칩니다. 그래서 생각을 완전 바꿔 먹기로 작정했습니다. 앞으로는 배짱 인생, 배짱 골프를 하겠다고 말입니다. 찌질한 부분이 조금이라도 있다고 생각하시는 분 모두 파이팅 합시다. 까짓 것 이래도 한 세상 저래도 한 세상이고, 잘 쳐도 골프고 못 쳐도 골프인데 기죽지 맙시다!

그런데 3번 우드 스푼이 바로 초보 골퍼는 물론 종종 중수들의 기를 죽이는 클럽입니다. 스푼이 그 날렵한 몸으로 볼만 잘 때려줘도 200미터는 가볍게 날아가서 동반자들의 기를 팍 누를 수 있는데 그게 생각처럼 쉽지 않습니다. 작정하고 날린 회심의 일격은 거의 예외 없이 쪼루 또는 뒤땅 아니면 슬라이스가 되어 골퍼들의 성질을 돋우기 일쑤입니다. 그 이유는 바로 3번 우드가 멋지고 예쁘긴 하지만 예민하기 이를 데 없는 '내겐 너무 먼 당신'이기 때문입니다. 저의 할머니께서 툭하면 이런 말씀을 하셨습니다.

"예쁜 거 좋아하지 마라. 예쁜 것들은 꼭 얼굴 값 한다"

필드에서 스푼 들었다 망할 샷이 나오면 할머니의 말씀이 생각납니다. 그때는 무심하게 넘겼지만 살면 살수록 그 말씀이 맞는다는 걸 요즘 부쩍 실감합니다. 그래서 생각해 보았습니다. 도대체 왜 그러는지 궁금해서 견딜 수가 있어야지요. 그랬더니 이런 분석이 나왔습니다. 한 번 보시지요?

스푼은 골프 클럽 패밀리의 큰딸입니다. 자고로 큰딸은 재산이라고 했습니다. 이 말은 큰딸을 잘 두면 집안이 흥한다는 뜻입니다. 3번 우드가 잘 맞아서 파5홀 투 온에 이글이 터지면 정말 대박이 터지는 겁니다. 8등신으로 잘 빠진 큰딸이 슈퍼 모델이 되어 돈을 왕창 벌어오는 것과 비슷한 겁니다. 큰딸은 누가 뭐라 하기 전에 할 일은 미리미리 알아서 합니다. 잔소리가 필요 없습니다. 그런데 자꾸 더 밀어 부치면 오히려 반발심을 일으킬 수도 있습니다. 스푼도 똑같습니다. 힘으로 후려 패면 안됩니다. 스푼 스윙은 물 흐르듯 편안하고 자연스럽게 스윙을 해야 합니다. 그래야 볼이 제대로 맞습니다.

편안하고 자연스럽게 스윙을 하라고 하면 어떤 분들은 구분동작을 보여 달라고 합니다. 그러나 스윙을 구체적으로 세세하게 분석할 필요는 없습니다. 여성심리를 분석해서 알 수 없듯이 스윙 역시 분석한다고 해서 크게 도움되는 거 별로 없습니다. 그냥 자연스러운 스윙이 최고입니다. 쓸어 쳐야 하느냐 찍어 쳐야 하느냐 이런 거에 집착하지 말고 본인의 스윙을 하면 됩니다. 볼이 잘 못 맞으면 힘이 들어간 겁니다. 아내나 연인에게 오랜만에 잘하려다 오히려 싸움이 나는 경우가 더러 있습니다. 평소에 자연스럽게 잘하면 되는데 생색을 내니까 그런 겁니다. 생색도 슬쩍 냄새만 풍겨야지 노골적으로 드러내면 베풀고도 욕만 먹는 수가 있습니다.

3번 스푼이 바로 그렇습니다. 스윙 중에 조금이라도 필요 없는 힘이 들어갔다 싶으면 행운을 기대해야 합니다. 첫눈에 반한 멋진 그녀를 어떻게 해보려고 욕심을 부리다 자칫 도가 지나치면 망신을 당하는 경우와 똑같습니다. 물론 잘 나고 멋진 여성이라고 해서 무조건 예민할 것이라고 지레 겁먹을 필요는 없듯이 스푼이라고 해서 늘 어려운 것은 아닙니다. 문제는 바로 '맥'입니다. 한방에서 막힌 기를 뚫기 위해서 '맥'을 짚듯이 사랑도 골프도 맥을 제대로 짚을 줄 알아야 합니다. 맥은 기의 자연스러운 흐름을 알려주는 일종의 신호창이라고 할 수 있습니다.

골프에서 가장 중요한 맥은 '부드럽게 그러나 막힘이 없는 스윙'입니다. 파스칼이 말했습니다. "천성은 제 1의 습관이고, 습관은 제 2의 천성이다" 라고 말입니다. 부드럽고 막힘이 없는 스윙 즉, 맥이 뻥 뚫린 스윙을 하기 위해서는 완전히 몸에 밸 때까지 무식하게 연습해야 합니다. 어떤 기술이나 방법을 익힐 때 제가 이정표로 삼는 말이 있습니다. 좀 무식합니다. "때로는 가장 무식한 방법이 가장 빠른 방법이다" 그러나 여기서 말하는 무식은 '뭘 좀 아는' 무식입니다. 은근과 끈기 그리고 지혜가 담긴 무식입니다. 스푼을 잘 다룰 수 있는 날, 어쩌면 당신의 그녀도 당신 품에 안겨 있을지도 모릅니다. 그날을 기다리며 '골프장에서 제일 얄미운 년' 시리즈 제 2탄을 보고 한번 웃어 봅시다!

"스윙 망가져서 엉망이라고 징징거리면서도 절대 90타 안 넘기는 년"

미스 스푼 꼬시기

지금부터는 3번 스푼을 미스 스푼이라고 부르겠습니다. 앞에서 미스 스푼의 못된 성질에 대해서 알고 있는 모든 비밀을 까발렸더니 머리 속에서 이런 울림이 있었습니다. 분명 미스 스푼의 살짝 약 오른 목소리였습니다. 무슨 말을 했냐고요?

"내가 그렇게 만만해 보여요? 나에 대해서 그렇게 잘 안다니 그럼 어디 한번 제대로 꼬셔봐요.
만일 입만 살아서 내 흉을 본 것이라면 각오해요. 하지만 정말 실력으로 나를 정복한다면 다시는 당신 속 썩이지 않고 말 잘 들을 게요."

제가 드디어 미쳐가는구나 쯧쯧 거리지 마세요. 제 수다 골프는 끝없는 수다와 상상을 통해서 깨달음을 얻는 것이 목표이니까요. 어차피 세상은 이해하기 힘든 일로 가득한데 새삼스럽게 제 글이 말이 되니 안되

니 따지기 없기입니다. 따져봐야 아무 소용없는 거, 아시지요? ^^

눈치가 100단쯤 되는 분들은 벌써 감 잡았겠지만 이번 칼럼 제목은 〈Mr. 로빈 꼬시기〉라는 영화 제목을 패러디 한 것입니다. 이런 걸 전문용어로 '기대기 전법'이라고 합니다. 혹은 '묻어 가기'라고도 합니다. 각설하고 영화 줄거리가 궁금하신 분은 검색해서 보시고 저는 계속해서 수다를 떨겠습니다. 주제가 주제이니만큼 집중하지 않으면 미스 스푼을 정복하기는커녕 망신만 당할 수도 있으니 말입니다. 저도 제 글이 어디로 튈지 모르니 잘 따라오셔야 합니다.

이미 말씀 드렸듯이 미스 스푼은 성질머리가 까다로워서 싱글 핸디캡의 고수들도 볼 라이가 나쁘면 그녀를 선뜻 불러내지 않습니다. 그녀가 필요한 이유는 거의 한 가지 이유 때문입니다. 그렇지요, 바로 거리를 확보하기 위함입니다. 그러나 페어웨이 한 가운데라고 하더라도 볼 라이가 어정쩡하면 미스 스푼은 애당초 포기하는 게 건강한 스코어를 만드는 지름길입니다. 차라리 4 온, 2 퍼트로 보기를 각오하면 의외로 파를 잡을 기회가 생길 수도 있습니다.

게다가 요즈음의 신생 골프장들은 약속이라도 한 듯이 페어웨이를 행주 짜듯 뒤틀어 놓아서 미스 스푼의 산뜻한 샷을 기대하기가 아주 지랄 같습니다. 그럼 도대체 언제 그녀를 불러내야 할까요? 그건 저도 모릅니다. 답은 바로 당신 안에 있기 때문입니다. 당신이 미스 스푼과 아주 친하다면 언제든 그녀를 불러낼 수 있지만 만일 서먹서먹하다면 일단 그녀와 더 친해져야 합니다.

그럼 지금부터 제대로 이해하거나 말거나 미스 스푼, 그녀와 친해지는 법을 공개하겠습니다. 사실 모범 조교의 시연을 보면서 배우면 이해가 빠르겠지만 수다 골프에서는 모든 걸 수다로 해결해야 한다는 거, 다들 아시죠? 그래서 말을 저렇게 밖에 못 하는 거 이해하셔야 합니다.

골프에서 귀에 딱지가 앉도록 듣는 얘기는 바로 '힘 빼기'입니다. 당신이 어떤 클럽으로 어떤 스윙을 했든지 볼이 엉망으로 날아갔다면 그 원인은 '잘못된 힘' 때문입니다. 힘이란 놈은 너무 써도 문제요 너무 안 써도 문제입니다. 힘은 빼야 할 때는 빼고 써야 할 때는 쓸 줄 알아야 진정한 힘이라고 할 수 있습니다. 돈이 많다고 함부로 낭비하는 것은 돈이란 힘을 엉뚱하게 쓰는 것이고, 기가 막히게 돌아가는 머리를 사기 행각에 써버리면 두뇌의 힘을 잘 못 쓴 것이고, 여자와 다투다가 주먹질을 하는 것은 육체의 힘을 잘 못 쓰는 것입니다.

제 경험에 의하면 다른 클럽에 비해서 우드 특히 3번 스푼은 스윙의 템포와 힘의 배분에 신경을 써야 합니다. 스윙 템포를 글로 표현하면 '하느아~ 둘!' 입니다. 숫자로 표현하면 3:1 입니다. 즉, 백 스윙의 속도가 0.9초라면 다운 스윙의 속도는 0.3초 라는 얘기입니다. 이 3:1의 비교치는 85% 이상의 PGA 선수들을 조사한 수치입니다. 그런데 많은 아마추어 골퍼들은 반대로 합니다. 테이크 어웨이 때는 그래도 비교적 천천히 하

다가 백 스윙 탑 부근에서 갑자기 스윙이 빨라지며 어떻게든 볼을 세게 치려고 있는 힘을 다 씁니다. 물론 이렇게 해도 볼 잘 맞을 수 있습니다. 하지만 그렇게 순간적으로 힘을 쓰는 스윙은 불안하다는 거 그리고 일정한 스윙 궤도를 만들 수가 없어서 툭하면 볼이 삼천포로 빠진다는 거 그래서 종종 뚜껑이 열린다는 거……맞지요? ^^

속도 얘기만 했지 힘 얘기는 어디 갔냐고요? 에이 참, 지금부터 하려고 했는데……그래요, 속도고 템포고 알겠는데 힘은 도대체 언제 어디서 어떻게 써야 하는지 궁금하시지요? 미스 스푼, 그녀가 아무리 예민하고 까다로워도 여자입니다. 일상에서 당신은 힘으로 여성을 상대하나요? 아니지요? 네? 지갑과 차로 상대한다고요? 어흑~! 아니라고 그러면 안 된다고 말하고 싶은데 요즘 세태가 세태니만큼 부정도 긍정도 못하겠습니다. 실은 저는 여성을 상대할 때는 진심과 신뢰로 대해야 한다고 말하고 싶었습니다. 그런데……쩝……할 말이 없습니다.

사람의 마음에 욕심이 없으면 언행이 깔끔합니다. 쓸데없이 잘난 척하거나 힘이 있어도 절대로 과시하지 않습니다. 진정한 현자는 언제 어디서든 공과 사를 구분한다고 했습니다. 스윙도 그래야 합니다. 스윙보다 볼을 때리는 것에만 열중하면 사심이 가득한 것입니다. 볼은 철저하게 스윙에 의해서 저절로 맞아나가야 합니다. 그러기 위해서는 심플하고 깔끔하게 스윙 자체에만 집중해야 합니다. 잘 안 된다고요? 그게 말처럼 잘 되면 누가 골프 칩니까? 투덜거리지 말고 될 때까지 하세요. 언젠가는 되겠지요. 또 안되면 어떻습니까? 두고두고 할 일이 있으니 지루하지 않잖아요.

　백 스윙 방법이야 각자 다를 수도 있지만 다운 스윙 시에는 반드시 상체와 하체가 분리되어야 합니다. 즉, 백 스윙 탑에서 상체는 그대로 두고 허리를 돌려 하체의 움직임에 의해 상체가 회전 반응을 일으키도록 하라는 말입니다. 그런데 대부분의 아마추어들은 하체와 상체가 동시에 돌기 때문에 슬라이스나 훅 또는 그 밖의 악성 스윙이 이루어지는 겁니다. 이때 상체의 모든 힘은 '0'에 가까울수록 좋습니다. 물론 그립의 힘도 그렇습니다. 볼이 맞는 순간에도 클럽을 잡지 말고 오히려 놓으려고 해야 합니다. 말이 안 되는 것 같아도 하다 보면 아주 찰나의 순간일지언정 어떤 느낌인지 알게 됩니다.

　골프 스윙에서 힘은 허리를 돌릴 때 그리고 그 힘을 감당하는 하체에 집중적으로 필요한 겁니다. 손이나 팔 또는 어깨와 이를 악무는 데 힘을 쓰면 아차 하는 순간에 허당 샷이 돼버립니다. 허리를 돌리는 속도가 곧 헤드 스피드가 되는데 하체의 힘이 약하면 자세가 무너지게 됩니다. 그래서 하체가 중요하다는 겁니다. 하체 단련시켜서 손해 볼 일 눈곱만큼도 없습니다. 하체가 튼튼하면 필드에서나 침실에서나 환영 받는다는 사실, 이미 다 아실 테니 굳이 강조하지 않겠습니다. 물론 허리 역시 힘이 좋아야 합니다. 허리 힘 좋으면……이것도 다 아시지요? ^^;

방금 미스 스푼이 샐쭉한 표정으로 제게 이렇게 말했습니다.

"흥! 말은 청산유수네요? 그런데 골프가 말로 하는 건 아니니까 필드에서 날 공략해봐요. 그때도 잘 하면 인정할게요."

모든 증거를 바로 코 앞에 들이대도 결코 호락호락 인정하는 법이 없는 아름다운 악녀, 미스 스푼. 그녀는 진정 필드의 팜프 파탈인가요? 저는 그럼 지금 당장 그녀를 정복하기 위해 연습장으로 가겠습니다. 참, 그 전에 '얄미운 년' 시리즈 한 마디 빼먹을 수 없지요?

> "일주일에 몇 번씩 필드 나가는데도 저 혼자 공부 잘해 SKY 대학교 다니는 자식 둔 년"

맛을 봐야 맛을 아는 그녀, 스푼

앞서 미스 스푼에 대해서 온갖 수다를 장황하게 떠들었습니다. 그래도 더 할 말이 남아있을까 저 자신도 궁금했는데 아직 못다한 말이 있네요. 제가 확실히 수다쟁이 맞긴 맞는가 봅니다. 그만큼 떠들고도 또 빈틈을 찾아내서 저런 감칠 맛(?) 나는 제목으로 수다 떨 생각을 하니 말입니다. 진정한 수다쟁이는 무에서 유를 창조할 줄 알아야 합니다. 그래서 이 참에 명함 한 켠에 '수다 크리에이터(chatting creator)'라고 표기할까 합니다. 언젠가 제 수다가 왕창 뜨기를 바라면서 말입니다. 지금 이 글을 읽고 계신 당신은 저의 든든한 후원자입니다. 끝까지 저와 함께 갈 거죠? 고맙습니다. ^^

골프에서 손맛은 연인과의 첫 키스만큼이나 짜릿하고 황홀합니다. 하지만 그 '느낌'을 말로 설명하려면 어떤 표현을 빌려야 할지 몰라 횡설수설 갈피를 못 잡습니다. 그 느낌을 잡아둘 수만 있다면 그래서 보여줄 수만 있다면 얼마나 좋을까요? 하지만 우리의 뇌는 단지 기억만 할 뿐입니다. 그것도 시간이 지나면 가물가물 사라져버리는 휘발성 기억으로 말입니다. 그래서 골퍼들은 어쩌다 마주친 그 순간을 다시 만나기 위해 피나는 연습을 하는 것이고, 연인들의 사랑은 식을 줄 모르고 더 깊어지는 것입니다. 어떤 느낌이든 익숙해지기 위해서는 반복이 필수입니다. 몸에 밸 때까지 끝없이 노력을 해야 나만의 느낌으로 온전히 간직할 수 있습니다. 그런 과정을 통해 얻어진 익숙함은 자연스러움으로 나타납니다.

　사랑도 많이 해본 사람이 더 능수능란하고, 친절도 몸에 밴 친절이 더 자연스럽고, 고기도 먹어 본 놈이 잘 먹고, 애교도 부려본 사람의 애교가 더 예뻐 보입니다. (하필 고기하고 애교를 붙였지?) 뭐 어쨌든, 뭐라도 해본 놈이 안 해본 놈 보다는 잘하는 게 당연합니다. 돈도 많이 벌고 써 본 놈이 잘 벌고 잘 쓰고, 공부도 해본 놈이 더 잘합니다. 물론 힘도 써본 놈이 힘 쓰는 요령을 잘 아는 겁니다. 그래서 김모 개그맨이 안 해봤으면 말도 하지 말라고 너스레를 떠는 겁니다.

　낚시를 좋아하는 이들은 최고의 손맛을 꼽으라면 대부분 배스 낚시를 꼽습니다. 낚시의 'ㄴ'자도 모르는 제가 감히 할 얘기는 아니지만 그래도 낚시의 손맛은 골프의 손맛 보다는 지속시간이 훨씬 길지 않나 싶습니다. 낚시는 물고기를 끌어올리는 시간이라도 있지만 골프의 손맛은 '어?' 하는 순간에 왔다가 바로 사라집니다. 그것도 한 타, 한 타 신중하게 연습하는 골퍼들에게나 손맛이라는 놈이 찰나의 순간에 맛만 보여주는 것이지, 쉴 새 없이 난타 질을 하는 골퍼들에게는 '?'……네, 영원한 물음표입니다. 게다가 골프 클럽마다 최고의 손맛은 극히 미묘하게 달라서 설명도 힘들고 이해는 더 힘이 듭니다. 맛을 봐야 맛을 알지, 맛도 안 보고 뭘 알겠습니까?

네? 힘든 건 제 사정이고 당신은 전혀 보고 싶지 않았는데 글 제목에 낚여서 읽고 있으니 책임을 지라고요? 근데요……제가 글 내용보다 제목을 먼저 뽑았거든요? 그래서 지금부터 하는 말은 전혀 준비된 말이 아닌데 괜찮겠어요? 이크~성질 급한 어떤 독자 분이 구시렁대지 말고 '스푼, 그녀의 맛'에 대해 빨리 수다나 떨라고 으름장을 놓네요. 알겠어요, 알겠다고요~!

제가 갖고 있는 스푼은 정통 스타일이 아니라 K사에서 출시한 변형 제품입니다. 헤드 크기가 아주 작고 가벼운 것이 특징입니다. 그래서 조금만 템포가 흐트러져도 볼은 이웃집이나 숲 속으로 숨어버리기 일쑤입니다. 물론 제대로 맞았다 싶으면 200미터는 우습고 220미터 파 온도 가끔 합니다. 잘 맞았을 때의 손맛은 뭐랄까요……실은 별 느낌이 없었습니다. 드라이버는 탁구공을 때린 느낌과 비슷하고, 아이언은 미세하게 푹신한 느낌이 옵니다. 그런데 스푼의 손맛은 마치 아무런 일도 없었던 것처럼 느낌이 없었습니다. 단지 따귀 때리는 소리보다 10배쯤 더 맑은

'짝!' 소리만 기억에 남아 있습니다. 손에 아무런 느낌도 없었는데 볼은 저공비행으로 허공을 가르며 무려 220미터나 날아 그린에 안착을 했습니다. 그것도 포대 그린 턱에 맞았길래 망정이지 평지였다면 얼마나 더 갔을까요? 맛을 보긴 봤는데 어떤 맛인지 설명이 안되니 이거 참……

20대 중반의 어느 날, 저는 어떤 여성분을 소개받았습니다. 무슨 얘기가 나올까 기대하셨다면 죄송하게 되었습니다. 소개나 그런 것이 아니라 단순한 인사였습니다. 저도 아쉽네요. 피부가 유난히 깨끗했던 그 여성은 반갑다며 악수를 청했습니다. 저는 그때 그 느낌을 지금도 생생하게 기억하고 있습니다. 부드럽고 촉촉하게 착 달라붙는 듯했던 그녀의 손맛은 그때가 처음이고 마지막이었습니다. 단 한번의 악수에 대한 느낌이 그토록 강렬할 수 있다는 사실이 저도 참 놀랍습니다. 그런 손을 가진 여성과 결혼한 남자는 참 좋겠습니다. 부럽습니다.

결국 미스 스푼 최고의 손맛은 전혀 느끼지 못할 정도로 순간적이라는 말인데 믿어지시나요? 그토록 애써서 그녀와 완벽한 일체감을 이루었는데 정작 아무 느낌도 남지 않았다니……말짱 도루묵이라는 말이 아마 이럴 때 써먹으라고 만들어진 말 같습니다. 그 느낌을 다시 찾고 싶어 연습 많이 했습니다. 그러나 느낌이 없었으니 찾을 방법도 묘연하기만 합니다. 우주의 실체는 '공(空)'이고, 폭풍의 눈 한 가운데는 고요하기 이를 데 없다고 하더니 공(球) 때리는 기술의 절정도 일맥상통하는 건가 봅니다.

하긴 산 정상에 죽어라 올라가본들 아무 것도 없고, 섹스의 절정인 오르가슴도 완벽한 무아 상태라고 합니다. 이런 것들을 종합해서 결론을 내리자면 '아무 느낌도 없었지만 무언가 꽉 찬 완벽함'이라는 얘긴데요……이러다 도를 깨우치겠네요.

저와 가끔 골프 얘기도 하고 사는 얘기도 하는 프로가 있습니다. 제가 느낌 얘기를 했더니 '느낌으로 연습을 하는 건 별로 권하고 싶지 않은데요?'라고 했습니다. 느낌은 느낌일 뿐 실체가 아니라는 의미이겠지요? 하지만 저는 느낌 골프를 계속 할 생각입니다. 우리가 원하는 행복도 '행복하다는 감정을 느끼는 것'이지 직접 보거나 만질 수 있는 것은 아닙니다. 하지만 사람들은 자기 나름대로 '행복의 맛'이 무엇인지는 알고 있습니다. 그게 왜 행복이냐고 물으면 선뜻 대답을 못할 수도 있습니다. 아니 어쩌면 그 질문 자체가 잘못 된 것일 수도 있습니다. 내가 느끼는 행복의 맛을 모르는 이에게 아무리 설명을 한들 무슨 소용이 있겠습니까? 이 세상 모든 것은 다 직접 맛을 봐야 맛을 아는 겁니다.

골프도 그렇습니다. 이해가 되든 안되든 말로는 무슨 말을 못하겠습니까? 몸으로 보여줄 수도 있습니다. 그러나 찰나의 손맛은 말로도 몸으로도 전해줄 수 없습니다. 오로지 골퍼 자신만이 느낄 수 있습니다. 그 맛을 느끼기 위해서는 반드시 연습이라는 과정을 겪어야만 합니다. 노력 없는 대가는 없다고 했습니다. 미스 스푼이든 미스 김이든 그 맛을 알기 위해서는 반드시 넘어야 할 깔딱 고개가 있습니다. 그 고개를 넘는 순간 당신은 그토록 원하던 '환상의 맛'을 맛볼 수 있습니다. 비록 너무 순식간이라 느낌의 흔적만 남을지라도 말입니다.

맛을 보면 볼수록 더 빠져드는 골프의 세계, 오늘도 당신의 기분 좋은 웃음 소리를 기대하며 '얄미운 년' 만나러 갑니다.

"허구한 날 땡볕에 놀면서도 기미 안 낀다고 자랑하면서 샤워 후 쌩얼로 그냥 집에 가는 년"

달라면 줄 것 같은 그녀, 4번 배피

　우드 자매 중 가장 도도한 미스 스푼에 대한 수다는 그만 떨고 동생 4번 미스 배피에 대한 수다를 시작해볼까요? 그런데 글 제목이 묘하다고요? 말씀 묘하게 하십니다? 실은 그냥 묘한 게 아니고 묘하게 끌리는 거 맞지요? 흐흐~이거 왜 이러십니까? 저도 다 계산하고 지은 겁니다. 자, 우리 내숭은 그만 떨고 수다 떨러 가실까요?

　3번 스푼 그녀는 너무 예민하게 굴어서 아예 포기하고 대신 4번 배피 양을 예뻐하는 골퍼들이 꽤 있습니다. 하긴 뭐 까다롭기만 하고 다루기 어려운 미스 스푼을 꼭 고집할 이유는 없습니다. 미스 배피도 배꼽만 잘 맞춰주면 200미터는 너끈히 날아가니까요. '아니, 이게 무슨 소리야? 배꼽만 잘 맞추면 이라니? 이 친구가 드디어 확 까발리기로 작정을 했나 보네.'라고 살짝 흥분하신 분들, 꿈 깨세요! 비유를 그렇게 했을 뿐이지 실은 스윙의 기본에 관한 겁니다.

어드레스 셋 업 자세에서 그립 끝이 배꼽을 향해야 하는 건 다 아실 겁니다. 테이크어웨이(Take-Away: 백 스윙을 하기 위해 팔과 클럽을 우측으로 낮고 길게 끄는 동작) 때는 물론 백 스윙 탑에서도 그립 끝은 배꼽을 가리키고 있어야 합니다. 만일 그립 끝의 연장선이 배꼽을 향하지 않고 있다면 올바른 스윙 궤도에서 벗어난 것을 의미하는 것입니다. 즉, 몸통 따로 팔 따로 논다는 말씀입니다. 혹 처음 듣는 말이라면 연습장 프로에게 자문을 구하거나 인터넷 검색을 해보세요. 여기서 말로 하다간 한없이 길어질 수도 있으니까요.

그건 그렇고 사실 미스 배피와 언니 스푼과는 번호 하나 차이일 뿐입니다. 굳이 부족한 점을 찾자면 미스 배피의 다리가 약간 짧다는 건데 그 외에는 나름 엄청 멋진 클럽입니다. 슈퍼 모델 결선에서 아슬아슬하게 떨어진 A급 모델이라고 하면 이해가 딱 되시겠네요. 그 정도만 되도 어디서든 꿀릴 거 하나 없이 아주 훌륭합니다. 게다가 성격까지 싹싹하니 불만 찌꺼기가 있을 리도 없습니다. 한 마디로 'So Good~!' 입니다.

참, 비거리 얘기가 나오면 이런 분들 꼭 있습니다. 보통 3가지 유형으로 나눌 수 있습니다.

단 타자들   뻥 치지마. 200미터가 어쨌다고? 어쩌다 잘 맞은 게 네 비거리냐?

장 타자들 왜 그것 밖에 안 나가? 220미터쯤은 너끈히 나가야 되는 거 아닌가?

실전골퍼들 200미터든 220미터든 뭐 어때요? 그때그때 상황에 맞추면 안됩니까?

당신은 어떤 스타일인가요? 저는 개인적으로 타인의 비거리를 비웃는 듯이 말하는 골퍼가 제일 얄밉습니다. 그래서 피칭으로 얼마를 보냈다며 뻐기는 골퍼를 만나면 욱해서 볼멘 소리를 합니다.

"거참, 골프가 거리 많이 내기 시합도 아닌데 어떤 클럽으로 꼭 얼마를 보내야 하는 법칙이라도 있습니까? 어떻게든 온 그린 시켜서 가능한 빨리 홀 아웃 하면 되는 거 아닌가요? 거리가 많이 나면 좋겠지만 그렇다고 버디가 쏟아지는 것도 파를 보장 받는 것도 아니잖아요? 그리고 거리 많이 난다고 언더 파 치는 건 아니잖습니까?"

그러면 대부분 머쓱한 표정으로 '하긴 그래. 거리는 안 나도 또박또박 치는 사람들이 더 무섭더라'고 인정을 합니다. 하지만 돌아서면 올바른 스윙 보다는 거리를 많이 내려는 사심 가득한 무대포 스윙을 합니다. 하하……어쩌겠습니까? 골프가 다 그렇지요. 이런 말을 하는 저도 어떻게 하면 거리를 더 내볼까 하고 전전긍긍 하고 있답니다. 솔직히 말씀 드리면 저 역시 골프의 결론은 거리라고 생각합니다. 같은 수준의 골퍼가 승부를 가린다면 많은 거리를 확보한 사람이 확실히 우위를 선점할 수 있습니다. 그런데 거리는 짧아도 진짜 고수들은 쇼트 게임이 정말 무섭던데……에휴~ 이래도 고민 저래도 고민입니다. 거리 수다는 그만 떨고 다시 원위치~!

미스 배피는 딸로 치자면 둘째입니다. 첫째 딸은 살림 밑천이라는 덕담이 있고, 셋째 딸은 선도 안보고 데려간다는 말이 있는데 이상하게 둘째에 대한 언급은 어디에도 없습니다. 기껏 돌아다니는 말이래야 둘째는 중간에 끼어서 개 밥에 도토리처럼 이리 채이고 저리 채이는 찬밥 신세라는 넋두리만 있을 뿐입니다. 물론 부모들이 진심으로 차별할 리는 없겠지만 둘째라는 위치가 애매해서 손해를 보긴 봅니다. 그래서 둘째들은 불만이 많습니다. 말을 안하고 참고 있어서 그렇지 일단 말문이 터지면 그 동안 쌓아 놓은 설움이 한 보따리들입니다.

대부분의 둘째들은 그런 핍박(?)을 이겨내며 저 홀로 치열한 자기 싸움을 합니다. 그래서 어설픈 맏이보다 둘째가 실속 있는 경우가 많습니다. 저요? 음……저는 첫째입니다. 저희 집도 저보다 제 동생이 훨씬 더 야무집니다. 어릴 때나 형이지 다 커선 동생이 형 같을 때가 많습니다. 형만한 아우 없다는 말도 제 경우엔 헛소리입니다. 속마음이 깊은 둘째는 그런 형도 품에 안습니다. 외로웠던 만큼 속정이 깊기 때문입니다. 겉으론 투덜거려도 형이 달라면 뭐든 주고 싶어합니다. 딸 형제도 비슷합니다. 철없는 언니 때문에 속 썩는 동생들 많을 겁니다. 그래도 언니 챙기는 동생 노릇을 마다하지 않습니다. 그게 형제이고 자매이기 때문입니다.

　4번 미스 배피가 바로 그런 케이스입니다. 3번 미스 스푼의 화려한 명성에 밀려 많이 알려지지는 않았지만 능력은 언니 못지 않습니다. 스푼 언니가 얼마나 까다로운지 잘 알기 때문에 미스 배피는 어떻게든 골퍼들을 편하게 해주고 싶어합니다. 실제 제 경우에도 미스 배피를 기용해서 황당한 샷을 했던 기억은 전혀 없습니다. 성격 자체가 모나지 않아서 최소한의 배려만 해주면 거리며 방향까지 믿고 맡길 수 있습니다. 3번 미스 스푼만 고집하다 우드 노이로제 걸린 골퍼들에겐 미스 배피가 적당합니다. 그래서 글 제목도 그런 것입니다. 4번 우드는 3번 스푼에 비해 모든 면에서 한결 부드럽고 편합니다. 잘만 다루면 필드의 천생배필로 삼아도 문제 없습니다.

　제가 하는 말이 사실이냐고요? 또 이분법적인 질문을 하시는 분이 있군요. 제가 하는 모든 수다는 보편적인 현상에 대한 수다입니다. 세상 일을 전부다 공식에 꿰 맞추려 하면 약도 독이 될 수가 있습니다. 일반적으로 첫째보다는 둘째 대하기가 수월하다는 것인데 그게 사실이면 어떻고 사실이 아니면 음……아닌 거지요, 뭐. ^^ 제가 둘째가 아닌데 둘째 마음을 알면 얼마나 알겠습니까? 원래 수다는 책임을 지지 않는 게 정상입니다. 수다는 수다일 뿐 그 이상도 이하도 아닙니다. 너무 심각해지기 없기입니다.

그럼 미스 배피는 어떻게 해야 말을 잘 듣느냐고요? 그냥 평소대로 편하게 대하시면 됩니다. 거리, 방향 너무 부담주지 마시고 연습 스윙 하듯 하면 알아서 제 갈 곳 찾아서 갑니다. 조금이라도 멀리 보내려고 갑자기 힘만 안주면 만사 OK입니다. 그러면 어떤 스윙을 해도 미스 스푼보다는 훨씬 안정적인 느낌이 듭니다. 특히 여성 골퍼들에게 4번 미스 배피를 적극 추천합니다. 제가 여성 동지들 미스 스푼 꺼냈다가 낭패 당하는 걸 많이 봤거든요.

결론은 엄청 간단한데 주변 수다가 더 많았던 4번 우드 미스 배피에 대한 수다, 이쯤에서 마무리 하겠습니다. 끝내기 전에 '얄미운 년'에 대해 한 마디 안하고 넘어갈 수 없지요?

> "그늘 집마다 먹고 마신 것도 모자라 라운드 후 식사 때 엄청 먹는 데도 똥배 안 나오는 년"

저절로 벌어지는 석류 아가씨, 5번 크리크

5번 우드 크리크 소개 말 생각하는데 거의 반나절이 걸렸습니다. 그래서 태어난 이름이 석류 아가씨입니다. 왜 5번 우드에게 석류 아가씨란 이름을 붙였는지 예전에 한창 유행했던 음담패설에 능하신 분은 벌써 눈치 챘을 수도 있습니다. 껍질부터 씨까지 버릴 것이라곤 하나 없는 석류는 다 익으면 저절로 벌어져 땅에 떨어집니다. 석류로 만든 제품은 수도 없이 많은데 대부분 타겟 층이 여성일 정도로 석류는 친 여성적입니다.

그러고 보니 5번 우드 크리크에 석류 아가씨란 애칭이 잘 어울려 보입니다. 참, 왜 석류 아가씨인지 냄새만 풍기고 이유는 말씀 안 드렸지요? 석류는 때가 되면 저절로 속살을 보여주는 과실인 거는 아시지요? 이리 저리 눈치 보고 달래거나 구슬릴 필요가 없으니 얼마나 편하겠습니까? 5번 우드 크리크가 딱 그렇습니다. 그냥 들었다 내려 놓으면 됩니다. 빗맞아도 OB나 쪼루 잘 안 나고 대충은 나가줍니다. 이만큼 말씀 드렸으면 찰떡같이 알아 들으셨어야 합니다.

5번 우드 크리크는 골퍼라면 누구나 갖고 있지 않을까 합니다. 크리크는 그만큼 거의 절대적으로 필요한 인기 만점의 클럽이기 때문입니다. 딸로 치자면 눈에 넣어도 아프지 않다는 셋째 딸인데 어찌 안 그렇겠습니까? 셋째 딸은 애교도 많고 어리광도 많지만 제 할 일을 게을리 하지는 않습니다. 딸 있느냐고요? 음……아쉽게도 없습니다. 딸 자식이 어떻다는 얘기는 순전히 여기저기서 얻어 들은 겁니다. 게다가 저는 5번 크리크도 없습니다. 예전에 쓰던 건 동생에게 물려준 후, 새로 장만하려 했는데 아직 손에 맞는 걸 못 찾았습니다. 딸 복이 없더니 우드 복도 없나 봅니다.

팔자려니 하고 딸 없이 살고, 5번 크리크 없이 골프 칩니다. 신은 너무 간절히 원하면 들어주지 않는다는 말이 있던데……그게 사실이라면 그 양반 심보 한번 고약하군요.

미스 스푼이 슈퍼 모델, 미스 배피가 A급 모델이라면 미스 크리크는 B급 모델이라고 하기에는 좀 미안하고 뭐라고 하면 좋을까요? 석류 아가씨라고 애칭을 붙여 주었으니 미스 석류 정도면 괜찮겠네요. 아무려면 어떻습니까? 제 눈에는 무조건 예뻐 보일뿐더러 마치 이웃집 아가씨 같은 친근감까지 있으니 더 바랄 것이 없을 정도입니다. 이 석류 아가씨의 평균 비거리는 170~180미터입니다. 스윙을 부지런히 갈고 닦으면 200미터도 충분히 보낼 수 있습니다. 집에서 키우는 식물에게도 사랑하는 마음을 전하면 잘 자라듯이 클럽도 사랑해주고 칭찬해주면 분발할지 모릅니다. 5번 크리크 미스 석류가 딱 그런 클럽입니다. 당신이 조금만 스윙에 신경 써주면 온 몸을 다 써서 기대 이상의 만족감을 선사할 것입니다.

그런데 요즘 우드 자매들을 위협하는 새로운 클럽들이 등장해 클럽 춘추전국시대를 이루고 있습니다. 예전에는 우드가 납작한 형태로 외모는 비슷비슷하고 로프트 각만 차이가 있었는데, 요즘에는 유틸리티 우드나 하이브리드란 명칭으로 워낙 다양한 제품들이 개발되어 골퍼들을 유혹하고 있습니다. 그 중 대표적인 것이 고구마란 애칭을 갖고 있는 유틸리티 우드입니다. 헤드의 모양이 딱 고구마처럼 생기긴 했습니다. 저도 7번 고구마 한 개 있습니다. 약간 긴 파3 홀에서 아주 요긴하게 쓰입니다. 런도 별로 없고 탄도도 적당하고 손맛도 좋습니다. 암팡지게 생긴 것이 믿음은 가지만 가끔은 정통 스타일의 우드가 그리워질 때도 있습니다.

친구와 장맛은 오래될수록 좋다고 하는데, 요즘은 모든 것이 너무 빨리 변해서 아무래도 진득한 맛이 부족하기는 합니다. 하지만 어쩌겠습니까? 옛 것만 고집하다 보면 대세의 흐름에 너무 뒤떨어져 노장 취급 받기 십상이니 따르는 척이라도 해야 합니다. 저는 개인적으로 유행 따르는 걸 별로 좋아하지 않습니다. 유행은 덧없는 바람 같아서 한 해만 지나도 까맣게 잊혀지기 때문입니다. 물론 제 클럽은 최소한 10년 이상 된 것들뿐입니다. 새 식구를 들이지 않는 이유는 경제적인 문제도 있긴 있지만 라운드에는 전혀 지장이 없으니 새로 바꿔야 할 이유도 딱히 없습니다. 제 클럽들을 물끄러미 바라보고 있으면 이제는 마치 같이 늙어가는 친구처럼 느껴지기도 합니다.

이런, 귀염둥이 석류 아가씨가 자기 코너에서 자기는 빼놓고 엉뚱한 수다만 떤다고 잔뜩 골이 나있네요? 그럼 다시 석류 아가씨 얘기로 돌아갈까요? 5번 우드는 참 치기 편안한 클럽입니다. 솔(sole/클럽의 바닥) 부분도 납대대해서 쓸어 치기에 더없이 좋습니다. 스윗 스팟에 맞으면 소리도 상쾌합니다. 혹시 페어웨이 한 가운데에서 우드로 때린 볼이 공기를 가르며 날아가는 소리 들어보셨나요? '파라라락 혹은 휘리리릭……' 글로 흉내를 내자니 이렇게 밖에는 표현을 못하겠네요. 좌우지간 엄청 멋진 소리를 냅니다. 그리고 잘 맞은 우드의 타구 음은 '쨍!' 하고 맑은 소리를 냅니다. 이 소리 역시 글로는 흉내 낼 수 없으니 상상에 맡기겠습니다. 티브이에서 별의 별 소리를 다 흉내 내는 개그맨들도 골프 공 날아가는 소리는 아무도 흉내를 내지 않습니다. 힘들어서 그런가……? 그러고 보니 골프를 소재로 한 코미디 자체가 없었던 것 같네요.

우드가 그런 이름을 갖게 된 것은 고전 골프에서는 우드가 나무로 만들어졌기 때문이었는데, 요즘 클럽들은 나무 재질이라곤 눈을 씻고 찾아봐도 없습니다. 나무로 된 우드는 벌써부터 개인 소장품이나 실내 장식용으로 사용되고 있습니다. 이미 우드는 모두 메탈로 바뀌었는데 우드라는 이름이 과연 적절한가 하는 의문과 함께 어쩌면 조만간 우드라는 말

자체가 없어질지도 모르겠다는 생각이 문득 듭니다. 골프 클럽의 변화 제 1조건은 '쉽게 멀리 똑바로' 입니다. 골프 과학의 발달과 함께 클럽은 또 얼마나 진화를 거듭할까요?

현대는 모든 분야에서 디지털화가 급속하게 진행되고 있습니다. 골프 역시 스크린 골프라는 다분히 디지털적인 버츄얼 게임이 한 시장을 형성하고 있습니다. 이러다 골프 클럽이나 볼에도 어떤 디지털 장치가 장착되는 것은 아닌지 모르겠습니다. 저 역시 스크린 골프에서 꽤 많은 시간을 보내기는 하지만 한편으로는 '진짜 골프'가 아닌 것 같아서 뭔가 허전하기는 합니다. 이런 얘기를 하다 보니 갑자기 파란 잔디가 못 견디게 그리워집니다.

클럽이 어떻게 바뀌든 '얄미운 년' 때문에 그녀들의 필드는 뜨겁기만 합니다. 얄미운 년 시리즈는 다음 카페에서 빌려 왔음을 알려 드리며……진짜 얄미울 것 같습니다. ^^

> "볼 안 맞는다고 홀 마다 구시렁거리면서도 절대로 90타는 안 넘기는 년"

고구마 아가씨 7번 우드

한때 유틸리티 우드 열풍이 불었던 적이 있었습니다. 까다로운 3, 4번 아이언 대신 프로들도 유틸리티 우드를 쓴다는 사실이 아마추어 골퍼들에게 알려지면서 폭발적으로 팔려 나갔습니다. 무심하다가도 뭐가 좋다고 하면 벌떼처럼 달려드는 것이 우리나라 사람들의 유난스런 습성입니다. 당연히 저도 그 벌떼 중의 하나가 되어서 속칭 '고구마'라고 하는 7번 유틸리티 우드 하나 챙겼습니다. 고구마 열풍 덕에 골프 클럽 제조회사는 떼돈을 벌었고, 고구마 하나쯤 없는 골퍼는 눈 씻고 찾아봐도 없습니다. 하이브리드 우드라고 부르기도 하고 또는 레스큐 우드라고도 합니다. 효율성이 뛰어나서 유틸리티이고, 아이언과 우드의 장점을 섞어 놓아서 하이브리드이고, 위기 탈출이 아이언보다 쉬워서 레스큐입니다. 온통 영어입니다. 아마 골프와 관계된 영어만 주워섬겨도 영어 잘하는 줄 알걸요?

7번 유틸리티 우드의 활약상만 보면 다분히 남성적이지만 출신 성분은 여성에 가까운지라 '고구마 아가씨'라는 애칭을 붙여 보았습니다. 마음에 드십니까? 고구마 먹고 싶다고요? 어째 말투가 묘하십니다? 하긴 저도 고구마 먹고 싶습니다만……허튼 소리 그만하고 떨던 수다 떨겠습니다. 3, 4, 5번 우드 언니들이 쭉쭉 빵빵 각선미를 자랑한다면 고구마 아가씨는 여자 달리기 선수 같은 튼튼한 허벅지를 뽐냅니다. 주로 평평한 페어웨이만 고집하는 언니들에 비해 고구마 아가씨는 산 속이든 러프든 가리지 않고 누비며 게릴라처럼 임무를 수행합니다. 볼을 때리는 힘도 얼마나 암팡진지 한번 맛을 보면 절대로 골프 백에서 빼놓을 수 없습니다.

　고구마 아가씨는 아이언보다 확실히 만만합니다. 탄도도 높고 거리도 충분히 나며 러프에서 탈출도 쉽고 그린에서도 잘 섭니다. 고구마 아가씨가 제 골프 백에 자리를 트는 순간 3번 아이언은 방을 뺏기고 말았습니다. 아마 제 3번 아이언은 단 한번도 잔디 맛을 본 적이 없을 겁니다. 게다가 지금은 어느 구석에 처박혀 있는지도 모릅니다. 조금 미안하네요. 나 편하자고 잔디 밥 한번 먹이지 않고 형제들과 생이별을 시켰나 싶어서요. 한때는 기필코 3번 아이언을 정복하겠다며 많은 시간을 같이 했었지만 고구마 아가씨를 만나자마자 바로 아웃. 3번 아이언이 얼마나 황당했을까요? 정복 어쩌고 하더니 불쑥 버려졌으니 말입니다. 조만간 만나서 사과라도 한마디 해야겠습니다. 근데 어디에 뒀는지 도무지 생각이 안 나네요……쩝

사실 3번 아이언인들 그토록 예민하게 태어나고 싶었겠습니까? 태생 자체가 그런 것뿐일 텐데……그게 바로 저 자신 또는 우리들의 모습일 수도 있다는 생각에 마음이 짠해집니다. 우리 사회에서 그런 일이 얼마나 비일비재 합니까? 직장인들의 경우 온 몸을 던져가며 죽어라 일만 하다가 어느 날 갑자기 스펙 짱짱한 젊은 친구들에게 찍 소리도 못하고 밀려나는 게 현실입니다. 언젠가 '출근을 했더니 책상이 없어졌더라'는 만년 과장의 비참한 얘기를 들었던 적이 있습니다. 회사측에서는 어쩔 수 없었다고 하면 그만이겠지만 당사자는 얼마나 가슴이 찢어졌을까요? 어디서 억울하게 밀려난 적 있느냐고요? 이만큼(?) 살았는데 어떤 일인들 겪어보지 않았겠습니까?

골프 격언 중에 이런 말이 있습니다. '방금 당신이 최악의 샷을 날렸다고 절망하지 마라. 더 나쁜 샷은 아직 끝나지 않았다' 제가 아는 골프 격언 중 최고입니다. 저 말을 우리 삶에 그대로 적용해보면 '지금 당신의 인생이 최악이라고 좌절하지 마라. 더 나쁜 상황은 아직 시작도 안 했다' 뭐 그쯤 되지 않을까요? 살다 보면 너무 황당해서 말문조차 막혀버리는 일들 몇 번쯤 만나게 됩니다. 하지만 그게 뭐 어떻습니까? 나쁜 일을 겪으면 겪을수록 더 강해지는 것이라고 생각하면 그만입니다. 왜 하필 나에게 이런 일이 생기냐고 울고 불고 해봐야 아무 소용 없습니다. '이런 젠장~!' 그냥 욕 한번 하고 침 한번 뱉고 악으로 깡으로 버티면 됩니다. 장도 묵혀야 제 맛이 나고, 사람도 역경을 딛고 일어나야 사람의 맛이 나는 법입니다.

　라운드 도중 나름대로 잘 친 볼이 러프나 디봇에 빠지는 일이 허다합니다. 그때 무리한 시도를 하다가 아차 하면 잘 나가던 스코어를 한 순간에 망칠 수도 있습니다. 그렇다고 골프를 포기하지 않듯이 삶도 마찬가지입니다. 과정은 좋았는데 이상하게 꼬여서 결과가 엉망일 때가 종종 있습니다. 그럴 경우 빨리 인정하고 차선책을 찾아야지 화를 내거나 좌절만하면 더 큰 피해를 볼 수도 있습니다. 물론 속은 쓰리고 아프겠지요. 속된 말로 머리 뚜껑이 열리고 육두문자 욕설을 퍼붓고 싶겠지요. 하지만 그래도 좌절하지 않고 꿋꿋하게 앞으로 나아가는 것이 골프이고 인생입니다. 이런 말도 있습니다. '인생 뭐 있어? 죽기 아니면 까무러치기지' 바로 그겁니다. 까짓 인생 어차피 복 불복입니다. 하는 데까지 해보고 갈 데까지 가봅시다. 파이팅입니다.

　저는 답답하거나 또는 슬픈 일을 당하면 득달같이 쫓아가 따지고 화를 내기 보다는 말없이 골프연습을 합니다. 부글부글 끓는 마음을 달래가며 분노의 샷을 하느라 너무 무리를 해서 근육을 다치기도 하고 손가락에 관절염이 와서 생고생을 겪기도 했습니다. 하지만 볼을 때리다 보면 어느새 안정된 나 자신을 느끼게 됩니다. 볼을 때려서 스트레스가 해소된 것이 아니라 그 과정을 통해 세상의 원칙을 깨닫고 인정할 줄 아는 지혜를 배우게 되는 것이지요. 정신적인 고통은 육체를 혹사하고, 육체적인 고통은 정신을 다른 곳에 팔면 한결 견디기가 수월해집니다.

　7번 우드 고구마 아가씨 애기가 참 멀리도 갔습니다. 그래도 할 건 다 했습니다. 고구마 아가씨 칭찬도 했고 3번 아이언에게 미안한 마음도 전했으니까요. 그런데 요즘 제 고구마 아가씨가 은근히 속을 썩입니다. 맞기는 그럭저럭 맞는데 죄다 왼쪽으로 감겨 버립니다. 뒤땅도 종종 나오고……네, 다 제 잘못이지요. 클럽이 무슨 죄가 있겠습니까? 연습 부족을 클럽에게 화풀이 하면 안 되는 거 저도 압니다. 알긴 아는데 그래도 그렇지, 너무 엉망입니다. 화장실로 불러서 조용히 타일러야겠습니다. '야, 7번 고구마! 좋게 말할 때 시키는 대로 해라, 응? 까불면 죽는다.'

　당돌한 고구마 아가씨가 알아들었는지는 모르겠지만 우드 자매 수다는 여기서 끝이 납니다. 다음부터는 아이언 브라더스에 대한 수다가 이어질 것입니다. '녹색의 들판을 거침없이 누비는 아이언 형제들의 엎치락뒤치락 무용담, 기대하시라!' 참, 개봉박두를 외치기 전에 '얄미운 년 시리즈 마지막'을 소개하겠습니다.

> "그렇게 얄밉게 구는데도 파트너 구하는 데 전혀 어려움이 없는 년"

나는 볼이로소이다

　수다를 떨기 전에 한가지 부탁이 있습니다. 어려운 부탁 아닙니다. 왜는 묻지 마시고 그저 자기 자신을 골프 볼이라고 상상하세요. 이왕이면 볼 이름까지 구체적으로 상상해주세요. 준비 되셨나요? 지금 만사가 귀찮으니까 시답잖은 수작 부리지 말고 빨리 본론으로 들어가라고요? 쳇~ 알았어요. 알았다고요. 어제 볼이 안 맞았나 봐요? 볼 얘기 하니까 바로 짜증 내는 걸 보니 말입니다.

　그럼 제 말대로 생각하신 분들만 보세요. A급, B급, C급 아니면 연습장 볼 중 어떤 걸 상상하셨나요? 뭔가 수상쩍은 냄새가 나겠지만 별거 아닙니다. 등급을 나눈 이유는 브랜드에 따라 볼의 가격 차이가 천차만별이기 때문입니다. 그뿐입니까? 4피스, 3피스, 2피스에 따라 또 차이가 납니다. 요즘에는 컬러 볼인가 아닌가도 가격 차이가 있습니다. 컬러 볼 중에는 표면 처리가 맑고 투명하게 보이는 크리스털 볼도 있습니다. 태생이 비싼 놈일수록 패키지도 멋집니다. 싸구려 볼은 패키지도 어딘가 싼티가 납니다. 연습장 볼은 큰 자루에 담겨 대형 박스로 옮겨집니다.

어떤 볼이 마음에 드세요? 물어보나마나 당연히 최고가의 A급 브랜드 볼을 상상하셨겠지요?

누가 C급 브랜드나 연습장 볼로 생각했겠습니까? 그래도 세상 일은 모르는 겁니다. 간혹 성격이 시니컬(cynical)하거나, 남들이 다 Yes할 때 No 하는 걸 즐기는 분은 어떻게 되나 보려고 연습장 볼을 선택했을지도 모릅니다. 어딜 가도 엉뚱한 분들 꼭 있으니까요. 그런 분들은 인생을 창의적으로 아주 재미있게 사는 겁니다. 제일 비싼 볼을 선택한 분들······무슨 말이 나올까 궁금하지요? 선택 잘 하셨습니다. 모름지기 사람은 자존감이 있어야 합니다. ^^

자, 이제부터 당신은 볼입니다. 그것도 제일 비싼 볼! 태양 빛에 반짝반짝 빛나는 몸이 탐스럽습니다. 속이 비치는 핑크 빛 크리스털 볼은 섹시하기까지 합니다. 필드고 뭐고 그냥 '비싼 골프 볼'로만 살아도 괜찮겠다는 생각마저 살짝 듭니다. 하지만 볼은 푸른 초원 위를 종횡무진 날아다니며 비행을 해야만 하는 운명을 띠고 태어났습니다. 바람을 잘 타고 그린에 멋지게 낙하하기 위해 온 몸 마사지는 물론 딤플(dimple)이라는 특별 시술도 받았습니다. 어느 날, 볼은 드디어 때가 왔음을 감지합니다. 티(Tee)라고 부르는 발사용 전용의자에 놓여졌거든요. 눈앞에 펼쳐진 녹색의 정원을 보며 볼은 높이 떠오를 준비를 합니다. 몸 속 어딘가에서 아드레날린이 마구 솟구칩니다. '쾅~!' 마침내 볼은 푸른 창공 속으로 비행을 합니다. 볼은 두 팔을 벌려 자유를 만끽하며 함성을 지릅니다. "프리덤(freedom)~!"

함성 소리가 들리지 않는다고요? 그렇다면 당신은 아까 수작부리지 말라고 신경질 내던 분? 당연히 들리지 않겠지요. 볼의 함성 소리가 듣고 싶다면 지금이라도 상상의 날개를 펼치세요. 마음의 눈을 뜨면 눈을 감고 귀를 막아도 볼 수 있고 들을 수 있습니다. 그것이 바로 상상의 힘입니다. 위대한 상상은 모든 불가능을 가능케 합니다. 당신이 알고 있는 이 세상의 모든 것들, 알고 보면 상상으로 시작된 것들입니다.

볼의 비행 모습은 제 각각 다릅니다. 어떤 볼은 높고, 어떤 볼은 낮고 또 어떤 볼은 오른쪽이나 왼쪽으로 휘어서 날아갑니다. 원래 볼은 똑바로 멀리 잘 날수 있도록 태어났습니다. 하지만 누군가 뒤통수를 냅다 때려줘야만 날 수 있습니다. 이런~때려야 말을 듣는 팔자라니……볼이 불쌍합니다. 팔자야 어쨌든 볼은 어디를 어떻게 맞았는지도 모르고 누가 때리기만 하면 신나서 공중제비를 돌며 허공으로 솟구쳐 떠오릅니다. 하지만 그것도 잠깐, 떨어질 때는 숲 속에 처박히고, 물에 빠지고, 모래에 박히고, 페어웨이에서 구르고, 바위에 부딪혀 머리가 터지기도 합니다. 그린에 안착하는 놈은 그나마 운이 좋은 것입니다. 듣고 보니 볼의 운명도 참 기구하지 않습니까? 별 걱정을 다 한다고 핀잔주지 마세요. 한번 해본 소리니까요.

비싼 볼이라고 해서 좋은 자리만 알아서 찾아 다니란 법 없고, 싼 볼이라고 해서 나쁜 자리만 골라 다니란 법 없습니다. 단 한 번의 비행으로 운명을 달리하는 볼이 있는가 하면 온 몸이 다 헤질 때까지 비행을 하는 볼도 있습니다. 볼의 입장에서 보면 골퍼는 자신의 운명을 뒤흔드는 신과 같은 존재입니다. 하지만 신이라고 해서 능력이 다 같지는 않을 겁니다. 툭하면 실수를 저지르는 초보 신도 있을 테고, 상상초월 엄청난 능력을 갖춘 일등 신도 있겠지요. 초보 신을 만난 볼은 한치 앞도 불안에 떨며 날아야 하고, 일등 신을 만난 볼은 무사태평 여유 있는 비행을 즐기기만 하면 됩니다.

이쯤 하면 촉이 빠르신 분은 무슨 얘기를 하려는지 아실 겁니다. 사람의 삶도 볼과 여러 면에서 닮았습니다. 부잣집 도련님으로 태어나 평생을 호의호식하는 이가 있는가 하면, 넉넉하지는 않아도 큰 걱정 없이 사는 중산층 가정에 태어나는 이도 있고, 똥구멍이 찢어지게 가난한데다 자식 많은 집 막내로 태어나 자수성가하기 전엔 호강 한 번 못하는 이도 있습니다. 하지만 그건 모두 세상에 던져지기까지의 모습. 일단 세상에 나오면 누가 어떻게 될지는 아무도 모릅니다. 4피스급 스펙으로 무장한 유학파도 아차 하면 인생 OB 날 수 있고, 2피스급 단과대학 출신도 잘하면 잔디 결 좋고 경치 좋은 페어웨이에서 놀 수 있습니다.

운명은 끝없이 나를 뒤흔들지만 나는 흔들리지 않기 위해 힘을 기르고 실력을 연마합니다. 돌이켜보면 엄청난 난관들을 헤쳐온 그 시간들이 까마득하기도 합니다. 당신과 나 우리들은 어떻게 그 순간들을 견뎌왔을까요? 아마 수호신이 있지 않았을까요? 그 수호신은 바로 나 자신일 수도 있고 보이지 않는 손 즉, 운(運)일 수도 있습니다. 진정한 고수는 운도 만든다고 합니다. 인생은 자신이 만들어 가는 겁니다. 진정한 실력을 쌓기보다는 턱도 없는 요행만 바라거나, 올바른 과정은 무시하고 요령만 부리다간 제아무리 큰 코도 남아나질 않을 것입니다.

비싸고 좋은 볼이라고 무작정 스코어가 좋아지지 않듯이 여기저기 긁히고 때가 묻은 볼이라고 스코어에 나쁜 영향만 주지는 않을 것입니다. 모든 건 제 할 탓입니다. 힘들고 갑갑하고 무섭더라도 지켜야 할 도리를 다 하면 거의 틀림없이 좋은 결과가 빚어질 것임을 믿어야 합니다. 골퍼라면 우선은 자신의 스윙을 믿어야 하듯 말입니다. 자신의 능력과 자질을 믿지 못하고 우왕좌왕하는 이에게 성공이란 영원히 남의 이야기일 뿐이듯, 자신의 스윙을 믿지 못하고 주춤주춤 어정쩡한 스윙을 하는 골퍼들에게 싱글 핸디캡은 어쩌면 영원히 건널 수 없는 강일 수 있습니다.

삶의 어느 한 지점에서 성공이든 실패든 그 순간, 그 현장에 당연히 나 자신이 있듯이, 버디든 파든 보기든 심지어 트리플이나 더블 파를 기록할 때 역시 골퍼 자신이 그 현장에 있습니다. 일상에서의 내 몸은 곧 필드에서의 볼과 같다는 말입니다. 세상에서는 내 생각과 믿음을 근거로 내 몸을 이용해 지금의 결과를 만들었고, 필드에서는 내 스윙과 자신감을 기반으로 볼을 이용해 현재의 스코어를 만들었다는 것입니다. 아~ 이 말을 하려는데 어찌나 글이 자꾸 꼬이던지 한참 애먹었습니다. 자기 건강만 믿고 몸을 함부로 굴리면 조금씩 건강을 잃게 되고 결국에는 인생에서 패배를 맛 보듯이, 볼을 잘못 다뤄 OB나 해저드에 처박아 버리면 스코어도 그에 따라 엉망이 되어버립니다.

위급 상황에서 내 몸이 보이는 순간반응은 평생을 살면서 알게 모르게 익혀져 온 무의식적인 운동 반응입니다. 그리고 필드에서 볼이 보여주는 반응은 골프를 시작한 이후, 갈고 닦아온 스윙의 결과입니다. 평소 몸 관리를 잘해왔다면 찰나의 순간에도 몸을 쓰는데 불편함이 없을 것이고, 스윙 연습을 올바른 방법으로 열심히 해왔다면 어떤 악조건이라 해도 볼을 안전한 곳으로 보낼 수 있을 것입니다. 일상에서 내 몸을 돌보듯 골프에서 볼의 가치와 의미를 잘 깨닫는다면 내 몸도 좀 더 잘 보살피고, 한 알의 볼도 좀 더 가치 있게 다룰 것입니다.

더 짧게 줄여서 말씀 드리자면, '몸 좋다고 건강 과신 말고, 볼 많다고 OB 내지 말자'…… 발명왕 토마스 에디슨이 이랬답니다. '나는 평생 단 하루도 일하지 않았다. 재미있게 놀았을 뿐이다' 무슨 말을 하려는지 이해는 되지만 요즘 세상은 그랬다가는 쪽박 찬다고요? 하하하, 어쨌든 개떡처럼 말해도 찰떡처럼 알아들으시면 됩니다. 볼 수다를 이만큼 떨었는데 볼과 관계된 명언 한 마디, 빼먹을 수 없지요?

"볼은 잘못 쳤을 때 항상 더 멀리 날아간다"

네 번째 수다

아이언 브라더스

네 번째 수다

아이언Iron 브라더스

세상의 모든 남성들이 폼 잡고 싶어하는 공격적인 골프 클럽들이 있습니다.
아이언이라고 불리는 남성적 체취가 물씬 풍기는 형제 클럽입니다.
그들은 필드를 박차고 날아오르는 힘이 대단하지만 때로는 엉뚱한 짓도 저지릅니다.
그래서 골퍼들은 그들 형제들과 돌아가며 진지한 대화를 시도합니다.
언젠가는 아이언 고수가 될 수 있다는 자신감을 숨긴 채 말입니다.
그런다고 아이언 형제들이 순순히 따라와줄까요?
그들은 기분 내킬 때만 순간적인 손맛만 보여줄 뿐입니다.
홀을 향해 곧장 돌진하는 아이언 샷은 모든 골퍼들의 환상입니다.
당신의 손 맛과 내 손 맛이 다르듯 내 아이언과 당신의 아이언은 다릅니다.
그래도 아이언 형제에 대한 우리의 목표는 한 가지입니다.
그 목표가 서로 다른 당신과 나를 같은 연습장에서 만나 수다를 떨게 합니다.

당신의 손맛을 위한 당신의 아이언 샷을 위한 '수다 아이언' 정체를 밝힙니다.

필드 위의 무사들, 아이언 브라더스 9

아이언 9형제

골프 클럽 패밀리 14식구 중 아이언은 9~4번까지 6종, 피칭 웨지, 샌드 웨지 그리고 갭 웨지(gab wedge), 총 9개로 구성하는 것이 보통입니다. 왜 9형제인지 아셨지요? 웨지는 따로 뗄까 하다가 그냥 아이언에 포함시켰습니다. 갭 웨지는 골퍼의 취향에 따라 52도, 60도 또는 그 중간을 선택하거나 드물게는 64도 웨지를 사용하기도 합니다.

아이언은 3번 아이언까지 사용하는 골퍼가 있는가 하면 아예 4번 아이언도 없는 이도 있습니다. 어느 고참 골퍼는 2번 아이언도 백에 꽂고 다니는데 진짜 사용하는지 아니면 과시 또는 협박용인지는 잘 모르겠습니다. 골프 격언 중에 '2번 아이언을 갖고 다니는 사람과는 내기를 하지 마라'라는 말이 있습니다. 그렇게 어려운 클럽을 사용하는 사람이라면 무시무시한 내공을 숨기고 있어 함부로 붙었다가는 지갑을 털릴지도 모르니 조심하라는 말입니다. 사실 2번 아이언은 구경하기도 힘이 듭니다. 예전에 어느 지인 한 분이 2번 아이언을 들고 다녔는데 사용하는 건 보지 못했습니다. 혹 과시용이었을까요? ^^

우드에 비해서 아이언은 확실히 남성적인 냄새가 물씬 납니다. 생긴 모습부터 공격적입니다. 4번 아이언은 칼처럼 예리하게 생겼습니다. 번호가 커질수록 모양이 미세하게 둔해지면서 9번 아이언은 약간 둔탁한

느낌이 듭니다. 그리고 웨지 형제들은 마치 볼링 핀 같습니다. 좀 더 적나라한 표현을 하자면 남성의 상징인 거시기에 비교할 수 있습니다. 끝이 뾰족하고 긴 놈에서부터 짧고 뭉툭한 놈 까지요. 한번도 그런 상상을 해보지 않았다고요? 그럼 오늘 연습장에 가서 한 놈씩 꺼내서 가만히 살펴 보세요. 아니, 눈을 껌벅거리며 벌써 상상하고 계시는 분이 있네요? 이크~저 사모님은 '우리 남편 건 몇 번……?' 이런~자세한 건 나중에 확인(?)하시고 주목, 주목하세요! 다음 얘기로 넘어갑니다.

나는 고수다, 4번 아이언

　4번 아이언은 아이언 형제 중 맏아들입니다. 물론 3번 아이언부터 갖고 계신 분은 3번이 맏아들입니다. 3번 아이언은 하도 속을 썩여서 호적에서 파버렸다고요? 그럴 줄 알고 4번 아이언이 맏아들이라고 한 겁니다. 잘 하셨네요. 마음에 안 들면 가차없이 잘라버려도 됩니다. 툭하면 뻑사리나 내고 사고만 치다 잘린 거니 할 말 없을 겁니다. 혹 가슴 한 구석에 실낱 같은 아쉬움이 남나요? 하지만 버린 이상 쿨 하게 잊어야 합니다. 미련은 미련한 사람들이나 하는 겁니다. 힘들고 어려운 길 가봐야 아무도 알아주지 않는 세상 편하게 삽시다. 젠장……^^

　4번 아이언으로 정확히 볼을 때리면 '쫙' 하고 맑고 찰진 소리가 납니다. 그 밖의 딱(탑핑), 퍽(duff/뒤땅), 틱(쪼루), 타닥(쓸려 맞기)……이런 소리는 다 설맞은 소리입니다. 속칭 싸대기 때리는 소리를 내려면 연습 엄청 해야 합니다. 연습의 주요 포인트는 물론 힘 빼기입니다. 상체는 물론 어깨와 손 등의 모든 힘을 완전히 빼고 스윙만으로 볼을 때려야 합니다. 힘을 어떻게 빼느냐고요? 힘을 빼는 방법은 무조건 있는 힘을 다 해서 힘을 빼다 보면 언젠가 빠집니다. 말장난 하는 거 아닙니다. '무조건 힘 빼기'는 저의 골프 연습 첫 번째 규칙입니다.

 장타자 형님 고수에게 힘 빼는 요령을 물었더니 양손의 엄지와 검지 그리고 중지, 6손가락만으로 클럽을 잡은 듯한 느낌으로 스윙을 하랍니다. 또 다른 멘토 김교수 역시 롱 아이언은 '상체의 모든 힘을 제로화' 해야 한다고 강조합니다. 그 말을 믿고 몇 년째 연습하고 있지만 아직 감조차 못 잡고 있습니다. 작년에 잠깐 왔다 싶었는데 하루도 안돼서 사라지더군요. 느낌만 남아있고 방법은 전혀 기억이 나질 않습니다. 마치 허망한 백일몽을 꾼 기분입니다. 이런 걸 일모도원(日暮途遠/날은 저물고 해는 진다는)이라고 하나요? 그래서 수다 분석실에 의뢰해봤습니다. 4번 아이언이 왜 그렇게 까다로운지 속성을 분석해 달라고 말입니다. 그랬더니 이런 내용을 보내왔습니다.

 그 옛날, 아들들이 판치던 그리운(?) 시절이 있었습니다. 특히 맏아들은 집안의 기둥이자 희망이 되어야 했기에 부모들의 전폭적인 지원을 받았습니다. 하지만 그만큼 부담감도 컸겠지요? 일단 동생들에게 모범이 되야 했고 가문의 영광을 위한 성공은 필수였을 테니 그 스트레스가 장난이 아니었을 겁니다. 하지만 성공이란 놈은 보고 싶다고 하면 만나주는 연인이나 친구가 아닙니다. 성공 근처까지만 가려 해도 놀기는커녕 잠도 제대로 못 자고 오로지 앞만 보고 달려야 합니다. 그러다 보니 성격은 날로 까칠해지고 뾰족해질 수밖에 없습니다. 그렇게 빡 세게 노력해서 마침내 고수 대열에 합류했다고 해서 끝난 게 아닙니다. 이번엔 고수들과의 경쟁에서 밀리지 않고 버텨내기 위해 한치의 빈틈도 없이 몸과 마음을 칼처럼 갈고 닦아야 합니다. 이게 바로 성공한 맏아들의 모습이고 4번 아이언의 숨겨진 속성입니다. 그런데 그렇게 꼿꼿한 4번 아이언을 힘으로 밀어 부치면 말을 듣겠습니까? 힘을 주면 줄수록 삐딱하게 나올 것이 뻔하겠지요.

자수성가한 대쪽 성품의 맏이는 아무리 부모라 해도 무리한 청탁을 하면 콧방귀도 안 뀔 겁니다. 과거 나라님들이 얼렁뚱땅 친족들에게 막대한 이권을 넘기다 들통나서 망신살이 뻗쳤었지요? 그게 다 짝퉁 고수라서 그런 겁니다. 진짜 고수들은 쪽 팔리는 짓 결코 하지 않습니다. 그건 그렇다 치고……하지만 자식을 너무 어려워하는 것도 꼴사납습니다. 잘 났어도 자식은 자식입니다. 부모로서 위엄은 지켜야 합니다. 마찬가지로 4번 아이언이 고수의 칼처럼 다루기 위험하다고 겁부터 먹으면 안됩니다. 제 까짓 게 아무리 어려워도 볼을 치라고 만든 클럽입니다. 4번 클럽의 주인으로서 그리고 골퍼로서 배짱과 소신을 갖고 당당하게 스윙을 하면 4번 아이언도 최선의 노력을 다 할 것입니다. 어려운 클럽이라고 쭈볏거리면 될 것도 안됩니다. 쫄면 쫄수록 4번 아이언은 비협조적으로 나올 테니까요.

그런데 도대체 고수는 뭘 어떻게 하길래 고수라는 말을 듣는 걸까요? 자, 또 분석 들어갑니다. 고수는 자신의 영역 안에서 임무가 주어지면 누구보다 빨리 그리고 완벽하게 해결합니다. 고수라고 해서 중간과정을 건너뛰거나 생략하는 거 없습니다. 간혹 오해하는 하수들이 있는데 너무 빨라서 눈에 안 보이는 겁니다. 고수의 빠름은 겉으로 보면 결코 빨라 보이지 않습니다. 그러나 자세히 보면 버퍼링이 전혀 없습니다. 그것은 오랜 숙달과 자신감 그리고 집중력이 있기 때문에 가능합니다. 자신감의 근원인 숙달은 하수들은 상상조차 하기 힘든 수없이 많은 반복 훈련으로 얻어집니다. 그 짓을 최소 10년 이상 꾸준히 하면 초보 고수에 다다릅니다. 고수 별거 아니지요? '파블로 피카소'가 말했습니다. '기량이 향상될수록 걱정거리는 줄어든다' 피카소 정도쯤 되는 고수들은 한마디 말도 예술이 됩니다.

4번 아이언은 조금이라도 힘을 잘못 주면 볼을 제대로 보낼 수가 없습니다. 힘을 빼도 무조건 빼기만 하면 되는 것도 아니고 리듬과 템포가 말 그대로 '딱' 맞아 떨어져야 합니다. 거기다 백 스윙과 다운 스윙의 정확한 궤적을 만들 수 있어야 하고요. 볼을 정확히 맞추는 것은 물론이고 방향성과 거리까지 확보하려면 몸의 꼬임과 하체의 움직임 등등이 정확하게 반응을 해줘야 합니다. '야야~, 치워라 치워. 차라리 안 하고 만다. 더러워서……' 이러는 분, 그럼 4번 아이언 포기하세요. 뭐 꼭 아이언을 써야 스코어가 줄어든답니까? 7번 고구마 쓰면 됩니다. 아무렴 어떻습니까? 내가 편하면 그만이지요.

그런데요……그래도 아이언이 왠지 더 폼 나지 않던가요? 170~180미터 남았을 때 누군 망설임 없이 4번 아이언 뺄 때 난 우드. '뭐냐, 이 찝찝함은?' 하하……그렇다고 우울해하기 없기입니다. 안 맞는 클럽 억지로 고집하면 스트레스만 더 심해지니까요. 즐겁지 않으면 골프가 아니라 고문입니다. 천천히 시간을 두고 4번 아이언과 친해지시면 되지요. 간혹 큰 아들과 사이가 어색한 부자지간도 있잖아요? 누가 옳다고 버티지만 말고 서로가 좋은 소통 방법을 찾다 보면 화해할 수 있는 거 잘 아시잖아요. 아이언에 대한 첫 얘기라 그런지 수다가 길어집니다. 4번 아이언 수다는 이쯤에서 끝내고 마무리 멘트는 이걸로 하겠습니다.

> "초보 골퍼들의 가장 큰 결점은 좋아하는 샷만 연습하고, 싫어하는 샷은 연습하지 않는 것이다"

나도 나름 고수다: 5번 아이언

까다로움의 대명사 4번 아이언에 비하면 5번 아이언은 확실히 편안한 기분이 듭니다. 깐깐하고 완고하고 조금만 잘못해도 삐치기 잘하는 완전 모범생 큰아들에 비하면 둘째 아들은 그래도 빈틈이 있어 보이긴 합니다. 그래서 제 어머님도 고민거리가 있으면 둘째하고만 얘기하시나……?

같은 연습장을 이용하고 계신 어느 회원 한 분이 제게 이러더군요. '그래도 5번은 가끔 맞아주는 것 같은데 4번은 왜 단 한번도 안 맞지? 5번보다 4번이 더 짧게 나가. 원래 그래?' 그저 웃었습니다. 원래 그럴 리가 있겠습니까마는 저 역시 큰 차이가 없기에 별로 할 말이 없었습니다. 그 분만이 아니고 많은 분들이 4번 보다 5번이 오히려 비거리가 더 난다고 합니다. 헤드 모양을 가만히 보고 있으면 5번이 분명히 만만해 보입니다. 4번이랑 다른 거 하나도 없다고 생각하시는 분, 전 미대를 나온 사람입니다. 그림 공부를 한 사람은 물건의 형태를 파악하는 능력이 보통 사람보다 코딱지만큼이래도 더 낫습니다. 그러니 제 말을 믿고 다시 한 번 뚫어져라 4번, 5번 아이언 모습을 관찰해 보세요. 그래도 모르시겠다면 음…… &%#$@&$#@~!

5번 아이언의 일반적인 비거리는 150~160미터이지만 장타자들은 180~190미터를 날려댑니다. 타이거 우즈는 약한 내리막에 뒤바람이 부니까 200미터를 7번 아이언으로 치더군요. 와우~!!! 우즈야 그렇다 치더라도 아마추어들 중에도 어마어마한 장타자들이 많습니다. 물론 멀리 날린다고 장땡은 아니겠지만 솔직히 부럽긴 부럽습니다. 하지만 방향성이 불안한 장타자들은 거리가 좀 줄어도 좋으니 정확했으면 좋겠다며 오히려 또바기 골퍼들을 무서워합니다. 돌멩이도 구르는 재주가 있다고 저도 예전엔 비교적 정확한 샷을 구사해서 '똑바로'라는 별명까지 얻었었지만, 요즘은 부채꼴로 정신 없이 날아다닙니다. 별명 바꿔야겠습니다. '마음대로'라고요.

사실 저의 필드 실력은 대놓고 자랑할만한 건더기가 별로 없습니다. 홀이 전체적으로 짧은 코스에서는 비교적 스코어가 좋게 나오지만 블루 티나 전장이 긴 홀에서는 여지없이 허덕댑니다. 세컨 샷을 롱 아이언이나 우드로 하면 파를 하는 것이 보통 일이 아닙니다. 해서 저도 비거리를 10~20미터를 더 늘려 보려고 무진 애를 썼는데 결과적으로는 '현상 유지나 잘하기'로 끝났습니다. 설렁설렁 놀이로 골프를 즐기는 것이 아니라 제대로 골프를 즐기고픈 골퍼라면 비거리에 대한 욕심은 숨길 수 없습니다. '난 거리 욕심 없어. 그냥 똑바로만 치면 돼.' 이러는 분들, 글쎄 정말일까요? 제가 아는 한 분명 그냥 말뿐일 걸요? 해도 안되니까 할 수 없이 포기했지만 자존심상 초연한 듯 '척'하는 겁니다.

비거리 얘기 나오니까 문득 이런 분들 생각이 납니다. 연습장에서 보면 아무리 잘 봐줘도 드라이버 180미터 나가면 많이 나간다고 볼 수 있고, 아이언 스윙을 봐도 평균보다 한참 떨어지는데 필드에 나갔다 하면 70대 중반을 치고 왔다고 합니다. 도대체 어떤 골프장을 다니는지 궁금할 뿐입니다. 그러다 우연히 거리 의혹이 짙었던 한 분하고 같이 라운드를 갈 기회가 생겼습니다. 언제 어디서든 80대 중반을 자신하던 그 양반, 90개를 넘기더군요. 70대를 자랑하던 분과는 아직 필드에 나갈 기회가 없어서 확인을 못했습니다만……뭐 굳이 확인하고픈 생각은 없습니다.

이렇게 거리에 대한 갈등을 겪으면서 구력이 쌓이면 자신의 거리를 길든 짧든 그대로 인정하게 됩니다. 대신 쇼트 게임과 퍼팅에 더 집중을 합니다. 라운드 중에 만났던 어느 지인 한 분은 나이가 무려 73이나 되셨는데 에이지 슈트(Age Shoot/ 골프 경기에서 18홀 라운드를 자신의 나이나 그 이하의 타수로 끝내는 것)를 기록하셨답니다. 젊은 시절에 비해 드라이버 거리만 30미터 이상이나 줄었다지만 기가 막힌 쇼트 게임과 퍼팅 실력으로 놀라운 기록을 세운 것입니다. 오랜 구력과 연륜에서 얻어진 깨달음으로 진정한 골프의 달인이 되신 거지요.

5번 아이언을 옷에 비유하자면 깔끔하면서도 품위 있는 정장 같습니다. (4번 아이언은 같은 정장이라고 해도 조심스럽기 짝이 없는 흰색 양복이라고나 할까요?) 바지 끝이 헤살거리지 않고 똑 떨어지는 감으로 만든 맞춤 정장 말입니다. 이런 옷을 입으면 눈에 돋보이면서도 싼 티 나지 않고, 고급스럽기는 해도 권위적이지 않습니다. 사람으로 말하자면 깍듯이 예의를 지키기는 하나 인간적인 냄새가 솔솔 풍기는 사람이라고나 할까요? 이런 사람들은 약간의 실수를 해도 적당히 눈감아 줄줄 압니다.

실제로 5번 아이언은 잘못 쳐도 웬만큼은 날아가줍니다. 반면에 4번 아이언은 조금만 실수해도 거리, 방향 모두 꽈당입니다. 형만한 아우 없다고 했지만 그것도 형이 알아서 자기 노릇을 잘 할 때 얘기입니다. 때론 둘째가 묵묵히 형 노릇까지 도맡아 합니다. 어렵고 예민한 4번 아이언 큰아들은 정말 꼭 필요할 때만 찾고, 평상시에는 따지지도 않고 묻지도 않는 성격 좋은 둘째 5번 아이언을 애용해보심이 어떨까요?

둘째에 대한 찬양 좀 더 해볼까 합니다. 저희 집의 경우를 봐도 저보다는 동생이 여러모로 융통성이 많습니다. 어지간한 집안 일은 불평 한번 없이 척척 해냅니다. 그리고 아주 꼼꼼하기도 하고요. 저는 그런 동생을 물끄러미 바라보면서 서로 바뀌어서 태어났다면 어떻게 됐을까 라고 생각을 해봅니다. 아마 이런 핀잔을 들었을지 모릅니다. '뭐야, 제대로 하는 것도 없으면서 언제까지 폼만 잡고 있을래?' 하지만 제가 형이니까 동생은 절대로 그런 내색도 말도 하지 않습니다. 아마 형은 원래 그러려니 하고 포기한 것 같습니다. 저야 고마울 뿐이지요.

90대를 넘나드는 골퍼들에게 사실상의 롱 아이언은 5번입니다. 저 역시 4번 보다는 5번이 훨씬 편하게 느껴집니다. 하긴 요즘은 가진 것도 없이 책임만 큰 첫째보다 둘째나 셋째가 인기도 더 많습니다. 세상이 바뀌니까 별게 다 부러워집니다. 어쩌다 불려 나가서 제 구실을 못하는 4번 아이언보다 여기저기서 찾아주는 5번 아이언에게 찬사를 보냅니다. '5번 아이언이여, 영원 하라!'

그런데 아무리 찾아봐도 아이언에 관한 명언은 없네요? 그래서 20세기 최고의 골프 선생님 중의 한 분으로 존경 받는 하비 페닉의 골프 명언 한마디~!!!

> "고수는 1타를 버려서 위기를 극복하고, 하수는 1타를 아끼려다 위기를 자초한다"

좀 놀 줄 아는 초보 고수, 6번 아이언

　와우, 6번 아이언~! 이 친구 참 괜찮은 놈입니다. 스타일도 멋지고 성품 또한 깔끔합니다. 3, 4, 5 번 아이언이 너무 잘 나가서 만나기도 힘든 친구라면 6번 아이언은 부르면 언제든지 재까닥 한 달음에 달려 나오는 '절친한 친구' 같은 클럽입니다. 말 나온 김에 친구 얘기 잠깐 하지요? 사실 친구라는 단어……한없이 좋게 들리기도 하지만 어떤 면에서는 그처럼 애매한 단어도 없습니다. 왜냐하면 말은 친구라고 했는데 진짜 친구인지 아니면 그냥 아는 사람인지 구분이 어려울 때가 종종 있기 때문입니다. 친구도 친구 나름이라는 말이 있습니다. 바로 이렇게요.

　친구이긴 하지만 노는 물이 달라서 만나자고 하기가 왠지 어려운 친구가 있는가 하면, 걱정거리가 있으면 다른 친구보다 우선 찾게 되는 고민상담 전문 친구가 있습니다. 이런 친구는 약간 상위개념의 친구라고 할 수 있습니다. 또는 만나면 대뜸 욕부터 질펀하게 퍼붓고 보는 막역한 친구가 있고, 특별히 신경 써주지 않아도 불평하나 없이 친구의 자리를 지켜주는 만만한(?) 친구도 있습니다. 이런 친구는 자기 자신을 포함해서 조금 하위개념의 친구입니다. 어떤 친구가 내게 보약이 되는 친구인지 도저히 구분할 수 없지만 어쨌든 6번 아이언은 두 번째 타입의 친구입니다.

6번 아이언을 옷으로 비유하자면 산뜻한 콤비 스타일의 캐주얼 정장입니다. 세련되게 차려 입은 캐주얼 정장은 어떤 자리에서도 무례하게 보이기 보다는 오히려 도시적인 멋과 자연스러움을 느낄 수 있어 편안하게 보입니다. 또는 사람에 비유하자면 호남형의 매력적이고 샤프한 젊은이라고 할 수 있습니다. 신랑감으로도 썩 괜찮은 전도유망의 청년입니다. 이렇게 매력이 넘치는 6번 아이언의 제 비거리는 150미터입니다. 장타자들은 180미터 이상을 보내기도 합니다만 저로선 꿈만 같은 거리입니다. 만일 제가 6번으로 180미터를 보낼 수만 있다면 다 죽일 수(?) 있습니다. 하하······너무 부러워서 이런 헛소리까지 하는군요. 부러우면 지는 건데 말입니다.

그런데 문제는 저는 6번 이 친구를 좋아하는데 정작 이 친구는 저와 '밀당'을 합니다. 6번 아이언을 정말 잘 다루고 싶어 연습을 꽤 하는 편인데 정작 필드에서는 왔다 갔다 불안하기만 합니다. 그래서 선호 클럽에서도 눈물을 머금고 빼야만 했습니다. 죽어라 연습을 한 클럽은 정작 엉뚱한 샷을 하고, 별로 연습도 하지 않은 클럽이 의외로 잘 나가줍니다. 이게 참 딜레마입니다. 어떻게 좀 해보려고 잔뜩 공들인 여자는 반응이 그저 그랬는데, 살짝 관심 밖이었던 여자가 갑자기 나타나 결코 무시할 수 없는 호의를 베푸는 상황이 벌어졌다면 대체 어떻게 해야 할까요? 머리는 나를 좋아해주는 여자를 선택하라고 하는데, 마음은 자꾸 내가 좋아하는 여자 쪽을 바라보라고 합니다. 이거 분명히 배부른 소리지요? 남들이 그럴 때는 '그게 다 인생이야~!'라며 척을 할 수 있지만 내 문제가 되면 돌아가는 삼각지 꼴이 되고 맙니다.

6번 아이언의 필드 샷은 좋았던 기억이 별로 없습니다. 탑핑을 때려서 턱없이 짧거나, 홱 감겨버리거나 또는 밀려버리거나……뭡니까, 이게? 기가 막히기도 하고 열도 받아서 클럽을 째려보고 있으면 이 놈은 비실비실 웃고만 있습니다. 마치 약 올리는 것 같습니다. '제가 뭘요? 스윙은 주인님이 했잖아요?' 이러면서 말입니다. 하긴 뭐 6번 이놈은 생긴 것도 5번에 비하면 약간 둔하게 생기긴 했습니다. 처음에는 칭찬을 늘어 놓더니 왜 갑자기 흉을 보냐고요? 느낌은 좋은데 알고 보니 꽈당이라 저절로 흉을 보게 되네요. 사람들도 그런 사람이 있잖습니까? 인물 좋고 풍채 좋아서 다들 좋아했는데 진실을 알고 보니 빈틈투성이에 있는 척만 하는 사람, 이런 인물을 허당이라고 하지요? (허당은 표준어가 아니고 충청도 사투리입니다.)

골프를 처음 배울 때는 주로 7번 아이언으로 연습을 많이 합니다. 그러나 그건 초보자들 얘기, 중수들에게는 6번 아이언 연습을 적극 권장하기도 합니다. 롱 아이언과 미들 아이언의 중간에 있는 클럽이기 때문입니다. 볼 터치감도 롱 아이언과 미들 아이언의 중간입니다. 아주 가끔 스크린 골프에서 3클럽으로 내기를 할 때가 있는데, 그때 전 6번 아이언을 꼭 선택합니다. 볼을 오른발 쪽에 놓고 낮게 치면 5번 아이언 구실도 하고, 왼발 쪽에 놓고 높이 치면 7번 아이언 대신으로도 훌륭하기 때문입니다. 아까는 제가 6번 아이언 흉을 조금 봤지만 실은 참 멋진 클럽 중의 하나입니다. 잘만 다뤄주면 제 구실을 톡톡히 하고도 남습니다. 제가 변덕이 심하지요? ^^

아이언 스윙에 대해서는 이미 수다 떨 만큼 떨었으니 6번 아이언에 얽힌 에피소드나 하나 소개할까 합니다. 골프가 뭔지 아주 조금은 알 수 있을 것 같아서 굳이 소개합니다.

언젠가 지인 2분과 3인 플레이를 한 적이 있었습니다. 몇 번째 홀이었는지는 모르지만 아무튼 파3 홀이었습니다. 거리는 145미터. 그린 난이도가 평이해서 비교적 쉬운 홀이었습니다. 그날 저는 몸이 좀 뻐근해서 6번 아이언을 들었고, 4살 밑의 후배가 7번 또 가장 맏형이었던 선배 분은 8번을 들었습니다. 어떤 결과가 벌어졌을까요? 뜸들이지 않고 결과 바로 공개하겠습니다. 8번 아이언은 홀에서 7미터 못 미쳤고, 7번 아이언은 거리는 맞았지만 좌측으로 7미터, 겨우 그 정도 거리에 6번을 들었다고 잔

소리를 들었던 저는 홀을 지나서 약 7미터…… 제가 큰 소리쳤습니다. '뭐 잘못 된 것 있어요?' 두 사람 별로 할 말이 없었던지 눈만 멀뚱멀뚱. 최종 결과는 모두 파를 기록했습니다.

그렇습니다. 그린을 공략하는데 절대적인 클럽 선택은 없습니다. 제가 만약 8번을 선택했다면 힘을 많이 써야만 했을 테고, 그렇다면 온 그린에 실패했을지도 모릅니다. 당연히 7번 아이언을 써야 했지만 라운드 초반이고 컨디션도 별로인지라 편한 스윙을 하기 위해 과감히(?) 한 클럽을 더 크게 잡은 것입니다. 어떤 골퍼들은 자신의 비거리에 딱 맞는 클럽만을 고집합니다. 물론 그것도 중요합니다. 하지만 위에서 보셨듯이 꼭 그럴 필요가 있을까요? 골프는 얼만큼의 거리를 어떤 클럽으로 보내는 것이 중요한 것이 아니라 어떤 클럽을 사용하든 안정된 플레이가 더 중요합니다.

골프의 최종 화두가 거리라고는 하지만 거리가 절실한 수준은 보다 높은 수준에서의 얘기입니다. 아직 90대를 넘나드는 주말 골퍼라면 거리에 욕심내기 보다는 일관되고 안정된 스윙에 관심을 가져야 합니다. 사업도 마찬가지입니다. 사업의 최종 목표가 이익의 최대화이긴 하지만 너무 이익만 추구하면 오히려 손해를 볼 수도 있습니다. 골프든 사업이든 욕심과 현실은 완전히 다른 얘기입니다. 옆 사람 눈치 보면서 괜히 어깨 힘들이길 필요 없습니다. 무엇을 하든 자신의 능력 안에서 해결해야 합니다. 저도 있는 힘을 다 해서 휘두르면 6번 아이언 160,

170미터 '어쩌다' 보낼 수 있습니다. 어쩌다는 어쩌다일 뿐입니다. 항상성이 없으면 개뿔입니다.

사람도 골프도 사업도 사랑도 초지일관, 변함없이 꾸준했으면 좋겠습니다. 하지만 그러면 삶이 밍밍해서 아무 맛도 없겠지요? 아마 지루해서 제 풀에 넘어갈지도 모릅니다. 그래서 인생도 골프도 요지경 속인 겁니다. 되면 되는 대로 안되면 안 되는 대로 그러려니 하고 살자는 의미에서, PGA투어에서 26승을 거둔바 있는 프로 골퍼 헨리 피커드의 골프 어록 한 마디~!

> "어떤 클럽을 선택할 것인가 망설일 경우, 한 클럽 크게 쳐서 결과가 나빴던 적은 거의 없다"

동네 짱, 7번 아이언

　드디어 대한민국 400만 골퍼들의 클럽, 미들 아이언의 대명사 7번 아이언을 만나 볼 시간입니다. 글 제목이 저게 뭐냐고요? 6번 아이언까지는 어떻게든 고수라고 우겨 보겠는데 7번 아이언은 아무래도 무리, 그래서 '짱'이라는 별칭을 붙여주었습니다. 사실 7번 아이언의 쓰임새를 보면 더도 덜도 아닌 동네 짱이 딱 어울립니다. 생긴 모습도 고수의 칼이라고 하기에는 확실히 2% 부족해 보입니다. 그렇다고 부엌칼은 너무 심하고……무술을 어지간히 하는 평범한 무사의 평범한 칼이라고 하면 적당할지 모르겠습니다.

　누가 언제 어떻게 조사했는지는 알 수 없지만, 어떤 골프 리서치에 의하면 세계에서 7번 아이언을 가장 잘 휘두르는 골퍼들은 바로 한국의 골퍼들이라는 거……이미 알고 계셨겠지만 이 말을 처음 듣는 사람들의 표정과 반응은 똑같습니다. 일단 눈을 약간 크게 떴다 그 다음에는 파안대

소를 합니다. '푸하하~! 얼마나 쳐댔으면……'. 저도 그랬습니다. 골프에 처음 입문하면 묻지도 따지지도 않고 쥐어주는 클럽이 7번입니다. 이른바 똑딱 볼로 골프와 낯을 익히는 역할을 99.99% 7번 아이언이 완전 독점으로 도맡아 합니다. 다른 클럽 입장에서 보면 불공정 거래도 이만저만 심한 게 아닙니다. 그럼 애정남(애매한 걸 정하는 남자)의 말을 빌리자면 '7번 아이언을 잘못 치면 대한민국의 골퍼가 아닌 걸로 정하는 겁니다' 이렇게 되는 건가요?

7번 아이언을 옷과 비교해보자면 액티브(Active)한 캐주얼 스타일입니다. 깨끗이 차려 입은 캐주얼은 활동적이며 에너지가 넘쳐 보입니다. 대부분의 청춘들이 즐겨 입는 스타일로 첫인상부터 친근한 느낌입니다. 같은 느낌을 주는 클럽이 바로 7번 아이언입니다. 척 보면 초보자도 쉽게 휘두를 수 있을 것 같습니다. 그래서 초보 딱지를 7번 아이언으로 떼는가 봅니다. 음……뗀다는 말을 하고 보니 총각 딱지 떼기가 문득 생각이 납니다. 뭔가 7번 아이언과 상관이 있을 것 같은데……뭘까요? 나이? 총각 딱지 떼는 평균적인 나이를 20대 초, 중반으로 어림짐작한다면(난 10대에 뗐다고 뻐기고 싶은 분이나 아직도 못 떼신 분은 그냥 혼자 속으로만 생각하시길……) 7번 아이언이 그쯤 된 것 같기는 합니다. 시도 때도 없이 뻗치는 혈기를 주체할 수 없는 새파란 청춘을 닮은 7번 아이언 총각, 특히 여성 골퍼들에게 많은 사랑을 받습니다. 믿거나 말거나~. ^^

7번 아이언의 평균 비거리는 140~150미터입니다. 여러모로 충분히 이해가 되는 거리입니다. 7번 아이언만 잘 쳐도 어지간한 세컨 샷 걱정할 게 없습니다. 보기 플레이어들이 쪽 팔림을 무릅쓰고 안전 제일 점수 챙기기 작전으로 나간다면 400미터가 넘는 파4홀도 7번 아이언 세 번만 치면 넉넉하게 올리고도 남습니다. 잘하면 파, 아니면 보기. 더블 보기할 일 거의 없습니다. 이런 식이라면 보기 플레이 얼마든지 할 수 있습니다. 열심히 갈고 닦은 7번 아이언 하나, 열 우드 부럽지 않다는 거 믿습니까? 그래도 티 샷은 드라이버나 우드로 꼭 쳐야 한다고요? 아직 돈을 덜 잃으셨군요. 뭐, 제 돈 나가는 거 아니니까 마음대로 하세요. 흐흐……실은 저도 마찬가지입니다. 돈을 잃으면 잃었지, 쪽 팔리는 건 정말 싫습니다. 그런데 7번 아이언이 할 말이 있답니다. 뭐라고 하는지 들어보겠습니다.

7번 아이언 일기

오랜만에 필드에 나갔습니다. 싱그러운 잔디 냄새가 더 없이 좋았습니다. 주인님이 라운드 하는 동안 아빠 드라이버와 막내 웨지 그리고 엄마 퍼터는 쉴 새 없이 불려 다녔지만 나는 언제 차례가 오나 기다리고 있었습니다. 그런데 갑자기 아빠 드라이버가 우당탕 가방 속으로 팽개쳐졌습니다. 아빠는 뒤땅이라도 쳤는지 뒤통수만 어루만질 뿐 아무 말도 없었습니다. 무슨 일인지 물어볼까 하다 분위기상 그냥 모른 척 딴청만 피웠습니다. 퍼터 엄마가 내가 마무리 잘 하면 되니 걱정 말라며 눈짓으로 말했습니다. 고개를 끄덕이는데 누가 내 머리를 확 잡아 당겼습니다. 마침내 내 차례가 온 것이었습니다. 다리에 힘을 바짝 주며 집중을 했습니다.

평소보다 약간 빠른듯한 템포를 느끼며 백 스윙 정점에서 힘차게 볼을 향해 내달렸습니다. 볼이 눈 가득 들어오는 순간 아차 싶었습니다. 정면을 노리고 들어갔지만 임팩트 순간에 궤도가 틀어지면서 볼을 비껴 칠 수 밖에 없었기 때문입니다. 나는 끝까지 몸을 안쪽으로 뒤틀어 이마 정면에 볼이 맞도록 애를 썼지만 이미 틀어진 각을 조정하기는 역부족이었습니다. 주인님의 '윽~!' 하는 짧은 비명 소리를 듣자 겁부터 덜컥 났습니다. 주인님은 스윙이 뜻대로 되지 않으면 우리들 머리통을 땅바닥에 짓찧는 버릇이 있기 때문입니다.

'오른쪽으로 많이 밀렸어요.'라는 캐디 누님의 말이 아득하게 들려왔습니다. 역시 예상대로 주인님은 잠시 씩씩거리다 있는 힘을 다해 내 머리를 땅바닥에 처박았습니다. 정말이지 땅에 처박히는 건 몇 번을 해도 무섭기만 합니다. 내 머리가 아무리 쇠라도 아픈 건 아픈 겁니다. 볼은 수천 개를 때려도 원래 내 일이려니 하고 참을 수 있지만, 땅바닥에 던져지면 아픈 건 둘째치고 기분이 엄청 치사 빤스 굴욕적입니다. 결국 나는 아빠 드라이버보다 더 심하게 내동댕이쳐졌습니다.

이 폭행사건은 310미터 짧은 홀에서 아빠 드라이버가 밑동을 치는 스카이 볼, 속칭 뽕샷을 치는 바람에 시작되었습니다. 원래는 피칭 웨지 동생이나 52도 웨지 동생이 해결해야 할 걸, 7번인 나까지 나섰음에도 불구하고 그린 공략에 실패했으니 주인님 뚜껑이 열릴 만도 했습니다. 일이 그렇게 커지자 웨지 동생들과 퍼터 엄마는 벌써부터 사색이 되어서 바들바들 떨고 있었습니다. 다행히 스코어가 보기로 끝나게 되어 퍼터 엄마마저 땅바닥에 헤딩하는 참사는 일어나지 않았지만 참 힘든 날이었습니다.

　세상의 모든 골퍼님들~저 7번 아이언이 한 말씀 올려도 될까요? 뭐 허락하시든 안 하시든 어차피 머리로 볼 때리는 게 일이니 꿀밤 한 대 더 맞을 각오로 말씀 드리겠습니다. 저와 제 식구들 웬만하면 주인님이 원하는 거리, 방향 맞추려고 무진 노력합니다. 솔직히 저희들 주인님의 스윙대로 볼을 보낼 수 밖에 없습니다. 그런데 왜 볼이 잘못 날아가면 무섭게 째려 보십니까? 창피해 죽겠다고요. 얼굴엔 흙이며 잔디 찌꺼기 잔뜩 묻었지요, 뒤통수는 땅에 긁혀서 쓰리지요, 머리통은 얼얼하지요……그리고 성질 난다고 땅바닥에 처박지 말아주세요. 가방에 넣을 때도 이왕이면 살살 넣어 주세요. 얼마나 아픈 줄 아세요? 끝으로 한 가지 더요. 예전에는 저희들 머리도 자주 닦아 주더니 요즘엔 통 닦아주질 않아서 지저분해 죽겠습니다. 그리고 그립도 가끔 닦아주셔야 냄새도 안 나고 주인님 손에 착 달라 붙을 수 있다고요. 아셨지요? 오늘 일기 끝~!

하하~7번 총각이 쌓인 게 많았나 봅니다. 듣고 보니 틀린 말도 아닙니다. 하긴 우리들 삶도 마찬가지입니다. '종로에서 뺨 맞고 한강에서 눈 흘긴다'라는 속담처럼 내 잘못을 엉뚱한 곳에 화풀이하는 사람들이 은근히 많습니다. 그런 심보를 가진 사람이라면 될 일도 안됩니다. 마음을 곱게 써야 복이 온다고 했습니다. 남에게 퍼줄 것 없으면 마음이라도 곱게 쓰고 삽시다. 그런데 내 코가 석자이다 보니 마음 곱게 쓰기 참 힙듭니다.

눈만 뜨면 걱정거리가 태산인데 어떻게 마음이 곱게 쓸 생각이 나겠습니까? 에라~그냥 꼴리는 대로 삽시다. ^^

7번 총각을 비롯해 모든 클럽 식구들의 수고에 감사를 느끼며 위로의 뜻으로 '벤 호건의 골프 변명론' 들려주겠습니다. 변명도 폭력이 될 수 있음을 깨닫게 해주는 과연 고수다운 말입니다.

> "미스 샷을 한 후, 변명을 하는 것은 동반자를 괴롭히는 일이며 골퍼 자신까지도 불행하게 하는 골프 악의 근원이다"

똘마니, 8번 아이언

8번 아이언   7번 형 뭡니까? 별로 할 말 없는 척 내숭 떨더니 왠 말이 그렇게 길어요?

필자   (허겁지겁 뛰어 들어오며) 야~! 8번 아이언 너 임마 왜 그래? 글 쓰는 사람은 난데 왜 네가 먼저 나와서 막말을 하고 그래? 뭐, 속으로 했다고? 속으로 하면 누가 몰라? 너 한 번만 더 그러면 네 코너 확 빼버린다. 알겠어? 알았으면 저기 구석 가서 머리 벽에 처박고 있어.

(8번 안 가고 시무룩한 채로 그냥 서있다.)

필자   어? 왜 안가고 서있어? 개기는 거야? 그럼 한번 먼지 나게 맞아볼래?

8번 아이언   (8번 서운한 얼굴로 흘깃 쳐다 보더니 이내 울먹이며 중얼거린다) 아씨~옮겨줘야 머리를 처박든지 말든지 하지요.

필자   어? 그렇군. 근데 사내 새끼가 좀 혼났다고 찔찔 짜기는……꼴 보기 싫어 임마, 얼굴 풀어.

(8번 금방이라도 울듯이 삐죽거리다 간신히 참고 벽에 머리 댄 채 얌전히 있는다)

7번 아이언 (모든 상황을 물끄러미 바라만 보다 속삭이듯 중얼거린다) 8번 저 놈 언젠가는 한 번 혼날 줄 알았어. 바로 밑의 동생이라고 봐 줬더니 툭하면 엉겨 붙더니……깨소금 맛이다.

재미를 위해 약간의 변화를 주어봤습니다. 마음에 드십니까? 그 동안 글 포맷이 너무 밋밋하다 싶어서 고민 좀 했습니다. 원칙도 중요하지만 글이란 마음 가는 대로 쓰는 게 가장 솔직하다고 생각합니다. 겹겹이 가면을 쓰고 살아야만 하는 현대사회에서 솔직하기란 보통 어려운 일이 아닙니다. 짐 캐리가 주연한 〈라이어 라이어/1997〉는 타의 추종을 불허하는 천재적인 거짓말쟁이가 오직 진실만을 말할 수 있는 아들의 주문(?)에 걸려 호된 고생을 하다가 결국엔 개과천선한다는 내용의 영화입니다. 물론 현실성이 전혀 없는 코미디 물이긴 하지만 '솔직함'에 대하여 시사하는 바가 커서 흥미진진하게 봤던 기억이 있습니다.

〈라이어 라이어〉를 봤든 안 봤든 여러분에게 묻고 싶습니다. '당신은 솔직한가요?' 음……질문을 해놓고 보니 질문 자체가 어리석군요. 스스로 묻고 스스로 대답하시는 게 훨씬 낫겠습니다. 저요? 저는 꽤 솔직한 편입니다. 특히 저 자신에 대해서는 숨기거나 가리는 것이 없어서 마눌님에게 잔소리 꽤나 들었습니다. 거짓말이 워낙 서투르기도 하거니와 제 생활관이 '솔직하고 담백하게' 인지라 저를 모르는 사람이 봤다면 주책스럽다고 해도 할 말이 없을 정도입니다. 그래서 요즘은 정신을 바짝 차리고 저에 대한 표현을 가능한 자제하고 있습니다. 천성인데 그게 될까요?

각설하고요, 8번은 7번에 비해 헤드가 약간 더 크고 무겁습니다. 그래서 그런지 고집도 센 편입니다. 그러면 사람도 머리가 크면 고집이 센 거 아니냐고요? 뭐 꼭 그렇다는 건 아니지만 그럴 것 같지 않나요? 아무래도 머리 작은 사람보다는 머리 큰사람이 뭔가 마음에 거슬리면 골통 짓을 할 것 같은데요? 욱하는 성질 있는 사람치고 머리 작은 사람 별로 못 봤거든요. 제가 그러니까 잘 아는 겁니다. 사실 무근이지만 머리 큰사람하고는 고집 싸움 하지 마세요. ^^

8번 아이언은 기분 좋으면 공중으로 높이 솟구치며 날아가 그린에 사뿐히 안착을 합니다. 하지만 너무 쉽게 보고 서두르면 탑핑이 나서 100미터 달리기 선수처럼 페어웨이를 열나게 달리다 러프 깊숙이 숨어버립니다. 그렇다고 너무 신중을 기하면 냅다 뒤땅을 쳐놓고 시치미 뗄 때도 있습니다. 이 놈은 아직 정제되지 않은 이성과 감성이 혼재되어 들끓는 10대 후반의 젊은 청춘과 같습니다. 그 나이의 청춘들은 지칠 줄 모르는 기관차 같은 심장을 가지고 있어서 잘만 지도하면 엄청난 가능성을 보입니다.

8번 아이언의 비거리는 짧으면 120미터, 길면 140미터 또는 그 이상이지만 아마추어 골퍼들의 평균 비거리는 130미터 정도 됩니다. 8번 아이언은 필드에서 가장 빈번하게 애용되는 범용 클럽 중의 하나입니다. 그리고 20~30미터 정도의 러닝 어프로치를 할 때도 인기가 있습니다. 미들 아이언의 넘버 2로 불리기에 전혀 손색이 없습니다. 8번 아이언을 옷으로 치면 평상복이라고 할 수 있습니다. 평상복을 입었을 때의 편안함은 8번 아이언을 들었을 때의 느낌과 비슷합니다. 편안함은 자신 있는 스윙을 유도합니다. 8번 거리 안에 있는 홀은 버디를 노려 볼만 합니다. 7번만큼이나 아니 더 편하고 만만한 클럽 8번, 팔팔하게 휘둘러 보자고요~!

7번 아이언이 일기를 핑계로 하고 싶은 말 다 했다고 8번 아이언도 자기 소개를 직접 하고 싶답니다. 뭐라고 하는지 한번 들어볼까요?

8번 아이언의 자기 소개

"안녕하세요? 전 8번 아이언이라고 해요. 그냥 줄여서 8번이라고 불러도 괜찮아요. 우리 형제들은 다 번호로 불리거든요. 우리도 우드 누나들처럼 각자의 자기 이름을 갖고 싶은데 형제가 너무 많아서 이름 짓기 힘들다고 번호를 붙였다나 봐요. 어떡하겠어요? 그냥 살아야지요. 하고 싶은 말이 뭐냐고요? 뭐 특별히 할 말은 없지만 딱 몇 마디만 할게요.

제가 7번 형을 싫어하거나 질투하는 건 아니지만 저도 놀기 시작하면 좀 놀 줄 알거든요? 근데 사람들은 연습할 때 꼭 7번 형부터 찾더라고요. 제가 너무 쉽게 보여서 그런지 저는 연습도 별로 안 시켜줘요. 제가 만만해 보이나요? 사실 제가 보기에는 쉬워 보일지 몰라도 결코 호락호락하지만은 않다고요. 그리고 제 특기는 그린에 떨어지면 재까닥 서버리는 거에요. 적어도 착지에 대해서만큼은 형들은 저를 따라올 수 없어요. 필 받으면 백 스핀도 팍팍 먹어준다고요.

하지만 저도 자존심이 있으니 억지로 알아 달라고 하진 않을래요. 굳이 소문 내고 다니지 않아도 저 좋아하는 사람들 많으니까요. 우리 주인님만 해도 7번 형보다는 저하고 더 많이 놀아준다고요. 생각을 해봐요, 7번 형과 나하고 비교해서 누가 더 버디 잡을 확률이 큰지 말이에요. 제 별명이 뭔지 알아요? 버디 잡는 8번이라고요. 그러니까 평소에 저하고 많이 놀아주시면 감사하겠습니다. 엥~? 벌써 할 말을 다 했네요? 그럼 다음에 또 봐요, 안녕~!"

하하~8번 그 놈 귀여운 데가 있네요. 저 글을 쓰는 동안 이런 생각이 해봤습니다. '내 주변에도 8번 같은 친구가 있을까?' 하고 말입니다. 막역한 친구라고 사람 귀한 줄 모르고 함부로 대하지 않았나 싶은 걱정도 들고요. 곰곰이 생각해보니 잘 나간다고 큰소리 치는 친구들은 저 혼자만 잘 나가느라 정신이 없습니다. 하지만 자기 살림도 고만고만한 친구가 오히려 더 큰 도움을 줄 때가 있습니다. 송충이는 솔잎을 먹고 산다고 했습니다. 자기 수준에 맞지 않는 높은 곳만 바라보다가 쪽박 차지 말고 지금 눈 앞에 있는 내 사람부터 제대로 챙겨야 합니다. 바로 그게 참 삶이고, 쉬운 클럽부터 마스터 하는 것이 참 골프입니다.

평범한 가운데 비범함이 숨어있다는 진리를 깨우쳐준 8번 아이언의 머리를 쓰다듬어 주면서 이 말을 해주고 싶네요. 영국의 유명한 유머 소설가인 P.G. 우드 하우스의 골프 어록 중 하나입니다.

"진짜 골퍼란 정신적으로 진지한 골프를 하는 사람을 말하는 것이지, 볼을 치는 기술이 뛰어난 사람을 지칭하는 것이 아니다."

골통, 9번 아이언

자기 순서가 너무 늦다고 잔뜩 골이 나있는 9번 아이언. 고집이 세서 한번 화가 나면 좀처럼 풀지 않습니다. 그럴 땐 9번의 단순한 성격을 이용하는 게 제일 좋습니다. 필드에서의 무용담을 물어보면 입이 간지러워 화가 난 것도 금세 잊어버릴 걸요? 9번 아이언~다음 차례니까 인터뷰 준비해줘요. (역시나 인터뷰 한다니까 금세 웃는 9번 아이언)

필자   오래 기다렸습니다. 지금까지 형님들의 얘기를 듣기만 했는데, 9번도 할 얘기 많지요?

9번 아이언   큰 형님들이야 워낙 저와 노는 물이 달라서 별로 할말 없는데요. 방금 8번 형님의 얘기는 영……대놓고 흉은 못 보겠지만 8번 형이 잘난 척 한 내용 있잖습니까? 사실은 제가 더 잘합니다. 보세요. 머리도 제가 더 크고 헤드 무게도 장난 아니거든요. 그린 착지 아무리 잘 한다고 해도 저에 비

	해서는 어림도 없습니다. 전 그린을 움푹 파면서 떨어지는데 누가 더 잘 서겠습니까?
필자	그린이 파이는 건 비가 오거나 하는 등의 이유로 그린이 물러서 그런 거 아닌가요?
9번 아이언	에이~작가님, 몰라서 그러시나 아님 알면서도 떠보시는 겁니까? 생각을 해보세요. 8번 형님이 평범한 공중낙하라면 전 완전 고공낙하란 말입니다. 탄도도 그렇지만 스핀양도 장난 아니에요. 정말 끝내준다고요. 백 스핀 한번 보여드릴까요?
필자	자신감이 대단하군요. 그런데 형들보다 우라가 심하다던데 그건 어떻게 생각해요?
9번 아이언	우라가 뭡니까? 좋은 우리말 두고 왜 일본 말을 쓰십니까? 이런 우라질……아차, 실례! 죄송합니다. 우라가 아니라 편차라고 해야지요. 거리대비 편차가 심한 건 우리 숏 다리 아이언들의 공통적인 특징입니다. 저희는 태생이 단거리 선수라 임팩트 구간이 짧아요. 그래서 심플하게 콤팩트 스윙을 하시면 됩니다. 임팩트가 제대로 들어가면 롱 다리 형님들에게선 절대로 느낄 수 없는 뚝 떨어지는 맛이 일품이지요. 그런데 힘으로 저희를 다루려고 하면 머리가 무거워서 따라가고 싶어도 안됩니다. 다운 스윙 할 때 그냥 내버려두면 알아서 떨어질 텐데 갑자기 힘을 주면 땅에 박힐 수

밖에 없습니다. 탑핑도 마찬가지입니다. 한창 볼을 향해서 잘 떨어지고 있는데 갑자기 홱 낚아채면 뭘 어쩌겠습니까? 짧다고 힘으로 다루시면 안됩니다. 사람들도 어리거나 작다고 함부로 대하면 안되잖아요?

필자 머리가 커서 그런가……생긴 것 보다 말을 잘하네요?

9번 아이언 뭡니까? 인터뷰 중에 무슨 망언입니까? 머리 큰 놈한테 한 번 박혀보고 싶어요? 작가님 머리도 보통이 아니면서 지금 누구 머리를 홍보하는 겁니까? 이러려면 인터뷰인지 인터벌인지 그만 둡시다. 여태까지 기다린 것만도 열 받는데 약 올리는 것도 아니고, 참 내……

필자 아니에요. 농담이에요. 다른 질문. 그럼 성질은 원래 그렇게 더러운가요?

9번 아이언 이 양반이 끝까지 깐죽거리네……원래 성질이 더러운 사람 아니 클럽이 어디 있습니까? 더럽게 다루니까 더러운 거지, 오는 말이 고우면 가는 말도 고운 거 아닙니까? 남은 거리가 아무리 짧아도 방심하거나 건방 떨지 말고 제대로 스윙을 해야 저희도 최선을 다 하는 겁니다. 생각해 보십시오. 인간 세상은 안 그렇습니까? 실컷 일 열심히 해놓고 끝마무리 못해서 망가지는 꼴 많잖아요. 다 끝났다 싶을 때 더 신중해야지 '이 까짓 것' 하다가 순식간에 망하는 겁니다. 멀리 갈 것도 없네요. 작가님도 왕년에 잘 나간다고 제대로 알아보지도 않고 막 지르다가 망했잖아요? 제가 다 기억하고 있습니다. 자꾸 성질 돋우는데 그냥 확 불어 버릴까요? 내가 하면 이유 있는 반항이고 남이 하면 골통 짓이라 이겁니까?

필자 9번 너 많이 컸다? 네 말마따나 인터뷰고 지랄이고 여기서 확 잘라버려? 좋아, 그 전에 한가지 더 물어보자. 너 갑자기 볼을 왼쪽으로 확 당기거나 오른 쪽으로 튕겨내는 건 도대체 왜 그런 거냐? 예전에 파5 홀에서 네 골통 짓 때문에 트리플 먹었는데 그때 엄청 황당했거든?

9번 아이언 작가님도 참 밴댕이 속입니다. 왜 갑자기 반말 하세요? 기분 살짝 나쁘지만 솔직히 말씀 드리겠습니다. 그날 작가님이 안전하게 친다고 제 헤드 각을 세운 것 까지는 불만 없었습니다. 그럼 끝까지 낮고 길게 쳐야지 왜 갑자기 왼손을 잡아 당겨요? 정작 황당했던 건 저였어요. 똑바로 보내고 싶어도 보낼 수가 있어야지요. 사이드 브레이크를 아무리 잡아도 안되니까 결국엔 해저드로 볼을 다이빙시킬 수 밖에요. 저 해저드에 빠진 볼하고 꽤 친했거든요? 걔 그렇게 보내고 나서 얼마나 가슴이 아팠는데요. 물론 작가님도 새 볼이었으니 아까웠겠지만요. 의도만 좋으면 뭐합니까? 과정도 좋아야 하는 거 작가님이 더 잘 알 텐데요. 아무튼 그때 죄송했습니다.

필자 그래, 알았다. 사과 받아주마. 생각해보니 나도 너무 조심만 했던 것 같네. 그냥 하던 대로 하면 되는데 뭐가 씌웠는지 안 하던 짓 했던 거, 솔직히 인정하겠네. 그럼 더 할 말은 없으시고?

9번 아이언 네에~우선 제가 할 말은 다 한 듯싶네요. 저 말고 웨지 동생들도 할 말 많을 텐데 전 이쯤에서 물러나는 게 좋겠습니다. 인터뷰, 감사합니다~!

9번의 독백 120미터 파3홀, 그린 앞에 해저드, 핀 위치는 왼쪽 뒤, 바람은 잔잔한 편, 잘못 공략했다간 바로 OB, 짧으면 해저드……나는 본능적으로 내가 나서야 할 차례임을 알아챘다. 아이언 형제들이 일제히 나를 쳐다 보았다. 8번 형이 혹시 하는 표정을 짓다가 이내 포기를 하는 눈치였다. 나는 온 몸의 말초신경이 바싹 곤두서는 걸 느꼈다. 그 정도 거리라면 얼마든지 콜이다. 더군다나 주인은 쇼트 아이언을 꽤 다루지 않던가? 나는 주인의 조심스러운 손길을 느끼며 볼 뒤에 머리를 조용히 갖다 대었다.

이제는 볼 머리통을 갈기는 일만 남았다. 그런데 어어…… 이게 뭐야? 갑자기 주인의 어드레스가 이상해졌다. 도대체 무슨 생각을 하는 거지? 평상시 주인은 볼을 중앙에 놓고, 나의 로프트 각을 약간 세운 듯 어드레스 하는 게 루틴이었는데 오늘은 왜? 주인은 볼을 왼쪽 발에 가깝게 놓고 내 로프트 각을 슬며시 여는 것이 아닌가? 이게 아니라고 소리치려는 순간, 나는 순식간에 땅바닥에서 하늘로 솟구치고 있었다. 그리고는 바로 급강하. 나는 차라리 눈을 감아 버렸다. 그 상태로는 도저히 홀 근처까지 볼을 날릴 자신이 없었기에 말이다. 역시 볼은 비실비실 날아 오르더니 해저드로 퐁~! 잠시 침묵.

나는 곧 닥쳐 올 주인의 화풀이를 견뎌 낼 걱정에 끙 하며 앓는 소리를 냈다. 그런데 '되나 안되나 해봤는데 역시 안되네요'라는 주인의 변명 소리가 들리더니 누군가 멀리건을 외쳐 주었다. 오, 예스~! 약이 바짝 올랐을 주인이 멀리건을 거절할 리 없다. 나는 알고 있었다. 그런 어드레스에서 주인의 능력으로는 절대로 볼을 홀에 붙일 수 없다는 것을. 도대체 왜 주인은 갑자기 그런 생각을 한 것이었을까? 요즘 볼이 좀 맞아준다고 건방이 든 것일까? 아니면 어디서 씨알도 안 먹히는 소리를 듣고서 테스트를 해본 것일까? 어쨌든 주인은 창피하지도 않은지 넙죽 멀리건 샷을 받더니 그제서야 예전에 하던 어드레스를 취했다.

나는 스윙 직전, 아주 잠깐 이런 생각을 했다. '볼 치는 인간 골퍼들은 왜 가끔 말도 안 되는 시도를 하는 걸까? 루틴을 갑자기 바꾸면 멀쩡히 될 일도 망칠 수 있다는 걸 모르는 것일까? 자기들이 프로도……이런!' 생각이 끝나기도

전에 나는 휘둘려졌고 부지불식간이었지만 임팩트는 제대로 이루어졌다. 볼이 허공을 가르며 똑바로 홀로 향하는 걸 보며 나는 비로소 안도의 한숨을 내쉬었다. 볼은 홀 왼쪽 5미터, 그린을 10센티미터 벗어난 프린지 지점에 안착을 했다. 'Good job, man~!' 오늘의 교훈, 멀리건은 주기만 하고 받지는 말자! 주는 건 폼 나지만, 받는 건 없어 보이니까~ 곧 죽어도 떳떳하고 도도하게 살기를 바라며 메이저 대회 11승에 빛나는 월터 해건의 간지나는 명언 한마디!

"베스트를 다하여 스윙 하라. 그 결과가 좋으면 그만이고 나쁘면 잊어버려라"

특공대 웨지 브라더스: 피칭, 샌드, 갭 웨지

특공 분대장 피칭 웨지

웨지 브라더스 중에서 가장 맏형 격인 피칭. 일반적으로 100미터 언저리에서의 쇼트 게임이나 그린 주변에서 칩샷을 담당합니다. 그 모습이 마치 적진 깊숙이 파고 들어 임무를 완수하는 특공대 같아서 글 제목을 저렇게 정했습니다. 전혀 감이 오지 않나요? 상상력을 좀 키워보세요. 상상력에 대해서 누누이 말씀 드렸건만 아직도 그런 말씀을 하시다니……님, 백돌이지요? 필드 나가면 그린 피 본전 찾으려고 이리저리 사방팔방 잔디 파느라 정신 없으시지요? 하하……농담입니다. 네? 실은 백돌이도 부러운 112, 114 등 긴급번호라고요? 에그~그러시구나. 그래도 기죽지 마세요. 다 그러면서 크는(?) 겁니다. 골프라는 운동이 애들 크는 거 하고 똑같아요. 허구한 날 말썽만 부리던 애들이 어느 날 부쩍 자라서 부모들 마음을 헤아려 주듯이 골프도 그래요. 죽어도 늘 것 같지 않더니 갑자기 스코어가 좋아지거든요? 그러다 보면 100파도 하고, 90파도 하고, 80파……는 쉽지 않네요. 이건 다른 나라 얘기니까

뒤로 밀어 놓겠습니다.

　골퍼들 사이에서 누군 피칭으로 130~140미터를 보내느니 어쩌느니 하지만 그런 장타자들이 부러워 함부로 따라 하다간 가랑이 찢어집니다. 그냥 부러워만 하는 걸로 만족해야 건강 골프 즐길 수 있습니다. 거의 모든 아마추어들은 90~110미터를 정확히 보낼 수만 있어도 엑셀런트 합니다. 쇼트 아이언 특히 웨지는 방향성이 뛰어나야 합니다. 애들은 특공대다운 골통 기질이 있어서 마음에 안 들면 걷잡을 수 없이 삐딱선을 탑니다. 어떻게 타는지 예를 들어보겠습니다.

　드라이버 기가 막히게 날려서 세컨 샷 딱 피칭 거리 남았습니다. 왠지 버디를 잡을 것만 같은 느낌이 강력하게 듭니다. 머리 속에 핀 하이(Pin High)로 볼이 홀에 붙는 영상이 마구 떠오릅니다. 생각만 해도 짜릿하고 흐뭇합니다. '이것들, 다 죽었어~' 혼자 중얼거리기까지 합니다. 생각이 버디에 꽂히자 마음도 사뭇 비장해집니다. 어드레스부터 신중에 신중을 기합니다. 행여 헤드 업 할까 봐 끝까지 볼에서 눈을 떼지 않습니다. 드디어 회심의 샷을 날렸습니다. 그런데 '퍽' 소리와 함께 여태 머리 속에 그렸던 그림 같은 샷은 어디론가 사라지고 뒤땅이 납니다. 볼은 겨우 50미터나 날아갔을까요? 흙투성이가 된 클럽과 움푹 파인 뒤땅의 흔적을 번갈아 보며 망연한 표정으로 한숨을 내쉽니다. 뒤통수에서 파트너들이 소리 죽여 웃음을 참는 낌새가 역력히 느껴집니다.

오호통재라~! 이런 걸 보고 바로 '죽 쒀서 개 준다'고 하는 겁니다. 어? 이게 아니고 '김칫국부터 마신다' 인가요? 에라~이왕 망한 건데 아무 거면 어떻습니까. 살면서 그런 일이 어디 한두 번이겠습니까? 중요한 건 골프도 인생도 너무 신중하게 파고들면 오히려 사고가 날 수 있다는 것만 알면 됩니다. 하나 밖에 없는 자식이라고 24시간 싸고 돌다 보면 애가 망가집니다. 또는 너무 막 내돌려도 시한폭탄처럼 위험할 수 있습니다. 두루두루 만족할만한 결과를 얻고 싶으면 빈틈없이 사방을 틀어막기 보다는 어느 한쪽에 살짝 숨통을 터놓아야 합니다. 대가들은 의도적으로 빈틈을 만들어 놓습니다. 의도된 빈틈은 그것 때문에 더 완벽해질 수 있습니다. 겨우 100미터 안팎에서 말도 안 되는 실수를 남발하는 당신과 그리고 나, 어쩌면 우리는 그런 실수 때문에 더욱 더 인간적일 수 있는 것입니다. 인간적이지 않아도 실수 좀 안 했으면 좋겠다고요?

솔직히 말하면 저도 그렇습니다. 그렇지만 몸과 마음이 편안한 상태에서 곰곰이 사색을 즐기노라면 그런 실수들 때문에 골프가 더 재미있고, 삶이 살만하다는 생각 해보신 적은 없나요? 실수가 있고 그 실수를 만회하려는 노력이 골프를 더 골프답게, 삶을 더 삶답게 해주는 것 아닐까 합니다. 골프든 삶이든 수정할 부분이 없다면 무슨 재미로 골프를 치고 삶을 지탱해가겠습니까? 때론 분통이 터지고 울화가 치밀고 눈물을 흘릴지라도 군데군데 엉성한 부분이 있어서 우리의 열정과 노력이 끊임없이 솟아 나는 것입니다. 자로 잰 듯한 칼로 자른 듯한 삶은 오히려 우리의 삶을 숨막히게 합니다. 골프 역시 모든 샷을 완벽하게 한다면 골프를 해야 할 의미가 없어집니다. 골프도 인생도 완벽함은 없습니다. 다만 완벽을 향한 우리의 노력만이 있는 것입니다.

　전통적으로 피칭의 로프트 각은 48도인데 근래 들어서 골퍼의 취향에 따라 46도로 맞추기도 합니다. 피칭 웨지 외에도 어차피 두어 개의 갭 웨지가 필요한데 피칭이 48도를 고집하면 다른 웨지들 구성이 애매해질 수 있기 때문입니다. 웨지 구성은 은근히 신경이 쓰입니다. 사실 그래야 하고요. 웨지는 다른 아이언들에 비해서 구체적이고 현실적인 어프로치 장비입니다. 어프로치를 어떻게 하느냐에 따라서 스코어 차이가 많이 나기 때문입니다.

　실생활에서도 어프로치는 아주 중요합니다. 사업도 연애도 공부도 어프로치 방법에 따라 성패가 결정 날 때가 많습니다. 뒷돈을 좋아하는 놈에겐 돈다발을 안겨주고, 명품만 좋아하는 된장녀에겐 양말 한 짝이라도 브랜드를 사주어야 하고, 놀기 좋아하는 한량들에겐 유흥거리를 만들어 줘야 좋아라 합니다. 세상이 하도 어수선해서 말을 좀 비틀어 보았습니다. 저런 어프로치는 배알이 뒤틀려서 도저히 못하겠다 싶으면 딱 부러지게 포기하면 됩니다. 그런데……그런데 말입니다. 그게 마음대로 되질 않습니다. 볼은 똑바로 치려고 하면 할수록 비뚜로 나가고, 삶은 바르게 살려고 하면 할수록 어긋나기만 합니다. 어프로치가 잘못되면 골프도 인생도 뒤죽박죽이 됩니다. 바로 이렇게 말입니다.

한 커플이 있다고 가정해보겠습니다. 그 두 사람의 사랑이 좋은 결과를 맺기 위해서는 알콩달콩 사랑을 주거니 받거니 해야 합니다. 속칭 '기브 앤 테이크(Give & Take)'의 원칙이 제대로 작동을 해야 갈등이 안 생기는 겁니다. 원 웨이(One-Way) 방식은 오래갈 수가 없습니다. 사랑을 주는 쪽이 아무리 큰 사랑을 주어도 받는 쪽이 준비가 되지 않았다면 혼자 애만 태울 뿐입니다. 저도 그렇습니다. 저는 제 연인을 엄청 어마 무시하게 좋아합니다. 그녀를 위해서라면 간이고 쓸개고 다 떼줄 수 있습니다. 그런데 그 연인은 그런 제 사랑을 부담스러워 합니다. 저의 사랑 어프로치가 너무 조급하거나 허접해서 그런가 봅니다. 그런가 하면 어떤 여인은 제 사랑을 못 얻어서 아파합니다. 그녀의 어프로치가 저와 맞지 않기 때문입니다. 정말 '이런, 젠장~'입니다.

골프도 그렇습니다. 홀 근처에 다가가면 갈수록 정교한 어프로치 플레이를 해야 하는데, 홀만 보면 앞뒤 분간 없이 안 재고 공격 앞으로만 하다 이리 넘기고 저리 빠트리기 일쑤입니다. 사고를 친 후에야 아차 싶어 끌탕을 합니다. 물론 매번 그러지는 않지만 꼭 남들 잘할 때 나 혼자 삽질을 합니다. (갑자기 이런 생각이 났습니다. 웨지는 '왜 그랬지?'를 줄여 쓴 단어라는…… 역시 한글은 위대합니다) 사실 어프로치만큼 '왜 그랬지?'라며 후회하는 것도 별로 없습니다. 생크도 어프로치에서 제일 많이 납니다. 도대체 왜, 왜 그럴까요?

답은 딱 하나입니다. '너무 쉬우면 재미없으니까' 그렇습니다 이 말을 하고 나니 절로 한숨이 나옵니다. 저 역시 고민이 많았는데 저 말을 해놓고 보니 새삼 깨닫는 것이 있습니다. 삶의 모든 문제에 대한 답은 자기 자신 안에 있다는 말이 딱 들어맞는군요. 골프도 어떻게 하면 되는 줄 알지만 몸이 말을 듣지 않아서 늘 후회가 남는 겁니다. 이 글을 읽는 당신, 혹 안 되는 일이 많아서 속상한가요? 그렇다면 저 말을 한번 되뇌어 보세요. 어쩌면 조금이라도 위안이 될 지도 모르니까요. 답을 알아도 이미 쓰린 속은 계속 쓰리겠지만 한 줄 명언으로 마음을 달래봅시다.

아래의 명언을 남긴 프란시스 위멧은 캐디 출신으로 불과 20세의 나이에 해리 바든과 테드 레이를 이기고 US 오픈 사상 첫 아마추어 우승자가 된 전설적인 골퍼입니다.

> "골프는 멋진 교훈을 주는 게임이다. 그 첫째는 자제, 즉 여하한 불운도 감수하는 미덕이다"

모래 폭파 특공대, 샌드 웨지

"언니~! 샌드 줘요. 또 벙커야. 오늘 이 골프장에 벙커 몇 개나 있는지 세러 왔나 봐."

많이 해봤거나 들어본 말이지요? 남들은 벙커에 빠질 테면 빠지라고 샷을 해도 안 빠지는데 나는 반대편으로 쳐도 벙커에 빠지는 날이 있습니다. 뒤로 넘어져도 코가 깨진다는 속담처럼 정말 징그러울 정도로 볼이 벙커만 찾아 다닙니다. 어찌나 열불이 나는지 나중에는 벙커 정리고 뭐고 하기도 싫어집니다. 왜 그런지 아세요? 재수 옴 붙은 날이라 그렇습니다. 네, 맞습니다. 약 올리는 겁니다. 그런 날은 차라리 벙커 샷 연습하러 왔다 생각하고 즐기십시오. 네? 깨지는 돈이 얼마인데 즐겨지겠냐고요? 아니 그럼, 열 낸다고 나갈 돈이 안 나가나요? 그나마 한 푼이라도 아끼고 싶으면 즐겨야지 다른 방법 없습니다. 핑계 김에 샌드 웨지하고도 친해지시고요.

샌드 웨지는 보통 56도인데 필수적인 것은 아닙니다. 더 낮은 각이나 높은 각도 상관없습니다. 다만 솔(골프 클럽의 바닥 부분)이 납대대해야 모래와 함께 볼을 떠내기가 더 유리하겠지요? 벙커 샷의 거리 조정은 샌드 웨지의 로프트 각을 열고 닫거나 또는 모래의 양을 조절하는 것이 보통입니다. 초보 골퍼들 대부분이 벙커에서는 죽으나 사나 샌드 웨지를 고집하는데 전혀 그럴 필요 없습니다. 50미터 이상의 먼 거리에서는 피칭 웨지를 사용하는 것이 훨씬 더 효율적입니다. 벙커 턱의 높이에 따라서 우드를 쓸 수도 있고 퍼터를 쓸 수도 있습니다. 벙커 샷도 융통성을 발휘할 줄 알아야 합니다. 물론 처음엔 감도 요령도 없어서 주저주저하다 더 망칠 수도 있습니다. 미리미리 연습을 해두어야 중요한 순간에 써먹을 수 있습니다.

원칙만을 내세우며 융통성이라곤 눈곱만큼도 없는 사람을 벽창호라고 합니다. 제 주위에도 이런 사람이 몇 있는데 정말 속 터질 때가 종종 있습니다. 자신의 원칙에 반하는 것에 대해서는 이해도 타협도 용서도 모르니 소통이 불가능합니다. 속에 숨겨진 진실보다는 밖으로 드러난 사실에만 집착하기에 그렇습니다. 그런데 웃기지도 않는 것은 자신에게 닥친 위기에 대해서는 갑자기 관대해진다는 것입니다. '나도 사람인데……' 이러면서 말입니다. 좋습니다. 사람이니 그럴 수도 있습니다. 더 큰 문제는 그 다음입니다. 그 순간이 지나면 까맣게 잊고 본인은 단 한번도 그런 적이 없는 것처럼 거짓 기억으로 무장한다는 것입니다. 실로 무서운 일입니다. 총이나 칼 자체가 무서운 것이 아니라 그런 도구를 사용하는 인간의 빗나간 사고가 사고를 치는 것입니다.

융통성의 기준은 '사람을 먼저 위한' 것이어야 합니다. 그런데 요즘 세상은 사람보다 원칙이 더 중요한 세상이라 사람들 꼴이 엉망입니다. 아는 척을 좀 하면 사자성어로 '본말전도'라고 하며, 영어로는 'topsy-turvy'라고 합니다. 본말전도라는 말이 영어에도 있을까 갑자기 궁금해서 사전을 좀 뒤져봤더니 저렇게 생긴 놈이 튀어 나오네요. 발음부터 왠지 본말전도의 뜻과 어울리는듯한 것이 언어적 융통성이 물씬 풍깁니다. 감각적으로 이해가 된다는 말입니다. '지랄~감각은 무슨 얼어 죽을……' 이러는 분은 감각적 융통성이 없어서 그러니 감각 훈련 좀 하세요. ^^

볼이 벙커에 빠졌다고 해서 샌드 웨지만 고집한다면 융통성이 빵점입니다. 그러나 벙커 탈출은 꼭 샌드 웨지만이 능사가 아니라는 융통성이 발휘되면 많은 가능성이 열림과 동시에 골프가 한결 부드러워집니다. 융통성은 사고의 유연함에서 비롯됩니다. 벙커 샷 역시 유연한 몸 동작이 절대적으로 필요합니다. 초보 골퍼들은 벙커 샷을 할 때 모래와 함께 볼을 떠내라고 하니까 힘을 지나치게 쓰는 경향이 많습니다. 마음이 불안하고 급해져서 그만 볼을 직접 때리는 바람에 반대편 너머로 홈런을 때리거나 모래만 푹 퍼내 벙커 탈출에 실패하고 맙니다. 몸과 마음에 힘이 잔뜩 들어가 있으니 호미로 막을 걸 가래로 막게 되는 것이지요. 몸이든 마음이든 늘 유연해야 먹고 사는데 지장이 없습니다. 그렇다고 고집이 무조건 나쁘다는 뜻은 아니니 고집쟁이들 오해 마시길.

　웨지 브라더스 중에서 샌드 웨지의 위치는 거의 막내이며, 주요 임무는 벙커에서 모래를 폭파시켜 볼을 탈출시키는 것입니다. 전쟁영화를 보면 폭파 전문병이 따로 있습니다. 전쟁영화 등에서 폭탄과 관계된 긴급 상황이 벌어지면 뒤늦게 부름을 받은 폭발 전문가가 느릿느릿 나타납니다. 그 모습이 필드에서의 샌드 웨지하고 똑 같은 느낌을 줍니다. 아기 공룡 둘리가 아무리 요리 보고 조리 보고 살펴봐도 샌드 웨지에게 날쌘돌이 느낌은 없습니다. 워낙 임무가 신중하다 보니 엉덩이가 묵직해졌나 봅니다.

　초보 골퍼들 대부분이 벙커에서는 죽으나 사나 샌드 웨지를 고수하는데 이 역시 그럴 필요 없습니다. 벙커에 빠진 볼을 꺼낼 때 어떤 클럽을 쓰든 상관없습니다. 상황에 따라 드라이버를 써도 되고, 퍼터를 써도 되고, 우드를 써도 되고 또는 아이언을 써도 됩니다. 물에 빠진 사람을 구하는데 도구가 어떤 것이면 어떻습니까? 일단 물에서 구해내는 것이 우선입니다. 도구의 문제가 아니라 방법의 문제가 훨씬 더 중요한 경우가 많습니다. 하지만 그것도 결코 호락호락하지 않은 것이 방법을 알아도 그대로 실천할 수 있느냐가 다음 문제로 떠오릅니다. 방법을 알아도 의지와 능력이 없으면 목표에 다다를 수 없습니다. 의지와 능력이 있어도 이번엔 목표 달성을 위한 적정 기대치가 문제가 됩니다. 너무 과하지도 너무 부족하지도 않아야 합니다.

2012 The Open 전에서는 타이거 우즈가 항아리 벙커에 빠졌다가 트리플 보기를 기록해 우승을 놓치기도 했습니다. 그때 정말 안타깝더라도 정면 돌파보다는 뒤로 후퇴했었다면 2타는 벌 수 있었지만 그는 그의 이름대로 맹렬한 도전을 선택했습니다. 결과론이기는 하지만 무조건 앞으로 내달리기만 하다 엎어지면 약도 없습니다. 타이거 우즈가 그때 2보 전진을 위한 1보 후퇴의 교훈을 되새겼다면 결과는 달라질 수 있었겠지요. 의지와 능력은 있으나 당시 상황 대비 너무 높은 목표 설정을 했기에 비극을 맞이했던 것입니다. 아마 골프처럼 '그때 그렇게 안하고 이렇게 했었다면 어땠을까?'라는 가상 후회를 많이 하는 운동은 없을 것입니다. 그래서 골프는 어렵고, 재미있고 또한 중독성이 아주 강한 운동입니다.

골프처럼 세상 어떤 일이든지 최종 목적지까지 가는 데는 반드시 방해물이 존재합니다. 방해물이 존재하는 이유는 이미 말씀 드렸듯이 너무 쉬우면 재미없기 때문입니다. 하지만 반대로 너무 어려워도 재미없습니다. 우리네 인생살이도 그렇습니다. 적당한 스트레스는 삶의 자극제가 되지만, 과도한 스트레스는 삶을 지치게 합니다. 지침이 계속되면 포기라는 놈이 슬며시 얼굴을 들이밉니다. 포기는 더 이상 희망이 없음을 깨닫고 판을 접는 겁니다. 그러나 판을 접었다고 해서 모든 것이 끝나는 것은 결코 아닙니다. 하나의 끝은 하나의 시작입니다.

오늘 최악의 스코어를 기록한 라운드가 악몽이었다면 그 악몽은 18번

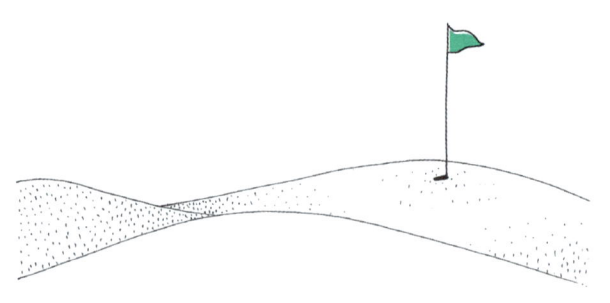

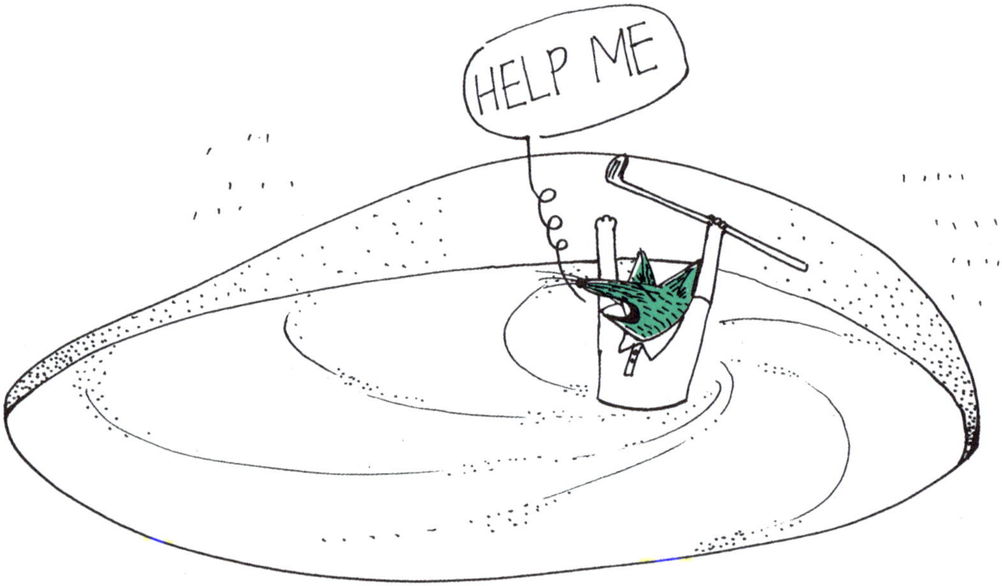

홀에서 끝난 것입니다. 오늘 당신 인생에서 가장 힘든 순간을 겪었다면 그 순간은 이미 지나버린 일입니다. 아주 뻔한 말이 있습니다. '내일은 내일의 해가 뜬다.' 일기 예보에 내일은 날씨가 흐려서 해가 안 뜬다고요? 샌드 웨지로 엉덩이에 벙커 샷 한번 갈겨 드릴까요? 하하~농담엔 농담이 제 격인 줄 아시지요? 골프에서 벙커는 골프를 골프답게 만들어주는 많은 재미 중의 하나입니다. 삶에서 겪게 되는 크고 작은 골칫거리들 역시 인생을 인생답게 만들어주는 여러 양념 중의 하나 일뿐입니다. 저 역시 만만찮은 삶을 살아왔지만 옷깃을 바짝 여미고 일어나 이렇게 뻔뻔스럽게 수다를 떨고 있습니다. 세월이 약이라고 지나고 나면 뭣도 아닙니다. 뭣이 뭔지는 알아서 해석하세요. ^^

허접한 주인 만나 평생을 고생하고 있는 샌드 웨지에게 감사와 위로의 뜻을 전하며 오늘의 한 줄 명언은 타이거 우즈의 어록으로 마무리하겠습니다. 앗! 한 줄이 아니라 네 줄이 되었습니다.

> "저는 항상 실수를 최소화하려고 노력하고 있지만 실수를 해도 후회하지 않습니다. 중요한 것은 그 실수를 두 번 다시 반복하지 않는 것입니다. 실수한 것을 언제까지나 마음 속에 담아 두고 연연해하지 않으려고요."

벙커를 사랑한 볼

골퍼라면 벙커를 좋아하는 이는 단 한 명도 없을 것입니다. 프로들은 파5 홀에서 2온을 시도할 때 벙커를 방패처럼 이용한다고 하지만 그건 프로들 얘기고 아마추어들에게 벙커는 지옥 1번지입니다. 특히 홀 바로 앞에 입을 쩍 벌리고 있는 벙커는 악마의 구덩이처럼 보기만 해도 섬뜩하고 기분이 찜찜해집니다. 저도 파5 홀에서 세컨 샷으로 홀 30미터 앞까지 붙여놓고 버디를 노리다 벙커에 빠지는 바람에 더블보기나 트리플보기로 터진 적이 몇 번 있습니다. 물론 욕심이 앞선 탓이긴 하지만 그런 험한 일을 당하면 순간적으로 머리 속이 빽빽해지는 것이 마치 모래로 꽉 찬 것처럼 답답해집니다.

벙커는 모래로 채워져 있습니다. 그런데 왜 이름이 샌드 홀이나 그 밖의 이름이 아니고 벙커라고 했을까요? 궁금한 걸 그냥 참고 넘어가면 수다쟁이가 아닙니다. 그래서 뒤져봤습니다. 역시 몇 가지 설이 있네요. 제 생각엔 볼이 붕 떠서 모래에 콕 박히는 걸 보고 의태어로 '붕콕'이라 했

다가 붕콕〉붕코〉벙코〉벙커로 변이된 게 아닌가 싶은데……억지 그만 부릴까요? ^^

첫 번째 설, 옛날 스코틀랜트에서는 석탄을 주로 언덕이나 작은 봉우리 주변에 상자나 함에 넣어서 보관했다고 합니다. 석탄을 보관했던 바로 그 상자를 '봉커(bonker)'라고 했는데 세월이 지나 지금의 벙커가 되었다고 합니다. 오호~왠지 그럴듯하게 들립니다. 그렇다면 붕콕이 벙커가 되었다는 제 주장도 전혀 근거가 없지는 않지 않습니까?

두 번째 설, 골프 초기 영국의 골프장에는 양들을 방목시켜 키웠다고 합니다. 차디찬 바다 바람을 이겨내기 위해 양들이 한 곳에 모여들었는데, 그 부분이 움푹 파여서 최초의 반 자연 벙커가 되었다는 설입니다. 설득력이 있는 것도 아니고 없는 것도 아니고 애매합니다.

세 번째 설, 인공 제작설입니다. 옛날 어느 백작부인이 부부싸움을 한 후, 집 근처에 있던 그린 부근의 땅을 화풀이 하느라 골프채로 두들겨 팼답니다. 그리고 밤새 폭풍우가 몰아친 다음 가봤더니 두들겨 팬 그 자리가 큰 벙커가 되어있더랍니다. 그 후 사람들이 재미 삼아 그린 앞에 만들기 시작한 것이 바로 벙커의 시초라는데……글쎄요, 이건 무슨 전설도 아니고 뻥 냄새가 진하게 납니다. (벙커 유래에 관한 정보는 블로그 '솔모루'에서 얻어 왔습니다)

이런 얘기는 사실이든 아니든 알아두어서 해 될 거 하나 없습니다. 처음 만난 사람들과의 어색한 라운드 시, 자연스러운 대화를 유도할 때 써먹기 딱 좋거든요. 참, 주제가 이게 아니었지요? 하여튼 수다쟁이가 아니랄까 봐 배가 어디로 가는지도 모르고 이렇게 푼수 짓을 떱니다. 언젠 안 그랬냐고 비아냥거리는 당신을 곁눈질로 한번 슬쩍 째려만 보고 주제로 돌아가겠습니다.

일전에 평소 친하게 지나는 지인들과 라운드를 함께 할 기회가 있었습니다. 그런데 그 중 한 여성분의 볼이 거의 매 홀 벙커에 빠지는 것이었습니다. 초반에는 그러려니 했는데 뭐에게 홀린 듯이 계속 벙커에 빠지니까 멘붕 상태가 될 지경이었습니다. 보다 못해 벙커가 왼쪽에 있으면 아예 왕창 오른쪽을 겨냥하라고 극약처방까지 해주었습니다. 하지만 그것도 아무 소용이 없었습니다. 막상 스윙 할 때는 왼쪽으로 당기는 바람에 또 다시 벙커에 빠지곤 했으니까요. 어디 그뿐입니까? 평소 같으면 절대로 나가지 않을 거리인데 갑자기 거리가 많이 나서 빠지고, 반대로 턱도 없이 짧게 치는 바람에 빠지고……마치 진기, 명기를 보는 것 같았다니까요. 어떻게 되었냐고요? 나중에는 다들 할 말이 없어서 허허 웃기만 했습니다. 본인도 지쳤던지 그냥 웃더군요. 얼마나 벙커 샷을 많이 했는지 아마 벙커 샷 실력이 꽤 늘었지 싶습니다.

한때 온 나라가 고생하던 IMF 시절이 있었습니다. 그때 들었던 어느 사업가의 얘기입니다. 편의상 K사장이라고 하지요. K사장은 하는 사업마다 실패를 거듭하다가 도망가듯 미국으로 건너가 아메리칸 드림을 꿈꾸었답니다. 2~3년 열심히 일해서 이익 좀 남나 했더니 난데없이 지자체 파산 선언으로 도로아미타불이 되었답니다. 의지의 K사장, 이를 악물고 이번엔 멕시코로 갔답니다. 죽을 각오로 일을 했으니 뭐든 안되겠습니까? 어느 정도 지나니 빛이 보이더랍니다. 하지만 그쯤에서 해피엔딩이면 그의 얘기가 세상에 떠돌지 않았겠지요. 이번엔 멕시코 정부에서 화폐개혁을 단행했답니다. 화폐개혁을 하면 가지고 있던 돈이 휴지조각이 됩니다. K사장은 외국인이었기에 더 많은 피해를 보았겠지요? 가혹한 운명의 신을 원망하며 다시 한국으로 돌아온 K사장, 간신히 남겨온 재산과 친인척 돈까지 끌어들여 사업을 시작했습니다. 그 동안 겪어온 경험을 밑바탕으로 다시는 실패하지 않으리라는 자신이 있었겠지요. 하지만 웬걸? IMF가 바로 터지더랍니다. K사장은 어찌되었을까요? 글쎄요……그 뒤 소식까지는 못 들었습니다만 모쪼록 잘 풀렸으면 좋겠군요.

냉정하게 원인을 따진다면야 다 자신의 책임이긴 합니다. 그래도 그렇지, 어떻게 발 딛는 곳마다 진창이었을까요? 궁금하세요? 궁금하면 500원~이 아니고 책 한 권 소개해드리겠습니다. 위즈덤하우스에서 나온 〈보이지 않는 차이〉라는 책입니다. 이 책의 컨셉 슬로건은 '세상에서 가장 힘이 센 운의 비밀'입니다. 한때 하는 일마다 안돼서 끙끙 앓고 있다가 우연히 발견한 책입니다. 책 표지에 '운 좋은 사람들은 뭐가 다른가'라고 써 있습니다. 어떤 얘기가 쓰여져 있는지는 말 못하겠네요. 제가 아무리 수다바가지일지언정 스포일러가 되고 싶지는 않으니까요. 읽고서 돈 아깝다는 생각은 별로 안 들었으니 짬 내서 읽어 보시면 깨닫는 바가 꽤 있을 겁니다.

골퍼와 벙커 그리고 볼은 머피의 법칙으로 서로 긴밀하게 엮여 있습니다. 골퍼의 눈에 홀보다 벙커가 먼저 보이면 볼은 벙커를 찾아갑니다. 이런 말이 있습니다. '하수는 걱정한대로 볼이 가고, 중수는 친 대로 볼이 가고, 고수는 본 대로 볼이 간다.' 감탄사가 저절로 나오십니까? 그렇다면 공감 꾹 눌러주시기 바랍니다. 어떤 고수가 말했는지는 모르겠지만 아마 그는 골프의 본질에 대해서 완전 꿰뚫고 있는 달인일 것입니다. 저 말의 본질은 걱정을 먼저 하면 걱정한대로 일이 이루어진다는 것입니다. 곧 마음을 비우고 오직 자신이 할 바를 다하라는 말이기도 합니다. 그리고 변명이나 불만 없이 결과에 순응하라는 의미도 담고 있습니다. 어디에 그렇게 많은 뜻이 숨어있냐고 따지기 없기입니다. 가만히 들여다 보고 있으면 다 보입니다. 보고 깨닫는 것을 전문용어로 '안광(眼光)이 지배를 철(徹)하다.'라고 합니다.

하루 종일 볼이 벙커로 뛰어든다고 해서 설마 볼이 벙커를 사랑해서이겠습니까? 볼은 그저 두들겨 맞은 대로 날아갔을 뿐입니다. 마치 내게만 일어나는 것 같은 그 모든 재수없는 사건들, 어쩌면 그 배후에는 '또 다른 내'가 있을지도 모릅니다. 내게 일어난 모든 일은 바로 내가 있기에 일어난 것입니다. 그래서 '내 탓이로소이다'라는 말이 씨가 먹히는 겁니다. 하지만 모든 불운이 내 탓임을 알았다고 순순히 물러나면 안됩니다. 불운은 행운을 만드는 씨앗이기 때문입니다. 문제가 있다면 행운을 불운으로 바꾸는 것은 아주 쉽지만 불운을 행운으로 바꾸는 것은 꽤 어렵다는 것입니다. 어쨌든 하나를 깨우쳤다면 그 반대편에 있는 또 다른 하나도 깨우쳐야 합니다. 그게 삶다운 삶을 사는 지혜이고, 골프다운 골프를 즐기는 방법입니다.

별별 같잖은 수다를 늘어 놓아서 말장난처럼 보일 수도 있지만 마음은 진지 100% 모드입니다. 믿어주셔야 합니다. 믿어주시리라 믿습니다. 그렇다고 '나 이사람 보통 사람입니다. 믿어주세요!'는 아닙니다. 보통 사람은 못하는 명언 산책, 오늘도 빠질 수 없습니다. 오늘의 명언을 남긴 진 사라젠은 미국의 골프 황금기 1세대를 대표하는 선수 중의 하나이며, 오늘 날의 샌드 웨지를 만든 장본인이라고 하네요. 믿거나 말거나~궁금하면 오백 원! ^^

> "벙커 샷에서 중요한 것은 작은 기술을 외우는 것보다 그것을 실행하는 용기이다."

다섯 번째 수다
이런 골프, 저런 인생

다섯 번째 수다

이런 골프, 저런 인생

세상의 모든 골퍼들이 꿈꾸는 환상의 골프 유토피아가 있습니다.
똑바로 멀리 날아가는 드라이버 샷, 빨랫줄 우드 샷, 고공 낙하 아이언 샷이 그것입니다.
골퍼들은 필드 위에서 인생을 깨닫고 일상 속에서 골프를 깨닫습니다.
삶은 살아 갈수록 만만치 않고 골프는 할수록 어렵게만 느껴집니다.
그래도 우리는 더 열정적으로 삶을 사랑하고 골프를 즐기려 합니다.
언젠가는 삶도 골프도 내 마음대로 될 수 있다고 믿으며 말입니다.
그런데 그게 마음 먹는다고 되긴 될까요?
삶은 아주 가끔 행복을 주고 골프 역시 어쩌다 맛만 보여주고 말뿐입니다.
각자의 기준은 다르지만 삶과 골프에 대한 우리의 꿈은 비슷합니다.
그 꿈이 서로 다른 당신과 내가 마주보며 웃을 수 있게 합니다.

당신의 인생을 위한 당신의 골프를 위한 '이런저런 수다' 시작됩니다.

연습장에서 만난 사람들

　제가 다니는 연습장은 거리가 겨우 60미터 밖에 되지 않습니다. 1개 층에 10타석씩 2~5층까지 약 40타석의 비교적 작은 인 도어 연습장입니다. 저는 3층에서 연습을 하는데 그 이유는 3층에서 쳐야 평지에서 치는 것과 같기 때문입니다. 그리고 무시할 수 없는 또 하나의 이유는 3층에서만 흡연을 할 수 있다는 거. 네, 저 골초입니다. 꽤 오래 흡연자라는 별로 명예롭지 못한 굴레를 쓰고 살지만 아직 금연을 해야겠다는 생각은 없습니다. 그래도 흡연을 깔끔하게(?) 즐기기 때문에 담배 때문에 어디서 욕 먹은 적은 없습니다. 제가 그래도 눈치가 빠르거든요. 하하~저기 어떤 분이 이러시네요. '그래, 잘 났다. 그것도 자랑이라고 하나? 으이구~!' 누가 자랑이라고 했어요? 그냥 그렇다는 거지요. 하긴 저도 다른 것보다 우선 냄새 때문에라도 끊긴 끊어야겠습니다.

　타석이 10개 정도 밖에 안 되는데다 연습 시간대가 일정해서 자연히 사람들과 안면을 트게 됩니다. 그러다 보면 이런 사람도 만나고 저런 사람도 만나게 되는데 생각보다 꽤 다양한 부류의 사람들과 친분을 쌓게 됩니다. 골퍼들에겐 골프 연습장이 동네 사랑방입니다. 그 곳에서 만난 사람들과는 대부분 안보면 잊혀지는 정도의 얕은 관계를 쌓게 됩니다. 그러나 그 와중에도 정말 재수가 좋으면 솔로들은 천생연분 짝을 만나기도 하고, 재수 나쁘면 평생 처음 만나보는 악연을 만나기도 합니다. 저는 같은 연습장만 6년째 다닌 덕에(?) 참 많은 만남을 직, 간접적으로 겪었습니다. 그래서 이번엔 골프 연습장에서 흔히 볼 수 있는 사람들 유형을 내 마음대로 분류해볼까 합니다. 아울러 유형별 대처법도 공개할 테니 참고하시길. ^^

오지랖형　일찌감치 나타나 전용 타석 잡아 놓고는 자기 연습은 뒷전이고 초보 또는 만만해 보이는 사람들만 골라 온갖 참견은 다 하는 사람. 은퇴한 후, 소일거리로 골프 연습을 하는 사람들 중에 이 타입이 많다. 나이도 어지간히 들어서 아는 척을 하면 예의상 외면하기가 어려워 대꾸를 해줄 수 밖에 없다. 모르는 사람이 없을 정도로 마당발이라 연습장에 돌아다니는 온갖 소문에 능통할뿐더러 가끔은 유언비어도 퍼뜨린다. 나이를 빌미로 젊은 사람들에게 함부로 대하다 따돌림을 당한 후 결국엔 비슷한 또래의 초보 골퍼들 사이에서만 왕으로 군림한다.

대처법 매일 얼굴을 마주치는데다 이미 아는 척을 했으니 대놓고 무시하면 싸가지 없는 사람으로 찍힐 수 있다. 무서워서가 아니라 괜한 구설수에 오를 필요가 없다. 말을 걸어 오면 적당히 대꾸하고 연습에 열중하는 척 하라. 또 다시 참견해도 건성 대답만 하면 제 풀에 꺾여 물러난다. 몇 번 이렇게 하면 눈인사만으로도 오지랖을 피해갈 수 있다. 이런 자체가 짜증날 수 있다. 그래도 그러려니 해야 한다. 사람 사는 세상이 다 그렇고 그런 것이다.

껄떡형 시도 때도 없이 연습장에 불쑥불쑥 나타나 여자 회원만 보면 아는 척 하면서 접근한다. 수작이 먹혀들 듯 하면 칭송을 아끼지 않지만 퇴짜라도 맞으면 은근히 씹고 다닌다. 별 미친 XX 다 보겠다며 심한 욕도 서슴지 않는다. 옷차림이며 허우대가 멀쩡하고 정체불명의 회장 타이틀을 달고 있다. 회원 등록을 마친 처음 몇 달 동안은 사람들의 환심을 사기 위해 툭하면 밥을 사겠다고 한다. 왕년 얘기를 많이 하면서 대한민국에서 방귀깨나 뀐 사람들은 다 알고 있다며 화려한 인맥을 자랑한다. 보고 들은 것은 많아서 입으로 할 수 있는 좋은 얘기는 다 하지만 실상 본인의 행동은 전혀 그렇지 않다. 오지랖 형과 마찬가지로 사람들과의 친분 관계가 오래가지 못하는데 그 책임을 다른 사람들에게 전

가한다. 뒤늦게 자신의 처사가 심한 걸 깨닫고 다신 사람들에게 접근해보지만 때는 늦었다.

대처법 절대로 친해지면 안 된다. 이 유형은 자신의 속내를 최대한 늦게 드러내기 때문에 한동안은 정체 파악이 아주 힘들다. 혹 멋모르고 친해졌다면 어떻게든 멀어져야 한다. 자기 멋대로 동생 취급하면서 애매한 부탁은 다 할 테니 말이다. 관심에서 벗어나려면 일단 눈에서 멀어져야 한다. 어쩌다 부딪혀도 바쁘다고 핑계를 대고 조금씩 거리를 두어야 한다. 그러다 어느 순간 친분은 사라지고 그저 얼굴 정도만 아는 사람이 된다. 별 거지 같은 경우가 있다고 성질내지 마라. 이런 것도 살아가면서 알게 되는 인생 공부려니 하라. 실제로 그러니까.

외톨이형 같은 시간대에 나타나서 연습을 열심히 하긴 하는데 마치 투명인간처럼 행동한다. 골프라는 운동은 원래 이웃 타석끼리 정보를 주거니 받거니 하면서 자신도 모르는 사이에 조금씩 늘어가는 좀 이상한 운동이다. 그런 걸 아는지 모르는지 외톨이 골퍼들은 말을 시켜도 별로 반응이 없다. 예의를 깍듯이 지키긴 하는데 그 이상의 액션은 결코 없다. 자신의 골프에 대해 남에게 물어보는 법도 타인의 골프에 대해 어떤 언급도 없다. 마치 자신의 연습 외에는 어떤 관심도 없는 것처럼 소리 없이 왔다 흔적도 없이 사라진다. 참 친해지기 힘든 타입이다. 네? 바로 당신이 이런 타입이라고요? 골프 연습장에 갔으면 연습이나 하다 오면 되지, 사람 사귈 데가 없어서 그런 데서 사람을 만나냐고요? 아이고~인물 나셨네요. 마음대로 하시구려~흥!

대처법 뭘 알아야 대처를 하든지 말든지 하지……그냥 그런 사람도 있더라 하고 잊으면 된다.

은둔 고수형 척 보면 여유가 넘친다. 틀림없이 그 연습장에서 꽤 알려진 사람이다. 상당한 실력을 갖추고 있지만 묻기 전에는 불필요한 레슨이나 참견을 하지 않는다. 구석진 곳에서 혼자 말 없이 연습을 하는 것 같지만 은근히 많은 사람들과 친분이 두텁다. 이런 유형의 사람과는 가급적 친해지면 손해 볼일이 없다. 왜냐고? 골프 수준이 상당해서 쉽고 빠르게 이해되는 팁을 짚어줄 수 있기 때문이다. 허물없이 친해져도 언행을 함부로 하지 않는 격 높은 성품을 갖고 있다. 골프 연습장에서 쉽게 만날 수 없는 귀인이니 눈 여겨 주위를 둘러보라.

대처법 그와 개인적으로 친해지지는 않더라도 예의를 지키고 경거망동하지 마라. 오다가다 부딪히면 먼저 인사를 하라, 그 역시 반갑게 맞을 테니 말이다. 세상 어느 누구도 사연 없는 사람 없듯이 그런 은둔 고수들은 대부분 사람의 깊이가 아주 깊다. 가능하다면 호형호제할 정도로 친하게 지내며 먼저 다가가라. 틀림없이 그 이상의 기쁨을 얻게 될 것이다.

토박이형 옷차림부터 꽉 티가 난다. 마치 마실 나온 사람들처럼 집 근처에서나 입을 법한 평상복 차림이면 틀림없이 그 연습장의 토박이이다. 혼자 다니는 법이 결코 없으며 또래들과 우르르 몰려 다닌다. 너무 끼리끼리 몰려 다니는 모습이 연습장 측에서는 신경이 쓰이지만 하나가 그만두면 패거리 모두 그만 둘 염려가 있어 모른 척 한다. 작태가 영 마음에 안 들면 오지랖 형을 부추겨 주의를 주지만 그때뿐이다. 굳이 터부시 할 필요도 없고 배짱이 맞으면 같이 어울리면 언제든 만날 수 있으니 일상이 심심하지 않다.

대처법 둘 중의 하나를 택하면 된다. 아예 처음부터 아는 척도 하지 말고 지내거나, 오며 가며 눈 인사를 안면을 튼 후, 나이나 그 밖의 조건들이 서로 통하면 오래오래 사귀어 좋은 친구로 삼아도 된다. 오래 된 좋은 친구? 그런 친구도 있고 이런 친구도 있는 거다. 괜히 까칠하게 굴지 마라. 세상 별 거 없다. 어떻게 만났든 서로 마음만 통하면 그게 바로 좋은 친구다.

또 다른 유형이 있을까 고민해도 별게 없으니 이쯤에서 정리해야겠습니다. 어떻습니까? 제가 유형별 분류를 제대로 했는지요? 혹 빠진 타입이 있으면 따로 분류해보세요. 머리 나쁜 제가 빼먹었다고 흉보지 말고요. 봐도 할 수 없지만 말입니다.

많은 사람들이 어느 날 문득 나타났다가 사라지는 곳이 골프 연습장입니다. 어쩌면 긴 인생의 여정에서 잠깐 들렀다 가는 시간의 정류장일 수도 있습니다. 그 잠깐 동안 여러 일들이 일어날 수도 또는 아무 일도 일어나지 않을 수 있습니다. 조금만 더 눈을 크게 뜨고 조금만 더 마음을 열면 보이지 않던 작은 세상이 보일 수 있습니다. 이왕이면 언제 어디서든지 삶의 티끌만한 기쁨을 발견하길 기대하며 PGA 프로 출신인 앨즈워드 바인즈의 어록 하나 소개하지요.

> "골프는 배우면 배울수록 배울 것이 많아진다."

흉내만 내도 5타는 줄인다

　하수가 하루라도 빨리 중수가 되고 고수가 되기 위해서는 연습도 열심히 해야 하지만 연습만 갖고는 한계가 있습니다. 물론 고수가 되는 가장 빠른 지름길은 게임에 대한 풍부한 경험이 있어야겠지요. 경험치가 높으면 높을수록 라운드 운영 능력이 향상되어 위기 상황 등에서도 당황해서 서두르거나 얼토당토않은 무리수를 두지 않게 됩니다. 소위 짬밥이 쌓이는 거지요. 그렇게 되기 까지 많은 초보 골퍼들은 엄청난 시행착오를 반복적으로 겪게 됩니다. 초보 골퍼들의 가장 큰 공통점은 전반 9홀을 채 돌기도 전에 상당한 체력 소모를 겪는 것입니다. 볼이 원하는 곳으로 가 주질 않으니 산으로 해저드로 계곡으로 볼을 찾아 뛰다 보면 몸도 마음도 일찌감치 파김치가 되어 제 풀에 반쯤 기가 꺾이고 맙니다. 6번 홀쯤 되면 템포나 리듬 감각이 살아나야 하는데 시작부터 흐트러진 스윙은 여전히 불안하고 마음 또한 편치 않기 때문입니다. 그때쯤 되면 슬며시 이런 생각이 듭니다.

'오늘은 뭔가 보여주려고 했는데 시작부터 죽을 쒔으니 다 글렀어. 아, 진짜 이상하네? 연습장에서는 잘 맞는데 필드만 나오면 왜 엉망이 되는 거지? 미치겠네, 정말……'

아무리 좋게 생각하려고 해도 자신이 바보 같기만 해서 자존심이 엄청 상합니다. 뻔한 대답이 나올지 알면서도 고수에게 물어봅니다. 왜 필드만 나오면 스윙이 무너지는가 하고 말입니다. 예상대로 고수의 대답은 한결 같습니다. 골프가 원래 그런 운동이라며 마음을 편히 먹으라고만 합니다. 누군 마음 편히 먹기 싫어서 그런 것도 아닌데 말입니다. 그런데 참 묘한 것이 있습니다. 고수들도 초반엔 몸이 덜 풀린 탓에 스윙을 제대로 못하는 게 분명히 보이는데 실수를 해도 페어웨이를 멀리 벗어나지 않습니다. 아니 벗어난다 해도 OB나 해저드에 빠지는 걸 거의 본 적이 없습니다. 어이쿠, 어이쿠 하면서도 파를 잡거나 보기 정도로 홀 아웃을 하는데 거참 직접 눈으로 보면서도 신기합니다. 드라이버 거리만 해도 그렇습니다. 하수들 볼이 엄청 잘 맞아도 고수가 툭 친 볼과 거리 차이 별로 없습니다. 비록 하수일지언정 나이를 봐도 덩치를 봐도 체력을 봐도 월등히 우월한데 왜 그런지 알다가도 모르겠습니다. 하하~그건 알다가도 모르는 것이 아닙니다. 그냥 모르는 것이지요. 왜 그런지 궁금하세요? 궁금하면 오백원……이 아니라 고수가 되면 알 수 있습니다.

고수는 어느 날 갑자기 고수가 되는 것이 아닙니다. 80년대식으로 말하자면 짤짤이나 고스톱으로 고수가 된 게 아니라는 거지요. 고수라는 호칭은 오랜 시간 동안 쌓아 온 무형의 노력과 경험과 인내에 대한 예우의 표시입니다. 고수는 실수를 해도 모르고 저지르는 실수는 없습니다. 고수는 우연이든 필연이든 모든 가능성을 미리 예측하기에 운도 따르고, 실수를 해도 한꺼번에 망가지는 법이 없는 것입니다. 그래서 고수는 운도 만든다고 하는 겁니다. 비단 골프뿐만이 아닙니다. 우리 일상 전반에 걸쳐서 실수가 잦은 사람과 바늘로 찔러도 빈틈이 안 보이는 꼼꼼한 사람과의 차이 역시 하수와 고수로 비교해볼 수 있습니다. 고수는 뜻하지 않게 발생할 수 있는 부정적인 요소를 인정하고 만일의 사태를 대비하지만, 하수는 무조건 잘될 것이라는 맹목적인 긍정만을 고집합니다. 한 마디로 말해서 고수의 부정은 긍정을 위한 부정이고, 하수의 긍정은 부정을 외면한 이유 없는 긍정입니다. 말이 헷갈리나요? 저도 한참 따져보았습니다. ^^

도대체 무슨 얘기를 하려고 하염없이 고수 칭찬만 늘어 놓는지 궁금하다고요? 궁금하면 오백 원 안 할게요. 아무리 재미있어도 같은 수법을 자꾸 써먹으면 욕 먹는 거 저도 압니다. 다들 아시겠지만 옛 말에 '어른 말을 들으면 자다가도 떡을 얻어 먹는다'라는 속담이 있습니다. 이 속담을 인용해 보겠습니다. '고수 흉내를 잘 내면 저절로 5타는 줄어든다'……바로 이건데, 믿어지지 않습니까? 뭐, 믿고 안 믿고는 당신의 마음이고 쓰는 건 제 마음이니까 상관 없이 수다 떨겠습니다. 연습장 노하우는 나중에 따로 말하고 여기서는 라운드 직전 고수들은 어떤 짓(?)을 하는지에 대해서만 슬쩍 가르쳐 드리겠습니다.

우선 골프장에 도착하는 시간부터 엿보겠습니다. 많은 초보 골퍼들이 티 오프 시간 임박해서 골프장에 도착합니다. 그러나 골프 경력이 좀 된 골퍼들은 하수든 고수든 최소 1시간 전에 도착합니다. 물론 모든 하수들이 티 오프 시간에 늦는 것도 아니고 모든 고수들이 넉넉하게 도착하지는 않습니다. 일반적으로 그렇다는 말이니 딴죽 걸지 마시고 새겨 들으시길. 일찍 도착했다고 클럽 하우스에서 수다만 떨지 말고 티 타임이나 식사가 끝났으면 잽싸게 나와 몸을 풀어야 합니다. 어떤 이들은 퍼터 하나 달랑 들고 연습 그린에서 롱 퍼팅 죽어라 연습하는데 그거 별로 도움되지 않습니다. 실제 그린과 연습 그린의 그린 빠르기가 차이가 많이 나기 때문입니다. 퍼팅 연습은 2~3미터 위주로 10분 정도만 하시고 굳은 몸을 풀어주는 게 우선입니다.

몸을 가장 빨리 푸는 방법

1. 우선 간단하게 스트레칭을 한다. 팔, 어깨, 손목, 허리, 발목 등을 가볍게 풀어준다.
2. 쇼트 아이언 3개를 한꺼번에 들고 천천히 백 스윙을 한 다음 약 10초간 멈춘다. 스윙 폼에 유의하며 다운 스윙을 하고 피니쉬 자세를 취한 후 다시 10초간 멈춘다. 이어서 같은 동작을 10회 정도 반복한

다. 10초간 멈추는 동작이 가장 중요하다.
3. 3개가 끝났으면 2개를 갖고 같은 리듬과 템포로 빈 스윙 연습을 다시 10회쯤 한다.
4. 그 다음엔 1개를 갖고 빈 스윙 연습을 한다. 아마 스윙이 날아갈 것처럼 가볍게 느껴 질 것이다 그렇다고 해서 속도를 빨리 하면 안 된다. 천천히 음미하면서 스윙 연습을 한다.
5. 마지막으로 드라이버를 천천히 휘둘러 보라. 스윙 템포는 역시 같다. 몸 다 풀렸다고 방정을 떨면 안 된다. 방정을 떨면 첫 홀부터 OB가 날 수도 있음을 명심해야 한다.

위의 과정이 다 끝났으면 마음을 편히 하고 호흡을 가다듬어야 합니다. 잘 치겠다는 욕심도, 안 맞을지도 모른다는 걱정도 하지 마세요. 동반자들이 수다를 떤다고 같이 흥분하지 말고 가볍게 대꾸만 해주는 것이 좋습니다. 말을 많이 하면 스윙 템포가 나도 모르게 빨라지기 때문입니다. 티 오프 시간 최소 10분 전에는 커피도 안 좋습니다. 심장박동수가 높아져 스윙이 급해질 수 있기 때문입니다. 즉, 기분은 업 된 것 보다는 살짝 다운 된 상태가 더 좋다는 말입니다.

예전에 연습장에서 만난 어느 골퍼에게 필드 스코어를 물었던 적이 있었습니다. 80대 초, 중반은 충분히 칠 것 같아서 칭찬하려고 그랬지요. 그런데 그 양반 90개도 간신히 친다고 해서 어찌된 일인지 자세히 물었습니다. 아니나 다를까? 이 양반 번번히 부킹 시간 거의 임박해서 골프장에 도착한다고 하더군요. 옷 갈아 입고 어쩌고 하면 몸 풀 시간도 없이 티 박스에 올라서야 하는 건 당연지사. 애들 말로 게임 끝난 겁니다. 스윙이 될 턱이 있겠습니까? 그래서 저 방법을 소상히 가르쳐 준 후, 꼭 한 번만이라도 해보라고 권했습니다. 그리고 얼마 후, 연습장에서 다시 마주친 그 분은 저를 보자마자 반색을 하면서 악수를 청해왔습니다. 제 말대로 했더니 평소보다 6타가 줄었다며 고맙다고 하더군요. 그러면 7천원짜리 백반이라도 한 끼 사야 되는 거 아닌가요? 아니면 소주라도 한 잔 사겠다고 하던지. 뭡니까? 맨입으로……그런 거 바라는 거 아니라고요? 에이~말이 그렇다는 얘기지, 치사하게 쫄랑쫄랑 쫓아가서 얻어 먹겠습니까?

저렇게 따라 했는데도 불구하고 스코어가 줄지 않으면 어떻게 하겠느냐고 따지고 싶은 분들 있을 것 같은데……분명히 있을 겁니다. 있고도 남지요. 그런 분들 도대체 무슨 말을 듣고 싶으세요? 만일 그래도 안 된다면 연습을 더 하시기 바랍니다. 그건 연습이 부족하기 때문이라고요. 골프든 인생이든 지름길은 없습니다. 직장에서 초고속 승진을 하는 이들의 뒤를 보십시오. 그만한 실력과 배경과 노력이 있었기에 가능한 겁니다. '준비된 자만이 승리할 수 있다'라는 말도 있잖습니까? 그래도 그런 거 부러워하기 없기입니다. 일찍 익은 감은 빨리 떨어집니다. 너무 빨리 고수가 되면 두고두고 연구할 일이 없잖아요. 인생도 골프도 천천히 나

아지는 것이 더 좋습니다. 네? 한번에 잘 되어서 곶감 **빼먹듯** 두고두고 야금야금 우려 먹겠다고요? 쳇~마음대로 하세요. 우려 먹든 삶아 먹든.

(실은 저도 대박 한번 쳐서 두고두고 빼먹고 싶긴 해요. ^^)

고수가 되고 싶으면 고수들 하는 짓을 주의 깊게 살펴 보셔야 한다는 말을 거듭 강조하면서 오늘의 한 마디는 무엇으로 하면 좋을까 잠깐 고민 중. 아, 이게 좋겠군요. 타이거 우즈의 말입니다.

"다른 사람들로부터 인정을 받기 위해서는 꾸준히 노력하는 것 이외에 다른 방법이 없습니다. 타고난 재능이란 인간이 만들어 낸 허구에 불과합니다."

수다 골퍼 따라 하기

어떤 일에 고수가 되기 위해서는 반복 훈련이 필요합니다. 특히 몸으로 하는 일은 더 그렇습니다. 사람의 몸은 쓰면 쓸수록 특정 동작에 익숙한 반응을 보이게 되어있습니다. 김연아의 트리플악셀 역시 끝없이 반복해서 온 몸을 던져가며 자신의 몸에 완벽하게 체화(體化)시킨 세계 최고의 기술입니다. 육체의 고통을 이겨내는 건 선천적으로 타고난 육체적 능력도 중요하지만 사실 정신의 힘이 더 큽니다. 끈기, 오기, 집념 이런 것들은 전부 정신의 산물입니다. 아무리 우수한 신체를 갖고 있어도 흐리멍덩한 정신으로는 동네 뒷동산도 힘겹기만 합니다. 김연아 선수의 실력이 세계 최고라는 것은 그녀의 정신력 또한 세계 최고라는 의미이기도 합니다. 혹 김연아 선수의 미모나 실력에 대해 질투나 부러움을 느끼는 이들이 있다면 번지수가 한참 잘못 된 겁니다. 사실은 그녀의 정신력을 부러워해야 합니다. 선천적인 것은 부러워해도 아무 소용이 없지만 후천적인 것은 다 자기 할 탓이니 마땅히 부러워해야 합니다.

별 게 다 궁금했던 어느 대학 연구팀이 어떤 일에 전문가가 되는데 필요한 시간을 조사했답니다. 무엇을 근거로 했는지는 알 수 없지만 어쨌든 하루 3시간씩 10년, 1만 시간을 투자하면 어떤 분야든 전문가가 될 수 있다고 발표를 했습니다. 일명 10년의 법칙 또는 1만 시간의 법칙이라고도 하는데 그 연구팀 설마 10년 걸려서 조사하지는 않았겠지요? 말이 10년이고 1만 시간이지 실제로 본인이 도전한다고 생각해보십시오. 얼렁뚱땅 3시간 보내기는 쉽지만 한 치 흐트러짐 없이 3시간 동안 집중하는 것은 그리 쉬운 일이 아닙니다. 해봐서 압니다. 이 글만 해도 그렇습니다. 하루 1편을 쓰는데 짧으면 3시간 길면 6시간 이상이 걸립니다. 처음엔 허리도 아프고 온 몸이 비비꼬이는 것이 아주 죽을 맛이었습니다. 그렇게 몇 달을 참으니 이제는 많이 익숙해졌습니다. 고통도 참다 보면 익숙해집니다. (마조히스트도 같은 맥락인가……? 이건 모르겠네요. ^^)

골프를 몰랐던 어느 중견기업의 사장님이 골프를 시작하면서 1년 안에 싱글 핸디캡퍼가 되겠노라고 임원들에게 선언을 했답니다. 겉으로야 모두들 응원을 했겠지만 속으로는 어림도 없는 수작이라고 고개를 절레절레 흔들었을 게 뻔합니다. 그런데 이 사장님 연습을 얼마나 무시무시하게 하는지 주변 사람들이 이구동성 질렸다며 혀를 내둘렀답니다. 새벽에 1000개, 퇴근 후에 1000개 하루에 2천개의 연습 볼을 친다고 해서 설마 했는데 그 양반 손바닥이 완전히 걸레(?)가 되가는 걸 보고 믿을 수밖에 없었답니다. 게다가 1년쯤 되던 어느 날 기어코 79개로 싱글 핸디캡을 기록했다니 기특하고 대견해서 엉덩이라도……아이고, 이런 망발을……아무튼 대단합니다. 사장이 괜히 사장이 아니라는 걸 보여주었으니 일거양득, 일석이조, 동시 패션, 일타이피, 원 스톤 투 버드, 도랑치고 가재 잡고, 님도 보고 뽕도 따고, 마당 쓸고 돈 줍고……얼씨구 지화자입니다.

그 정도 오기와 독기가 있으니 골프 신도 두 손 두 발 다 들었겠지요. 구력 10년에 7자 한번 못 그려본 허접 골퍼 여러분, 뭐 느끼는 거 없나요? 이크~농담이에요, 농담! 와~저 양반 드라이버 꺼내서 뭐 하려고요? 그 발끈하는 성질머리 좀 고치세요. 알겠습니다. 앞으로 약 안올릴게요. 한번만 더 하고요. ^^ 약 올리는 이유가 오늘부터라도 당장 하루에 볼 1000개 이상 쳐보라는 말이냐고요? 아닙니다. 아니에요. 그러다 다칩니다. 연습장 매트라는 것이 바닥에 고무판이 달려있기는 하지만 그 밑은 시멘트입니다. 아무리 체력이 튼튼하고 스윙이 좋아도 반복적으로 충격을 받게 되면 몸 어딘가에 큰 탈이 납니다. 몸에 좋다고 앞뒤 분간 없이 이 약 저 약 삼키면 돌이킬 수 없는 상황에 처할 수도 있듯이, 연습도 힘으로 하면 안 하느니만 못합니다. 그래서 다년간 온갖 연습으로 실력을 다져온 제가 기꺼이 비법을 공개할 테니 눈 크게 뜨고 바짝 다가들 오세요.

오버 스윙 또는 어정쩡한 폼을 바꾸고 싶을 때

1. 먼저 거울을 보고 원하는 폼을 잡은 후, 최소 3초 이상 그대로 정지 동작을 취합니다.
2. 그 다음 몸의 어느 부분이 먼저 반응하는지를 체크합니다. 손이 먼저 움직이면 안 됩니다.
3. 정지된 백 스윙 그 자세에서 바로 스윙을 합니다. 이때 볼이 잘 맞지 않아도 신경 쓰기 없기 입니다. 폼도 바뀌었는데 볼까지 잘 맞추려 하는 것은 욕심입니다.
4. 같은 동작으로 두 달 정도 꾸준히 하기. 연속 동작으로는 절대 폼이 바뀌지 않습니다.

간단하지요? 하지만 엄청 지겹다는 거 미리 말씀 드립니다. 그래서 라운드가 뜸한 겨울에 연습하면 효과적입니다. 저는 원래 심한 오버 스윙이었는데 위의 방법으로 6개월을 했더니 지금은 오버 스윙을 일부러 하려 해도 되지 않습니다. 덕분에 지금은 누구에게나 폼 별로라는 말보다는 좋다는 말을 듣는 편입니다. 확인할 수 없으니 그냥 그럴 거라고 인정해주세요. 히히……^^

이쯤에서 따지기 좋아하는 까탈 골퍼들의 딴죽도 예방할 겸 아주 전문적인 정보 하나 들려드리겠습니다. 신경생물학적으로 인간의 기억은 크게 외현 기억과 암묵 기억으로 나눈다고 합니다. 서술 기억이라고도 하는 외현 기억은 간단히 말해서 일상에 관한 기억을 말하고 비서술 기억이라고도 하는 암묵 기억은 그냥 운동 기억이라고 알고 계시면 됩니다. 운동 기억의 특징은 한번 배워두면 언제든 써먹을 수 있다는 겁니다. 머리 속에 번뜩 자전거 타기를 떠올리셨다면 맞았습니다. 해서 처음에 잘못된 동작을 몸에 기억을 시켜두면 세월이 지나면 지날수록 더 굳어질 뿐 나아지지는 않습니다. 그러니 이미 체화 된 운동 기억을 제거하고 새 기억을 주입시키려면 그게 어디 보통 노력 갖고 가당하기나 하겠습니까? 갑자기 짜증이 확 밀려 오면서 폼 바꾸는 연습하기 싫어지시나요? 괜찮습니다. 그냥 생긴 대로 살겠다는 분은 굳이 힘들게 안 해도 됩니다.

드라이버 연습

드라이버만 잡았다 하면 주구장창 드라이버만 휘두르는 골퍼들이 꽤 있습니다. 그것도 머리는 온통 산발이 된 채 땀을 뻘뻘 흘리고 숨을 씩씩거리면서 말입니다. 그거 아무 도움되지 않습니다. 오히려 잘못된 습관이 몸에 밸 수도 있습니다. 한번에 최대 20여개씩만 치는 것이 적당합니다. 그 정도 치면 힘이 빠져서 자기도 모르는 사이에 무리를 할 수 있기 때문입니다. 대신 최대한 천천히 하십시오. 볼 하나하나 어떻게 치겠다는 분명한 의도와 목표가 있어야 연습의 효과를 기대할 수 있습니다. 즉, 낮게 칠 것인지 높게 칠 것인지 또는 드로우 볼을 칠 것인지 페이드 볼을 칠 것인지 스트레이트 볼을 칠 것인지에 대한 의도가 분명해야 한다는 말입니다. 그냥 무조건 치는 거면 볼도 무조건 되는 대로 날아가겠지요? 가장 중요한 것은 실제 필드에서처럼 리듬과 템포를 맞춰야 합니다. 많이 치고 보자는 연습은 많이 망가지자는 얘기니 알아서 하세요.

바뀐 클럽 초구 잘 치기

가장 간과하기 쉬운 부분입니다. 연습장에서는 가능한 많은 클럽을 조금씩이라도 휘둘러보는 것이 좋은 방법입니다. 사람마다 개성이 달라서 연습 방법도 다르긴 하지만 모든 클럽을 연습하는 것이 부담스럽다면 홀수 클럽과 짝수 클럽을 따로 연습하는 것도 괜찮습니다. 어떻게 연습하든 본인의 개성을 살리는 것까지 참견할 생각은 없습니다만, 한 가지 명심할 것은 클럽을 바꾸었을 때 초구만큼은 최대한 집중해서 잘 쳐야 한다는 겁니다. 그게 바로 필드에서의 샷과 가장 비슷하기 때문입니다. 연습장에서는 반복해서 여러 번 치니까 잘 맞는 것 같지만 실은 가장 먼저 친 볼이 실질적인 유효타 라는 거, 아시지요? 필드라 생각하고 집중해서 첫 샷만큼은 굿 샷을 날리세요. 그걸 잘해야 고수가 되는 겁니다.

어프로치 연습

이거 정말 중요합니다. PGA 프로들도 레귤러 파 온 확률이 70% 정도면 완전 A급이라고 하는데 아마추어 골퍼들은 오죽하겠습니까? 그러니 거리 별 어프로치 연습 이를 악물고 해야 합니다. 어프로치는 임팩트를 줄 때와 안줄 때의 차이가 확연하게 나므로 힘의 안배에도 엄청난 집중이 요구됩니다. 그리고 상황 별로 낮게 굴릴 때와 높게 띄울 때도 나누어 연습을 해야 하고요. 생크나 탑핑 또는 뒤땅은 연습이 부족해서 일어나는 현상입니다. 자신이 붙을 때까지 한도 끝도 없이 연습 또 연습을 해야 하는 것이 어프로치라는 것을 명심하셔야 합니다. 어프로치는 이미지 연습이 특히 필요합니다. 아무 생각 없이 툭툭 치면 볼도 아무 생각 없습니다. 볼에도 의지를 불어넣어 주세요. 개도 자기가 뭘 하는지 알고는 있어야지요.

퍼팅 연습

퍼팅 연습은 중요한 줄 알면서도 따로 시간 내서 연습한다는 것이 쉽지 않습니다. 집 거실에 퍼팅 매트가 있다면 왔다 갔다 하면서 볼 10개씩만 해보세요. 어느 순간 퍼팅 스트로크가 아주 편해짐을 느낄 수 있습니다. 다른 건 생각하지 말고 오로지 똑바로 치는 것만 연습하면 됩니다. 그린에서 볼이 휘는 건 그린 라이의 문제입니다.

으~이거 해도 해도 끝이 없겠는데요? 이번 글은 이쯤에서 끝내고 효과적인 연습 방법 2탄을 써야 할 것 같습니다. 기대해도 되느냐고요? 글쎄요……저도 써봐야 알겠는데요? ^^

수다 골퍼 따라 하기 2탄

　이미 벌써 알고 계시겠지만, 저 수다 골퍼 일단 무조건 저지르고 보는 버릇이 있는지라 2탄 이라고 글 제목을 달긴 달았지만 실은 아무 생각도 떠오르지 않습니다. 남의 글에 빈대를 붙어서라도 그럴듯하게 글 시작을 해야 하는데……지금부터 고민하겠습니다. 그래도 안 떠오르면 여기까지만 써놓고 연습장에 가서 볼이라도 치고 오겠습니다. 무계획에 무책임하다고요? 이거 왜 이러세요. 인생이 계획한다고 그대로 되는 것이 아닌 것처럼 글도 쓰다 보면 처음 생각과는 전혀 다른 글이 써지는 일이 다반사입니다. 그럴 바에야 그때그때 떠오르는 글이 더 생생할 수 있습니다. 앞서 어딘가에서 말씀 드렸듯 이런 글이 바로 '라이브 글 쓰기'라는 거. 자연산 광어보다 훨씬 더 맛도 좋고 힘도 좋습니다. 그러나 오늘은 컨디션이 너무 안 좋습니다. 근육통이 심해져서 병원에 다녀 왔더니 기운이 하나도 없는 것이 억지로라도 몸을 쓰고 오는 것이 좋겠네요. 그래야 자연산 활어처럼 펄떡펄떡 뛰는 글발이 나올 것 같습니다. 그래서 여기까지만 쓰고 이만 휘리릭~!

두어 시간 열심히 연습을 하고 왔더니 몸이 개운해졌습니다. 어디선가 읽었던 내용인데 골프의 현재 수준을 유지하려면 프로는 하루에 천 개, 아마추어는 150개의 볼을 때려야 한다고 하더군요. 최경주 선수가 나오는 어떤 골프 광고에서는 '하루 4천개의 볼'을 얘기하고 있습니다. 그 광고를 보고 솔직히 마음 속으로 이런 생각을 했었습니다. '4천개? 장난해? 몸이 무쇠로 만들어 졌나?' 그런데 최경주 선수는 그걸 해냈기 때문에 최경주인 겁니다. 골프를 잘 치고 싶다면 당연히 볼도 많이 때려봐야 하겠지요. 그러나 세상 모든 일에는 요령이라는 것이 있습니다. 요령이라는 단어가 어딘지 살짝 얄미운 생각이 듭니까? 그렇게 들릴 수 있겠지만 부정적인 요소는 빼고 긍정적인 측면만 봅시다. 몸에 무리가 가지 않도록 하면서도 방향, 거리 충분히 확보가 되는 요령이라면 좋겠지요? 제가 하면 당신도 할 수 있습니다. 수다 골퍼쯤 아무 것도 아닙니다. 자, 같이 가시지요.

스트레칭

저는 약 10년 가까이 아침에 일어나면 제일 먼저 스트레칭을 합니다. 짧으면 1시간 길면 2시간 정도입니다. 스트레칭이 좋은 건 알지만 아침에 일어나면 씻고 출근하기도 바쁜데 언제 하느냐고요? 언제 하기는요. 그냥 미리 일어나는 거지요. 만일 집에서 5시에 나가야 하는 새벽 골프가 잡히면 3시에 일어나서 무조건 스트레칭부터 하고 봅니다. 처음 몇 달 동안은 내가 왜 이러고 사나 싶어 죽을 맛이었지만 6개월 정도 지나면 그 버릇이 몸에 배서 하지 말라고 해도 하게 됩니다. 지금도 일주일에 4~5회 정도는 스트레칭과 맨손 운동을 하고 있습니다. 팔굽혀펴기, 윗몸 일으키기, 앉았다 일어서기 등의 기본 운동을 주로 하는데 꾸준히 하면 남자들만의 상징인 '아침 발기'도 절대로 식는 법이 없습니다. 비아그라, 누에그라, 일어서그라 등 이런 거 전혀 필요 없습니다. 이 말인즉슨 제가 그렇다는 얘긴데……뭐, 다른 말 더 달지 않겠습니다. 그냥 믿어주세요. 체중조절 역시 따로 할 필요가 없고요. 좋다고 생각되면 이 핑계 저 핑계 찾지 말고 무조건 시작하세요. 해서 남 줍니까? 네? 남 준다고요? 그럼 더 좋지요. 다 누이 좋고 매부 좋은 일인데요. ^^

아이언 연습

골퍼들이 겪게 되는 대부분의 부상은 아이언 연습을 하면서 발생합니다. 눌러 치거나 찍어 친다며 시멘트 바닥에 클럽을 죽어라 던져대니 새파란 청춘도 아닌데 탈이 안 날 수가 있겠습니까? 그래서 팔에는 엘보가 오고 갈비뼈는 금이 가는 겁니다. 아이언 스윙은 최대한 헤드 무게를 이용해야 합니다. 예전 어린 시절에 쥐불놀이 하면서 불 깡통 돌리는 기분으로 스윙을 하면 됩니다. 그러면 헤드가 알아서 떨어지며 볼을 눌러 치게 되는 겁니다. 물론 헤드 업이나 스윙에 불필요한 짓을 하면 안 되겠지요. 임팩트에서 힘을 잘못 주면 스윙 궤도가 틀어지면서 탑핑 볼 또는 뒤땅을 칠 확률이 커지기 때문입니다. 즉, 임팩트 구간에서는 스피드를 높이는 것이지 힘을 주는 것이 아니라는 말입니다. 롱 아이언일수록 가볍고 빠르게 스윙을 하는 게 좋습니다. 볼을 치는 개수 보다는 질에 중점을 주어야 합니다. 참, 연습 시작 전과 후에 반드시 몸을 풀어주는 거 잊지 말고요. 연습만 하고 몸을 안 풀어주면 허리나 골반이 틀어져 만성 통증이 될 수 있습니다.

골프 부상

스윙이 어느 정도 단계에 이르기까지는 연습할 때 본의 아니게 무리수를 둘 때가 있습니다. 앞 타석에서 어떤 이가 볼을 때리는데 별로 힘을 들이지 않는데도 경쾌한 소리와 함께 볼이 빨랫줄로 뻗습니다. 게다가 방향도 거의 일정합니다. 처음 보는 처지에 물어볼 수도 없고 남몰래 흉내를 내봅니다. 그런데 어림 반 푼어치도 없습니다. 다시 훔쳐 보아도 마찬가지입니다. 또 따라 해봅니다. 그나마 맞던 볼이 더 안 맞습니다. 슬그머니 열이 받습니다. 스윙 위주의 연습을 하다 본격적으로 볼을 패기 시작합니다. 간혹 볼이 잘 맞습니다. '어? 이건가?' 다시 쳐보면 또 뒤땅에 탑핑입니다. 약이 바짝 올라서 배출구에서 볼이 나오기도 전에 두들겨 패려고 미리 폼 잡고 기다립니다. 기본 70분 동안에 무려 300개 이상의 볼을 쳐대는데 성공(?)합니다. 그러다 어느 순간, 팔꿈치나 손가락 어딘가에서 삐끗하는 느낌이 옵니다. 무시하고 계속 칩니다. 그 다음 날, 어딘가 고장이 나서 스윙을 제대로 할 수가 없습니다. 병원에 갑니다. 잘

낫지 않습니다. 결국 어느 고수가 잘 고치는 병원을 소개합니다. 젠장~ 고수들은 별 걸 다 알고 있습니다. 한참 골프를 배울 때 부상으로 쉬게 되면 그 동안 배운 스윙이 엉망으로 될 확률이 높습니다. 세상 일이 다 그렇듯 뭐든 무리하면 안 하느니만 못 할 수도 있음을 명심해야 합니다.

이상이 평소 제가 하는 연습 방법입니다. 혹 '나는 그렇게 안 배웠는데……?'라며 고개를 갸우뚱거리는 분은 그냥 본인이 해오던 방법대로 하면 됩니다. 제목이 따라 하기라고 해서 꼭 따라 하라는 말이 아닙니다. 제 모습이 다른 이들과 다르듯 연습에 대한 습관이나 생각 역시 다를 테니 말입니다. 그럴 듯 하다 싶은 부분만 참고해도 그걸로 오케이, 땡큐입니다. 연습에 대한 수다 이쯤 하니까 다 한 것 같습니다. 마침 PGA 프로 골퍼인 제임스 로버트의 말이 이 글을 끝맺기에 적당하다 싶어 옮겨 봅니다.

"골프 스윙은 지문과 같아서 2개도 같은 것이 없다."

네 이웃의 스윙을 탐하지 마라

오늘은 주말입니다. 실컷 늦잠을 자고 났더니 몸이 근질근질합니다. 무심코 TV 채널을 돌리는데 마침 레슨을 하고 있습니다. 한참을 보고 있자니 갑자기 연습장에 가고 싶어집니다. 특별히 할 일도 없고 해서 주섬주섬 대충 차려 입고 연습장에 갑니다. TV에서 본대로 폼도 좀 정비하고 내친 김에 스크린 골프도 한판 해볼 생각입니다. 연습장에 도착하니 아는 얼굴 몇몇이 반갑게 아는 척을 합니다. 그 중 하나가 연습은 게임을 하면서 하라며 스크린 골프장으로 이끕니다. 연습을 못해서 불안하기는 하지만 어차피 한판 붙을 생각이었으니 못 이기는 척 따라 갑니다. 핸디를 더 주네 마네 옥신각신하며 대충대충 몸 풀고 바로 게임에 들어갑니다. 1천원, 2천원짜리 친선(?) 게임입니다. 작든 크든 돈을 딸 자신은 없지만 그렇다고 잃을 것 같지도 않습니다. 그러나 이게 웬일입니까? 가랑비에 옷 젖는 정도가 아니라 혼자만 소나기를 만난 듯 터지는데 걷잡을 수가 없습니다. 드라이버, 아이언, 어프로치, 퍼터……완전 총체적 난국입니다.

웃자고 즐긴 게임에서 혼자 게임 비에 밥값까지 독박을 쓰고 말았습니다. 돈이야 친구들에게 한턱 냈다고 생각하면 그만이지만 무너진 자존심은 쉽게 회복되지 않습니다. 잘 치는 골프는 아니었지만 그래도 그 친구들에게 그 정도로 터질 골프는 아니었는데 어느새 스윙이 완전히 망가져 있었습니다. 성질 나서 다음 날 바로 연습장 회원권을 끊습니다. 연습에 매진을 해서 당한 대로 갚아줘야 하기 때문입니다.

그러나 연습해보니 그날 터진 게 괜히 터진 것이 아니었습니다. 뭐 하나 제대로 맞는 것이 없습니다. 이리 틱, 저리 픽…… 어찌나 안 맞는지 연습하다 말고 넋 놓고 볼만 쳐다 보고 있습니다. 어디선가 산뜻하게 볼 때리는 소리가 들려옵니다. 서너 타석 앞에 어떤 이가 별로 힘도 안들이고 설렁설렁 볼을 치는데 내공이 장난이 아닌 듯합니다. 슬그머니 다가가서 살펴보니 얼굴은 가끔 봤지만 안면을 튼 사이는 아닙니다. 내 스윙 좀 봐달라고 할 처지가 아니라 아쉽지만 그냥 물러납니다. 대신 눈치껏 흉내라도 내보려 마음을 굳힙니다.

남의 폼을 설명도 없이 따라 하려니 볼이 더 안 맞습니다. 볼 몇 개 쳐보곤 부아가 치밀어 담배만 뻑뻑 피워댑니다. 그 동안 연습을 제대로 하지 않아서 감도 없는데다 남의 폼 따라 하기가 쉽지 않은 건 당연지사, 마음을 가다듬고 다시 연습 모드에 들어갑니다. 집중을 하니 몇 개가 좀 맞아 주는 듯 하더니 금세 삼천포로 빠지기 시작합니다. '에이, 18!' 점잖지 못한 말까지 튀어나옵니다. 화장실 가는 척 하면서 그 사람 치는 모습을 유심히 살펴보고 옵니다. 역시 힘 하나 안들이고 툭툭 치는 것 같은데 볼은 빨랫줄로 쫙쫙 뻗어 나갑니다. 아는 척 하고 싶어 미치겠지만 모르는 이에게 대뜸 말을 걸 정도로 숫기는 없습니다. 그때 마침 아는 프로가 눈에 뜨입니다. 호들갑을 떨며 아는 척을 하곤 슬며시 물어봅니다. 프로가 핀잔 같은 대답을 합니다.

"저 분이요? 우리 연습장에서 스윙이 가장 안정적인 분 중의 한 분일걸요? 사장님이 따라 하려면 한참 걸릴 텐데요. 근데 사장님 연습 거의 안 하시잖아요? 자주 좀 나오세요."

서비스 차원에서 프로가 마지못해 몇 마디 해주긴 했지만 워낙 스윙이 망가져 있는지 별 효과가 없습니다. 이제 내 볼 치는 것은 관심도 없고 고수가 치는 모습만 뚫어져라 열심히 봅니다. 덩치가 그리 큰 것도 아니고 몸 움직임도 별로 없고 백 스윙도 좀 작은 듯한데 어디서 그런 파워가 나오는지 궁금하기만 합니다. 숫기는 없지만 궁금한 건 도저히 못 참습니다. 자판기 음료수를 하나 빼서는 용감하게 인사를 건넵니다. 아, 정말이지 멋쩍기 짝이 없습니다.

"실은 아까부터 뒤에서 봤는데 정말 볼 잘 치세요. 어떻게 하면 그렇게 될 수 있나요? 제가 볼이 너무 안 맞아서 그러는데 실례가 안 된다면 잠깐 제 폼 좀 봐주시면 안 될까요?"

"그렇게 봐주시니 고맙습니다만 제가 누굴 봐주고 말고 할만한 실력은 아닌데요."

어렵게 부탁하는 건데 선뜻 들어주지 않고 꼭 이렇게 말하는 건 뭐랍니까? 그렇다고 '아, 네~그러시군요'라며 호락호락 물러설 수는 없습니다. 한번 더 엄살을 떨며 거듭 부탁을 합니다. 그랬더니 할 수 없다는 듯 '그럼 몇 개 쳐보세요. 잠깐만 볼게요.' 하더니 자리를 옮깁니다. 고맙다고 넙죽 인사를 하곤 무슨 입사 시험을 보는 기분으로 볼 몇 개를 쳐봅니다.

그런데 어라? 이게 웬일입니까? 볼이 갑자기 잘 맞습니다. 볼이 안 맞아서 봐달라고 부탁을 한 게 아니라 자랑하려는 꼴이 되고 말았습니다. 일부러 못 칠 수도 없고 난감한 상황이 되었습니다. 역시나 그 고수 빙그레 웃으며 '잘 치시는데요. 봐 드릴 게 없어요'라고 한마디 합니다. 방금 전까지 전혀 맞지 않았는데 갑자기 잘 맞는다며 횡설수설 얼버무리며 어색함을 피해 봅니다.

그래도 끝까지 어디 고칠 데 없느냐며 떼를 쓰니 다시 몇 개를 쳐보랍니다. 여전히 별 무리 없이 볼이 잘 맞아 나갑니다. 할 수 없이 내친 김에 통성명까지 하며 이런저런 수다를 떱니다. 뒤에서 몰래 따라 했다고 하니 그 고수 갑자기 엉뚱하게 1990년 초반에 상영했던 '네 이웃의 아내를 탐하지 마라'라는 영화를 기억하냐고 묻습니다. 막 대답을 하려는 찰나에 머리 속에서 무언가 번뜩였습니다. 아하~! '네 이웃의 스윙을 탐하지 마라' 그 말을 하려던 것이었습니다. 그런데 어떻게 남자로서 내 이웃의 멋진 여자가 탐이 나지 않을 수 있으며, 골퍼로서 내 앞 타석의 멋진 스윙이 부럽지 않겠습니까? 그랬더니 그 고수 이웃 여자 넘보는 것 까지야 어쩔 수 없지만 앞 타석 스윙을 넘보면 왜 안 되는지 설명을 합니다.

골프는 입문한지 약 석 달 정도면 폼이 완성됩니다. 골프 폼은 마치 지문과 같아서 어떻게 배웠던 석 달 안에 자기 고유의 폼이 만들어지는데 그래서 처음에 잘 배워야 합니다. 일단 몸에 익혀진 폼은 어지간해서는 잘 바뀌지 않을뿐더러 억지로 바꿔도 오래지 않아 원래 폼으로 돌아오기 십상입니다. 폼이라는 것은 골퍼의 신체적 조건이나 나이 그리고 유연성 등등에 의해 자연스럽게 정해지는 것인데 그걸 억지로 바꾸면 탈이 나게 마련입니다. 백 스윙 하나만 바꾸는데도 3달은 족히 걸리는데 그걸 일회성 레슨으로 바꾼다는 발상 자체가 말이 안 되는 것입니다.

예를 들어 옆집 여자가 평생에 한번 만날까 말까 할 만큼 살벌하게 미인인데다 친절하고 싹싹하기까지 해 말만 잘 하면 넘어올 것 같아서 작업에 들어갔다고 해보지요. 이렇게 저렇게 집적대다 보니 얘기가 통하는 부분도 있고 여자도 은근히 원하는 것 같아서 과감하게 들이대 마침내 '러브 어페어(Love Affair)'를 저지르는 데 성공했다고 칩시다. 처음에는 황홀하겠지요. 그러나 그게 얼마나 오래 갈까요? 아무리 이상형이었다고 해도 나와 살아 본 경험이 없는 남의 여자입니다. 오래지 않아 곳곳에서 문제가 생기는 게 당연합니다. 잘 났든 못 났든 지금의 배우자와 살고 있는 건 그래도 서로가 서로에게 맞춰졌기 때문입니다. 그런데도 남의 떡이 커 보인다고 덥석 물었다가 뱉지도 못하고 삼키지도 못하는 개떡(?)같은 상황이 오면 진짜 죽을 맛일 걸요? 결국 마누라도 애인도 졸지에 다 떠나 버리고 허허벌판에 홀로 버려지면 누굴 원망하겠어요?

　골프 폼이 딱 그래요. 남들이야 어떻게 보든 현재의 폼으로 수년간 스윙을 해왔는데 어느 날 갑자기 어떤 폼이 멋있어 보여서 따라 하기 시작했다고 칩시다. 그런데 은근히 볼이 잘 맞아주는 거에요? 그럼 웬 떡이냐 싶어 집중해서 더 많이 따라 하겠지요. 스코어 팍팍 줄일 수 있을 것 같은 착각도 들고요. 하지만 집중력이 떨어져서 예전 스윙이 다시 머리를 내밀기 시작하면 현재 스윙과 충돌이 생깁니다. 짬뽕 스윙이 나타나면 그때부터는 모든 게 무너지기 시작합니다. 골프 스윙은 한번 꼬이기 시작하면 금세 모든 스윙이 붕괴되어 버리거든요. 그래서 '멘붕'도 오는 겁니다.

　사람 사는 거나 골프나 그런 면에서는 다를 게 하나도 없습니다. 마음에 안 드는 부분이 있어도 조강지처가 내 여자이듯이 멋진 폼은 아니더라도 내 몸으로 만든 내 폼이 내 것입니다. 급하게 한번에 바꾸려 하지 말고 조금씩 조금씩 고쳐 나가는 게 정답입니다. 골프가 성급하고 부족한 나를 이렇게 가르치기도 하네요. 골프 배우길 정말 잘했습니다. 네에

~? 골프가 너무 좋아서 회사고 가정이고 나 몰라라 팽개치고 골프만 치다가 쫄딱 망했다고요? 아이고~적당히 하셨어야지요. 마누라가 너무 좋다고 마누라 꽁무니만 쫓아다니면 집안 꼴이 뭐가 되겠어요? 하긴 그 심정 이해합니다. 저도 그랬으니까요.

골프 격언 중에 이런 말이 있습니다. 누가 한 말인지는 모르겠지만 진작에 들었으면 좋았을 텐데……뭐든 적당히 합시다.

> "100타를 치는 사람은 골프를, 90타를 치는 사람은 가정을, 80타를 치는 사람은 사업을 소홀히 하게 되며 70타를 치는 사람은 모든 것을 소홀히 한다."

스크린 골프에 대하여

골프가 있는 곳이면 수다 골퍼 어디든 마다하겠습니까? 당연히 스크린 골프 쪽에도 얼씬거리고도 남았겠지요. 스크린 골프를 즐기시는 분이라면 익히 아시겠지만 스크린 골프에서 저의 계급은 그 이름도 찬란한 독수리 즉, 마스터입니다. 장하지요? 제가 이 나이(?), 이 덩치(?)로 마스터가 되겠다고 마음 먹은 지 딱 3달만에 패스했으니 아주 잘한 겁니다. 결선 스코어가 좀 엉망이라 더 이상 자랑질 할 것이 없어 아쉽긴 하지만 그래도 잘한 건 잘한 겁니다. 마스터가 되기 위해 진짜 허리 끊어지는 줄 알았습니다. 새벽까지 잠도 못 자고 지역 예선 통과를 위해 애를 쓰면서 몸은 고됐지만 그래도 많은 걸 배웠습니다. 해서 일반적이고 평범한 스크린 게임을 하는 골퍼들은 잘 모르는 스크린 골프 전국 대회에 대한 정보와 스크린 골프를 제대로 즐길 수 있는 방법에 대해서 수다 좀 떨겠습니다.

스크린 골프 전국 대회는 크게 G-TOUR와 GLT 대회가 있습니다. G-TOUR 대회는 오프라인 프로 선수와 스크린 마스터 선수들이 상금을 놓고 다투는 상위개념의 온라인 프로 대회입니다. GLT는 상금이 아니라 상품을 주는 하위개념의 온라인 아마추어 대회입니다. 두 게임 공히 TV에서 방영을 하고 있으니 아마 보신 적이 있을 겁니다. 그 중에서 저는 GLT 출신의 마스터입니다. 물론 프로 대회 출전 자격이 있지만 전국 강자들과 겨루기엔 실력이 부족해 GLT 대회만 출전하고 있습니다. 우선 드라이버 거리만 해도 30~40m 차이가 나니 언감생심 붙어볼 엄두조차 못 내는 것이지요. GLT 대회에서도 두각을 나타내지 못하는데 G-TOUR 대회는 제게 아직 먼 나라 얘기입니다. 네? 그 정도라면 한 번 붙어보고 싶다고요? 좋습니다. 언제든 도전 받아 주겠습니다. 만만하게 보고 덤비면 쌍 코피 터질 수도 있습니다. 헤헤~농담인 거 아시지요?

GLT 대회에서 가장 경쟁이 치열한 게임은 지역예선입니다. 선수 1인당 총 20게임의 기회가 주어집니다. 그 중 가장 좋은 스코어를 비교해서 지역 결전 출전 선수를 고르는데 이때의 스코어가 무시무시합니다. 최소 5~6언더 파를 쳐야 안심하고 지역예선을 통과할 수 있습니다. 통과 예상 스코어에 아슬아슬하게 턱걸이를 하면 자칫 지역 결선에 출전 못할 수도 있어 다들 죽어라 칩니다. 저는 하룻밤에 10게임을 계속 친 적이 있습니다. 원하는 점수가 안 나오면 치고 치고 또 치는 것이지요. 컨디션이 좋으면 서너 게임 만에 안전 스코어를 기록하지만 게임이 안 풀릴 때는 정말

고역입니다. 말이 10게임이지 한번 쳐보세요. 다음 날 아침 끙끙 앓을 정도로 허리가 아픕니다. 스크린 골프 마스터가 되려면 그 정도 체력이 뒷받침되어 줘야 합니다.

　서울 지역 예선은 총 56명을 뽑습니다. 이 중 14명이 지역 결선에 나가고 전국 결선에는 각 지역 결선을 통과한 총 72명의 선수들이 모여서 우승 자리를 놓고 한판 붙습니다. 게임의 난이도는 전국 결선이 가장 어렵습니다. 특히 퍼팅은 얼마나 예민하고 빠른지 0.1도만 틀어져도 홀을 놓치기 십상이고, 조금만 세게 쳐도 홀에 들어갔던 볼이 다시 튀어나옵니다. 아마 스크린 일반 게임을 하던 사람들이 시합 버전에서 치면 순식간에 90개~100개가 넘어 버립니다. 저 역시 첫 출전 때에는 그린이 그렇게 빠른지 몰라서 1.3m 거리에서 무려 4퍼트를 했었습니다. 얼마나 황당하던지. 그래도 두 번, 세 번 출전하니 익숙해져서 결국 삼세번 만에 전국 결선에 진출할 수 있었지요. 그런데 전국 결선 그린은 더 빠르더라고요. 1m 거리라 할지라도 내리막이나 옆 라이에 걸리면 그야말로 초긴장입니다. 어찌나 긴장되는지 백 스윙 자체가 잘 안돼서 손이 바들바들 떨리기까지 합니다. 등줄기에 아드레날린이 쫘악 흐르는데 긴장감 짱입니다.

　스크린 골프 버전은 리얼과 비전 두 가지로 나뉩니다. 전국 대회는 비전 버전에서 치러지는데 제가 다니는 연습장엔 불행히도 리얼 버전만 설치 되어 있습니다. 그래서 시합 하루, 이틀 전에는 할 수 없이 비전 버전이 있는 곳에 가서 연습을 해야 합니다. 이용 가격 또한 리얼보다는 비전이 꽤 비싸서 자주 이용할 엄두를 못 냅니다. 두 버전이 크게 다를 것까지는 없지만 제게는 아무래도 비전 버전이 미세하게 낯선 느낌이 듭니다. 전국 고수들과 경쟁을 벌일 때는 그런 것이 다 약점으로 작용을 하겠지요? 하지만 저는 더 이상 욕심을 부리지 않습니다. 지금 수준으로서는 일단 마스터에 만족하렵니다. 그래서 저는 저 자신을 '짝퉁 마스터'라고 부릅니다. 짝퉁 마스터 실력이 궁금하세요? 난이도가 중간쯤 되는 일반 스크린 게임에서는 10언더 정도를 칩니다. 무섭지요? 짝퉁 마스터가 그 정도이니 레알 마스터들은 어떻겠습니까? 15언더 이상 치는 스크린 고수들이 수두룩빵빵 하다는 거, 같은 마스터라도 저는 쨉도 안됩니다. ^^

스크린 골프 전국 강자들의 필드 실력에 대해 궁금해하는 분들이 있는데 거의 대부분 필드에서도 고수들 맞습니다. 간혹 스크린 골프 요령만 배워서 치는 것 아니냐고 의심하는 분들도 있습니다만 기본 실력이 밑받침되지 않으면 한계가 있습니다. 또 어떤 분들은 스크린 골프를 기술로만 여기고 얕잡아 보기도 합니다. 하지만 그렇게 생각하면 오산입니다. 물론 정보가 스크린에 표시가 되니까 필드 보다는 쉽긴 쉽습니다. 스크린 골프는 정보 해석만 잘해도 50점은 먹고 들어갑니다. 그러나 문제는 정보 해석을 잘했다 하더라도 그대로 실행에 옮기지 못하면 말짱 황입니다. 그럼 스크린 골프를 즐길 때 알아두어야 할 몇 가지 중요 포인트에 대해 수다 들어가겠습니다.

드라이버

대다수의 고수들은 드로우 볼을 칩니다. 물론 페이드 볼을 칠 때도 있는데 이때는 바람이나 홀의 생김새에 따라 결정을 합니다. 중요한 것은 드로우든 페이드든 늘 일정한 스윙을 해야 한다는 것입니다. 스크린 골프에서도 드라이버는 무조건 페어웨이를 지키는 것이 아주 중요합니다. 러프에 빠지면 홀에 근접하기가 쉽지 않기 때문입니다. 마음대로 되지 않더라도 드라이버는 목표지점을 우측으로 정해 놓고 드로우 볼을 구사하는 게 안전합니다. 드라이버 거리는 골퍼의 스윙에 따라 거리가 덜 날 수도 있고 더 날 수도 있으며, 센서에 따라 약간의 오차는 있을 수 있지만 90% 이상 정확하다고 믿어도 됩니다. 저는 리얼 버전에서는 드라이버가 좀 더 나가고 아이언은 짧게 나가는 반면 비전 버전에서는 반대입니다. 이런 상관관계로 볼 때 어떤 버전이 더 좋고 나쁘고 따지는 것은 큰 의미가 없다고 생각합니다. 어떤 분들은 드라이버 거리가 형편없이 짧다고 우기는데 그저 본인 거리 맞습니다. 생떼 쓰지 마시길. ^^

우드

확실하게 밖으로 밀어 치지 않으면 우드 종류는 센서에서 훅으로 읽히는 경우가 많습니다. 그렇다고 해서 너무 바깥으로 밀어 치다 보면 슬라이스가 날 수도 있으니 본인 스윙을 바꾸기 보다는 드라이버처럼 센서에 맞춰서 약간 우측을 겨냥해서 치면 됩니다. 간혹 스크린 골프를 치다 폼이 엉망이 되었다고 하는 이들이 있는데 개인적인 생각으로는 스크린 골프라는 속성에 대한 이해가 부족해서 그렇지 않나 싶습니다. 왠지 스크린 골프는 만만하게 여겨져 거리를 내려고 힘을 과도하게 쓴 탓입니다. 저는 연습할 때나 필드 스윙이나 스크린 골프나 똑 같은 스윙을 구사합니다. 왼쪽이든 오른쪽이든 볼이 휘는 것은 임팩트 구간에서 스퀘어로 안 맞았다는 반증입니다. 스크린에서 볼이 똑바로 가면 필드에서도 똑바로 갑니다. 스크린 골프를 잘 이용하면 틀어진 스윙 궤도를 잡는데 도움이 되면 됐지 피해가 되지는 않습니다. 실제로 폼을 버렸다면 그건 스크린 골프를 잘못 이용하신 탓이라고 생각합니다.

아이언

스크린 골프 리얼 버전에서는 러프에 빠지면 10% 정도 비거리가 줄어듭니다. 그리고 내리막, 오르막과 바람의 영향도 민감하게 반응을 합니다. 스크린에서 가장 중요한 핵심 포인트는 정보를 제대로 읽는 능력입니다. 가령 홀까지 남은 거리가 130미터이고, 러프에 볼이 있으며 오르막 10미터, 핀은 백 핀, 역풍의 세기가 초속 5 정도라면 최종 거리가 얼마나 될까요? 계산해보겠습니다. 130(원래 거리)+13(러프 10%)+10(오르막)+5(바람 영향)+5(백 핀)=163미터 기본 계산만 해도 이렇습니다. 거기에 그린이 2단 또는 3단이라면 170미터까지도 생각해야 합니다.

스윙 하기도 바쁜데 언제 다 계산하냐고요? 처음엔 복잡한 것처럼 보이지만 몇 번 해보면 금세 익숙해집니다. 엄살 피우지 마세요. 여기에 탄도 또한 고려 대상이 됩니다. 저탄도 골퍼는 10미터 정도 줄여서 봐도 되고 고 탄도일 경우에는 위의 계산 방식을 따르는 것이 좋습니다. 저런 계산을 하지 않고 스크린에 표시된 거리만 보고 스윙 해봐야 턱도 없이 짧게 떨어집니다. 주변에 스크린 고수가 있으면 한번쯤은 자세하게 설명을 듣는 것이 좋습니다. 내리막의 경우 −20미터라면 원래 거리에서 반 즉, 10미터 정도만 빼면 됩니다. 이때 역시 바람의 방향에 주의해야 합니다. 초속 6~7의 역풍이라면 내리막 계산하지 않고 실제 거리를 다 치는 것이 안전합니다. 반대로 6~7의 순풍이 분다면 15m 정도 빼고 남은 거리를 치면 됩니다. 일반 게임을 즐기는 분들 중에 화면에 써있는 거리만 치고는 거리가 안 난다고 불평을 하는 걸 본 적이 있어서 거리 계산을 비교적 소상하게 적었습니다. 한두 번만 꼼꼼히 해보시면 그 다음은 쉽습니다.

어프로치

어프로치는 무조건 띄워서 홀에 접근하는 것이 좋습니다. 굴려서 할 경우에는 거리감이 자신 있으면 해도 되지만 내리막 오르막과 그린 빠르기의 영향을 많이 받으니 주의해야 합니다. 일반적으로 스크린 고수들은 띄우는 어프로치를 선호하는데 그 이유는 일정 각도 이상을 휴지하면 볼이 떨어진 그 자리에 바로 서거나 굴러도 멀리 가지 않기 때문입니다. 특히 벙커 샷은 런이 많으므로 높은 각도로 볼을 띄워야 합니다. 볼의 발사 각도가 45~50가 되면 런이 별로 없습니다. 센서의 특성상 어프로치는 조금만 당겨도 많이 당겨진 것으로 읽혀지니 약간 우측을 겨냥하는 것도 오차를 줄이는 한 가지 방법입니다. 물론 똑바로 칠 자신이 있다면 굳이 오조준 할 필요가 없겠지요. 아이언도 그렇지만 어프로치는 될 수 있으면 홀 보다 낮은 곳을 겨냥하는 것이 필수입니다. 그래야 오르막 퍼팅을 할 수 있기 때문입니다. 리얼 버전과 비전 버전의 가장 큰 차이 중의 하나는 비전 버전의 센서 오류가 훨씬 적다는 겁니다. 리얼 버전에서는 간혹 실제 볼은 오른쪽으로 갔는데 화면에서는 왼쪽으로 간 것으로 센서가 작동할 때가 있습니다. 흔히 '채(클럽)를 읽었다' 고 하는데 오류가 맞긴 맞지만 스윙 궤도가 정확하면 오류 발생이 거의 없습니다.

퍼팅

퍼팅에서 가장 중요한 것은 방향보다 거리 맞추기입니다. 거리만 잘 맞춰도 파를 잡는데 어려움이 별로 없습니다. 스크린 골프 실력 향상을 원한다면 가장 빠른 방법은 고수와 단둘이 게임 몇 판을 같이 해보면서 직접 설명을 듣는 겁니다. 거리 맞추는 방법, 라이 보는 방법만 어느 정도 배워도 당장 5~6타 줄일 수 있습니다. 그러나 퍼팅 감각 역시 사람마다 다르므로 누군가에게 얻은 정보가 절대적이지는 않습니다. 게임 환경이 바뀌면 퍼팅 감각 역시 조금씩 변화가 있으므로 그때그때 응용을 잘해야 합니다. 보통 빠르기의 그린에서 거리 계산의 예를 들어보겠습니다.

홀까지 남은 거리가 10.5m, 오르막이 0.35m일 경우에 총 거리는 10.5+3.5=14m입니다. 그러므로 1m 정도 지나치게 하려면 15m를 쳐야 합니다. 만약 오르막이 +1.5m라면 10.5+15=25.5m 즉, 26m 정도를 쳐야 홀에 다다르는 겁니다. 반대로 내리막이 3.5m라면 10.5-3.5=7m인데 내리막의 경우는 약간 다르게 계산합니다. 왜냐하면 내리막은 내려가면서 탄성이 붙어 단순 계산으로 하면 너무 많이 지나가기 때문입니다. 3.5m는 35cm인데 상식적으로 그런 정도 높이에 볼이 멈춘다는 것은 이해하기 힘이 듭니다. 건들기만 해도 볼에 가속이 붙겠지요? 그래서 7m를 다 안치고 5~6m만 쳐도 홀까지 가는데 힘이 떨어지지 않습니다. 그러나 비교적 낮은 높이라면 단순 계산만으로도 충분합니다.

이 정도면 스크린 골프에서 필요한 정보는 대충 설명이 끝났습니다. 최근 〈골프존 마스터 협회〉소속의 박세규 마스터가 '스크린골프 정복하기'라는 책을 출판했습니다. 보다 자세한 방법을 알고 싶으면 그 책을 참고하면 훨씬 더 큰 도움을 받을 수 있으리라 믿습니다. 저는 그저 큰 개관만을 설명해드린 것뿐이니 '그렇구나~' 정도로만 이해하시면 되겠습니다.

스크린 골프에 대한 수다를 끝으로 〈수다 골프, 수다 인생〉은 아쉬운 마음으로 끝을 맺을까 합니다. 여기까지 같이 와주신 독자 여러분께 눈물 글썽이는 마음으로 감사를 드립니다. 이 말은 수다가 아니고 진심입니다. 이 글을 쓰는 순간 저도 모르게 가슴이 설레고 눈가가 촉촉해짐을 느꼈습니다. 왜 그럴까 잠깐 생각해봤습니다. 아마 약 7개월 동안 그만큼 열정과 애정을 가지고 글을 써온 탓인가 싶습니다. 혹여 제게 하실 말씀이 있을지 몰라 기꺼이 메일 함을 열어 놓겠습니다. 당신 인생과 골프에 늘 잔잔한 행복이 깃들기를 바랍니다.

수다 떨고 난 후에……

무슨 말을 할까……또 넋을 놓고 한참을 그냥 앉아 있기만 합니다.
지금 제 감정은 착잡하기만 한데 어떻게 설명을 해야 할지 모르겠습니다.
가슴에 맺힌 응어리(?)를 토해 놓고 난 후의 허탈함일까요?
아니면 겨우 이 정도일 거면서 괜한 유난을 떤 것 같은 아쉬움일까요?
곰곰이 제 속을 들여다보니 저 두 가지 감정이 동시에 교차하는군요.
끝까지 읽어 주신 분들께 감사 드리며……어떠셨어요?
솔직히 말씀하셔도 괜찮습니다. 칭찬을 더 많이 주실지 흉이 더 많을지 궁금하네요.
사실 이 글은 골프를 잘 모르시는 분들과 초보 골퍼들 보시라고 썼습니다.
골프가 중수 이상 되시는 분들은 시큰둥하게 보셨을 수도 있습니다.
혹 광고에 속아서(?) 책을 구입하셨다면 그건 제 잘못이 아닙니다. ^^
골프든 인생이든 당신의 수준에 비해서 제 글이 너무 허접했다면
용서하세요. 그래도 나름대로 열심히 공부하면서 쓰려고 노력했습니다.

저의 원래 직업은 디자인입니다.
디자이너가 이만큼 썼으면 애를 쓰긴 썼잖아요? ^^
이 책을 구입하고 끝까지 읽어주신 당신의 끈기와 친절에 진심으로
감사드립니다. 하시는 일마다 모두 잘 되면 재미없으니까 꼭 되야
할 일은 꼭 대박 나기를 바라며 언제라고 약속은 못하지만 다른
장르에서 만나 뵙기를 기원합니다.

수다 골프, 수다 인생

1쇄 인쇄　| 2013년 12월 01일
1쇄 발행　| 2013년 12월 10일

글　　　　| 남경우

펴낸곳　　| 이서원
교정·교열　| 윤희경
편집디자인 | 이경숙
그림　　　| 원유일

펴낸이　　| 고봉석
주소　　　| 서울시 서초구 신반포로 43길 23-10 서광빌딩 3층
전화　　　| 02-3444-9522
팩스　　　| 02-6499-1025
전자우편　| books2030@naver.com
출판등록　| 2006년 6월 2일 제22-2935호
ISBN　　 | 978-89-97714-21-6 03190

값　　　　| 13,000원

Copyright ⓒ 2013 남경우

이 책의 저작권은 저작권자와의 계약으로 이서원에 있습니다. 저작권법에 의한 저작물이므로 무단전재와 복제를 금합니다

이 도서의 국립중앙도서관 출판시도서목록(CIP)은 서지정보유통지원시스템 홈페이지(http://seoji.nl.go.kr)와 국가자료공동목록시스템(http://www.nl.go.kr/kolisnet)에서 이용하실 수 있습니다.(CIP제어번호: CIP2013024391)